本书出版得到
“南昌大学社会科学学术著作出版基金”
南昌大学“中央财政支持地方高校发展专项资金”
资助

现代城市的建构

The Constructing of Modern City: A Study of Municipal Administration and Public Utilities in Fuzhou, 1927–1937

——1927–1937年福州的市政管理与公共事业研究

罗桂林 著

江西人民出版社
Jiangxi People's Publishing House
全国百佳出版社

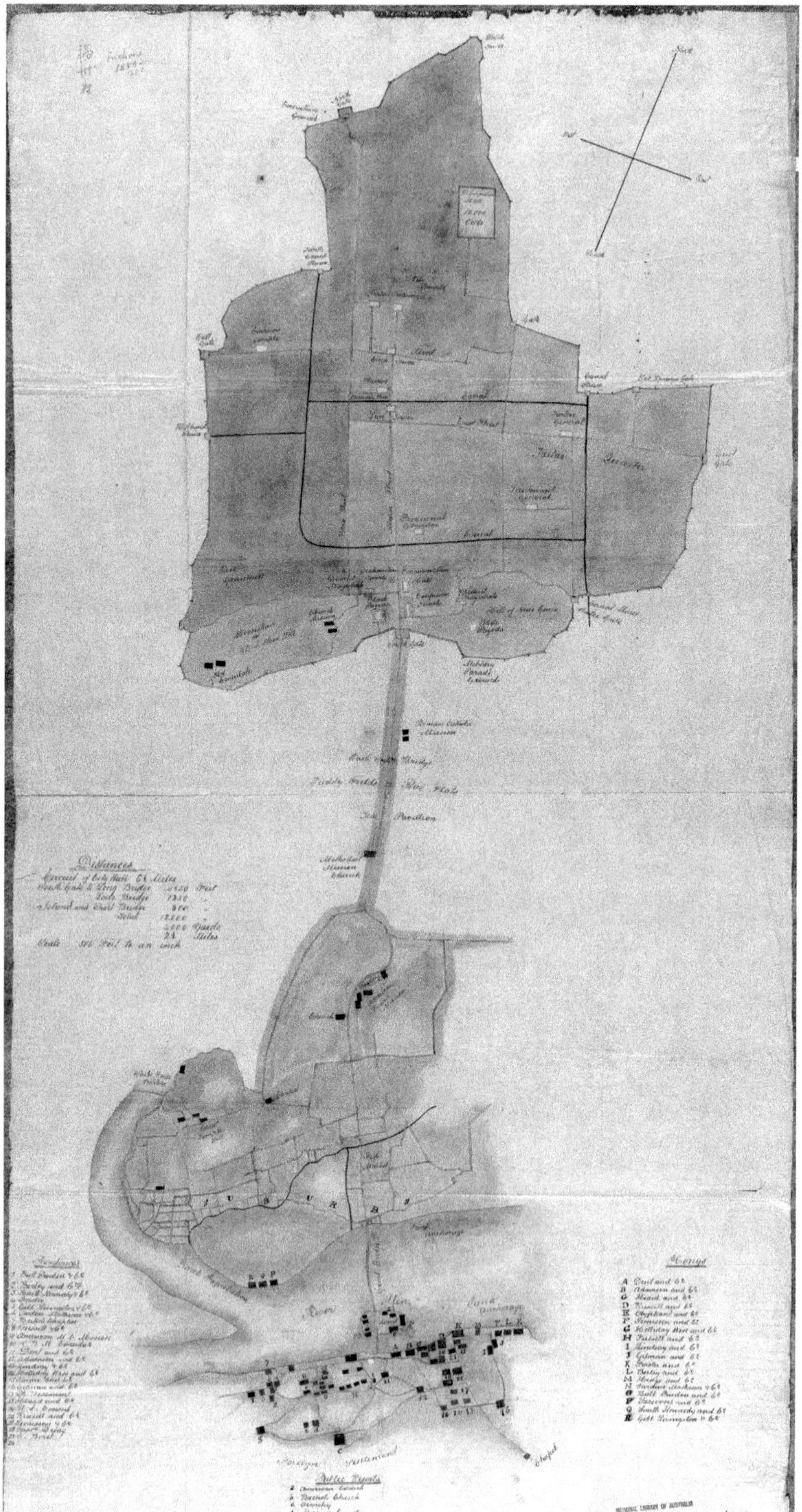

福州地图。（绘于1850）

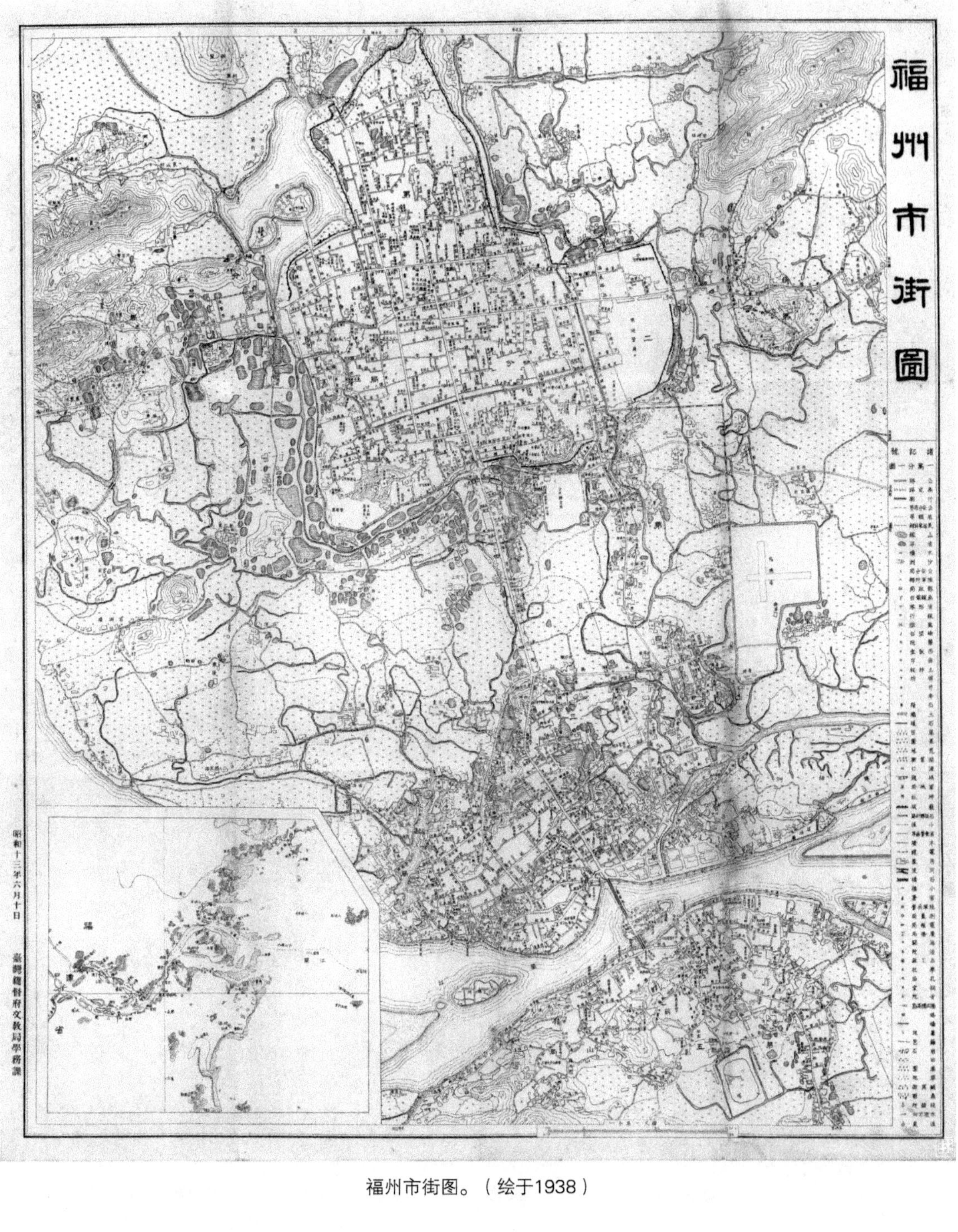

福州市街图。（绘于1938）

福州的乌塔和白塔。（摄于1870）

改造前的福州万寿桥（今解放在桥）。（摄于1913）

改造前的福州万寿桥（今解放大桥）。（摄于1928）

改造后的福州万寿桥（今解放大桥）。(摄于1932）

福州市马路。（摄于1929）

改造中的福州南大街（今八一七北路）。（摄于1929）

序

中国现代城市的建设与管理，不仅是现代城市史的研究课题，也是中国现代化研究的中心议题之一。这是因为，中国古代的城市隶属于附郭郡县，并无独立的市政管理机构。到了近代，西方列强在通商口岸设立了租界，才开始有现代意义的市政建设与市政管理机构。至于中国本土的现代城市建设，则是始自于20世纪初期。罗桂林博士的《现代城市的建构——1927—1937年福州的市政管理与公共事业研究》，考察了福州早期市政管理体制与市政建设的不同模式，探讨了中国现代城市发展的动力机制，为中国现代化研究与城市史研究提供了新的范例。

本书首先考察了20世纪初期中国的政体转型与城乡分治的历史过程，把市政管理视为现代国家政权建设的当务之急。福州的早期市政管理机构，始自于清末创立的警务部门和民初创立的工务部门。北洋政府时期，市政当局缺乏稳定的财政来源，难以有效推进市政管理与市政建设。北伐胜利以后，开始筹备福州建市，同时开展大规模的市政建设，福州得以逐渐步入中国现代城市的行列。

1927—1937 年的福州现代城市建设，是在国家政权的强力推动下进行的。这一时期的大规模市政工程建设，如拆除城墙、修筑全城马路网等，都是以国家权力为后盾的。然而，在市政建设的其他领域，主要依赖于商人资本和民间社团。如电气等公用事业，长期由私人投资运营；消防等公益事业，始终由民间“救火会”负责；社会救济等慈善事业，大多采取官民合办的形式。因此，福州现代城市的建构过程，呈现出多元化的发展模式。

在福州现代城市的建构过程中，传统与现代、国家与社会的互动关系，制约了市政建设与市政管理的可能走向。一方面，国家政权是现代城市建设的主导力量，有效地动员了民间社会和传统资源，共同参与现代城市建设与市政管理；另一方面，国家权力在推进市政建设和市政管理的过程中，又经常受到民间社会和传统势力的抵制，甚至出现各种不同规模的“罢市”。这种既合作又斗争的博弈过程，实际上就是福州现代城市建构的动力机制。

本书的基本资料来自于现存的民国时期福州市政档案，因而主要反映了当时福州市政当局的现代化议程，难以充分反映福州普通市民在现代城市建设中的利益诉求与行为模式。当然，作者在研究过程中努力发掘民间史料，尽可能开展田野调查，对救火会、善堂等传统民间社团有较为深入的研究，在很大程度上弥补了档案资料的不足。尽管如此，就本书力求深入探讨的传统与现代、国家与社会等议题而言，在研究视角、方法和资料等方面都还有进一步拓展的空间。

是为序。

郑振满

丁酉年秋月于鹭岛浪琴苑

目　录

第一章　绪论

本书从传统与现代、国家与社会互动的角度，考察 1927—1937 年福州的市政管理和公共事业，分析近代中国市政进步的多元方式与城市转型的动力机制，探讨现代化进程中国家与社会关系的可能走向。在进入正题之前，拟简要说明本书的问题意识与基本思路、前人的相关研究成果及本书的基本资料和分析框架。

第一节　问题与思路

近代中国进入"大变局"时代。随着国内外政治环境的改变，社会经济结构也发生转型，形成"近代城市化"和"城市近代化"两个相互推进和相互制约的历史进程。这不仅促进了人口集中和产业转型，而且也推动了城市景观的显著变化，城市生活方式和价值观念向全社会推广。[1]城市重要性日益上升，城市事务开始扩大化和复杂化，诚如时人所谓"通商以来，凡中国所本无之事，不知顿增几项"[2]。这在客观上要求改变原有的城乡合治体制，适应近代城市发展的需要。

---

[1] 隗瀛涛:《近代重庆城市史研究》,《近代史研究》1991 年第 4 期。

[2]《书〈机器缫丝妨利论〉后》,［清］邵之棠编《皇朝经世文统编》卷 92《考工部六纺织》,"近代中国史料丛刊续辑"第 72 辑，文海出版社有限公司，1980 年。

沿海通商口岸的租界地区，较早引入西式市政管理制度，建立起专门化的城市管理机关，适应了城市事务日益扩大化和复杂化的需要。国外先进的市政管理知识也开始被介绍到国内。随后，一场由市政专家倡导、各级政府主导，政界与学界互动，旨在推动城市现代化的“市政改革”开始兴起，从清末“新政”推行城镇乡自治发端，至20世纪20年代末30年代初形成高潮。在上海，官绅受租界刺激，于19、20世纪之交积极开展地方自治尝试，先后成立南市马路工程局、城厢总工程局等机构，仿照租界开展市政建设。在天津，当局直接继承了都统衙门下属的各套市政管理机构，对城市公安、卫生等事务进行了积极的管理。广州在20世纪一二十年代之交，先后成立市政公所、市政厅，分科设局，实行现代市政管理。国民政府初期，广州样板还在一些大城市推广。这场以推进市政进步为特征的运动，“不仅推动了中国城市早期现代化，而且对整个20世纪的中国城市发展走向产生了深远影响”。[1]

学界已充分注意到上海、广州等大城市在市政近代化方面的突出成就，在这些城市中，市政管理体制比较完备，市政管理职能和公共服务相对充分。而对大多数城市而言，却很少建立起完备的现代市政管理体制，但这并不意味着多数城市没有强化市政管理和兴办公共事业的需要。因为“近代城市化”和“城市近代化”的进程是普遍性的，没有哪个城市能自外于时代。那么，对多数城市而言，其市政进步的途径在哪里？动力又何在？

笔者认为，这需要在管理体制之外寻找其他市政进步的动因。实际上，即使是上海、天津、汉口等大城市，无论是在传统时期，还是在进入近代以后，政府都不是城市管理的唯一主体和公共产品的唯一供应者。在20世纪以前，官方从未设置过专门的城市管理体制，也没有强化城市管理的打算，多数的城市公共事务是由社会组织承担的。进入20世纪以后，尽管一些城市开始

[1] 涂文学：《近代“市政改革”：影响20世纪中国城市发展的历史性变革》，《学习与实践》2009年第9期。

建立专门的市政管理体制，但现代市政管理体制也是逐步建立起来的，在这一过程中，原有的由社会提供公共产品的传统仍在延续。也就是说，近代中国专门化的市政管理体制的建立和推广，具有新旧交替的特征，总体上仍处于过渡阶段。这表明，要全面地理解近代中国市政进步的途径方式和城市转型的动力机制，就不能只关注市政管理体制的创新作用，还必须从更广泛的历史视野出发，将政府和市场、社会组织甚至是个人参与等因素，并置于同一进程中考察。是制度创新与传统延续的有机结合，共同支持了近代中国的市政进步和城市转型。因此，为了更加全面地把握近代中国市政进步的演变趋势，充分揭示现代城市的"建构"机制，不仅要关注制度创新的具体过程，而且要重视传统延续的重要途径，以及二者结合的基本方式。

本书拟从1927—1937年福州个案入手，考察近代中国市政管理体制建立的复杂过程，分析公共工程、公用事业和公益事务的不同举办方式，探讨近代中国市政进步的多元途径和城市转型的动力机制。福州是近代中国最早开放的"五口"之一，较早地与西方发生了密切联系，社会经济出现一些重要的变化，城市事务日趋扩大化和复杂化。为适应这一变化，进入20世纪以后，福州的市政管理体制开始了艰难的探索，并积极拓筑市路和旧城改造，在很大程度上改变了福州城市的基本面貌，显示出体制创新对传统城市近代转型的重要作用。但这种体制创新是不完备的，福州直至抗战爆发也未成功设市，"市政"长期与"省政""县政"胶着。更为重要的是，由于财政困难等原因，政府除了勉力支持市政工程的开展外，无力承担其他大量公共事业。但尽管如此，福州的各种公共事业并未因此废弛，整个城市仍处于相当有序的发展状态，市政进步仍在持续推进。那么，近代福州的市政进步是如何实现的？本书的研究表明，公共事业的多种举办方式，即公共工程"官办化"、公用事业"商办化"、公益事务"公办化"和救济事业"官民合办"，是支持福州近代市政进步的关键。

因此，要深入理解近代中国市政进步的途径方式，就不能只重视市政管理体制的创新，还应该从具体的公共事业入手，探寻城市转型的动力机制；

也不能仅仅“自上而下”地考察市政体制的变化和进步，还应“自下而上”地观察城市社会内在的延续和变迁。只有从国家与社会、传统与现代互动的视角出发，才能更完整地把握近代中国社会转型的复杂进程。

第二节 学术史回顾

本书围绕1927—1937年福州的市政管理与公共事业，探讨近代中国市政进步的多元途径和城市转型的动力机制。毋庸讳言，前人对近代中国城市管理已经做了大量的研究，有必要对相关研究加以回顾。本节拟从学术背景和研究视野出发，对中国、西方和日本的相关研究进行回顾。

一、现代化理论与社会史视野

中国学界关于近代城市的研究，起步于20世纪七八十年代之交。相关研究主要依据现代化理论，对“近代城市化”与“城市近代化”的经验教训进行了深入的总结，形成了丰富的学术积累。与此同时，随着社会经济史和社会文化史研究的深入开展，城市史研究也具备了更多元的学术背景。近代中国市政管理的研究，主要是在这两种不同的进路中展开的。

1.“城市近代化”的探索

20世纪七八十年代之交，正值改革开放之初，国家以实现“四化”为目标，大力推进工业化和城市化。在这样的政治语境中，学界自觉地承担起学术使命，将“近代城市化”和“城市近代化”视为主要研究内容，将总结城市近代发展经验作为基本追求。[1]因此，现代化理论一直是基本的分析框架。

[1] 隗瀛涛:《近代重庆城市史研究》,《近代史研究》1991年第4期。

1979年召开的全国史学规划会议，将多卷本《上海史》写作纳入研究规划，交由上海社科院历史所承担，由唐振常主其事。[1]城市史研究正式列入全国史学发展规划中。1986年，全国哲学社会科学“七五”规划，又将上海、天津、重庆、武汉四个城市列入研究项目，相继形成《近代上海城市研究》《近代天津城市史》《近代重庆城市史》《近代武汉城市史》等四部著作。这些著作中都辟有专章，论述城市管理体制和市政建设近代化发展。张仲礼主编的《近代上海城市研究》，在全方位论述了近代上海“近代化”中，也论及“近代上海政治制度的演变”和“上海市政管理的近代化”。[2]隗瀛涛主编的《近代重庆城市史》，对近代重庆近代化进程进行了全方位论述，也对“城市基础设施与市政建设”“城市行政管理”的近代化变革有深入的讨论。[3]罗澍伟主编的《近代天津城市史》，分析了1900—1927年天津的城市管理法规、城市基础设施等“近代城市发展基础的奠定”问题。[4]皮明庥主编的《近代武汉城市史》，在系统探讨武汉近代发展轨迹的同时，专门考察了警察和城市管理制度的建立、近代城市公用事业与消防治安系统的变革以及民国中期市政管理和城市建设的近代化问题。[5]20世纪90年代以来兴起的区域城市研究，为了“进一步深化对近代中国城市发展规律的把握和认识”，对近代城市管理的变迁也十分重视。[6]张仲礼主编的《东南沿海城市与中国近代化》，从近代市政体制变化、新式市政管理开始、近代城市建设、五口市政与市容差异等角度，深入分析了“五口市政近代化与城市发展”问题。[7]张仲礼等主编的《长江沿江城市与中国近代化》辟出专节，考察“沿

---

[1] 唐振常：《上海史·序》，上海人民出版社，1989年，第3页。
[2] 张仲礼主编《近代上海城市研究》，上海人民出版社，1990年。
[3] 隗瀛涛主编《近代重庆城市史》，四川大学出版社，1991年。
[4] 罗澍伟主编《近代天津城市史》，中国社会科学出版社，1993年。
[5] 皮明庥主编《近代武汉城市史》，中国社会科学出版社，1993年。
[6] 何一民：《中国近代城市史研究述评》，《中华文化论坛》2000年第1期。
[7] 张仲礼主编《东南沿海城市与中国近代化》，上海人民出版社，1996，第557—587页。

江城市市政工程建设与公用事业发展”。[1] 何一民主编的《近代中国城市发展与社会变迁（1840—1949 年）》专章论述了“近代中国城市管理的现代化趋势”。[2]

近年来，学界围绕近代市政问题展开了大量的研究，就租界的作用和影响、市政体制的创立和运作、重要市政人物等问题，积累了不少成果。租界最早引入近代西式市政管理制度，对近代中国城市产生了重大影响，是国人兴办市政早期参考的对象，租界市政及其影响一直是研究的热点。如周绍荣、周积明等很早就分析了租界与中国城市近代化或早期现代化的关系。[3] 熊月之等考察晚清民国上海市政建设的近代化发展，注意到租界因素对近代上海市政建设的重要影响。[4] 陆文雪梳理了上海工部局的食品卫生管理制度的建立、发展和完善的过程。[5] 刘岸冰也对上海租界和华界的环境卫生管理进行了考察。[6] 何其颖分析了鼓浪屿租界对近代厦门经济与市政建设发展的影响。[7] 任云兰讨论了天津在都统衙门时期的公共环境卫生管理问题。[8] 涂文学注意到近代汉口市政从模仿租界、学习租界到超越租界的过程。[9]

近代市政的发展，首先表现为各项公共事业的举办，尤其以租界城市的引入最早，这方面的研究也集中在租界城市。如钟文盛考察了近代上海市

[1] 张仲礼等主编《长江沿江城市与中国近代化》，上海人民出版社，2002 年，第 585—652 页。

[2] 何一民：《近代中国城市发展与社会变迁（1840—1949）》，科学出版社，2004 年。

[3] 周绍荣：《租界对中国城市近代化的影响》《江汉论坛》1995 年第 11 期；周积明：《租界与中国早期现代化》，《江汉论坛》1997 年第 6 期。

[4] 熊月之等：《略论近代上海市政》，《学术月刊》1999 年第 6 期。

[5] 陆文雪：《上海工部局食品卫生管理研究（1898—1943）》，《史林》1999 年第 10 期。

[6] 刘岸冰：《近代上海城市环境卫生管理初探》，《史林》2006 年第 2 期。

[7] 何其颖：《鼓浪屿租界与近代厦门经济与市政建设的发展》，《中国社会经济史研究》2005 年第 4 期。

[8] 任云兰：《都统衙门时期天津公共环境卫生管理初探》，《天津社会科学》2009 年第 6 期。

[9] 涂文学：《近代汉口市政改革对租界的效法与超越》，《江汉大学学报》（社会科学版）2009 年第 4 期。

政建设的“近代化进程”，并对其“启迪”进行总结。[1]周武分析了清末上海城市照明系统的更新与供水网络的创建，注意到市政设施演进的同时，也伴随着持续的新旧冲突。[2]任云兰注意到近代天津市政设施经历了近代化转型。[3]方秋梅对清末民初汉口的自来水和电业的引入，对市民生活影响问题进行了研究。[4]

不少研究关注到市政机构创立和运作，在推进市政近代发展中的重要作用，相关研究以上海、北京、广州、汉口等地的个案讨论为主。例如关于上海近代城市规划的研究[5]，关于北京（北平）市政机关创立、市政管理、城市规划等的研究[6]，关于广州市政制度创立、市政法规作用、警察机构职能等方面的研究，[7]关于汉口市政改革与张之洞督鄂关系、汉口20世纪30年代市政改革的研究，[8]天津、厦门、南京、济南等地也都有相关的个案讨

[1] 钟文盛:《上海市政建设的近代化进程及其启迪》,《社会科学》1995年第1期。

[2] 周武:《晚清上海市政演进与新旧冲突——城市照明系统和供水网络个案分析》,《近代中国》第9辑，上海社会科学院出版社，1999年。

[3] 任云兰:《天津市政设施的近代化》,《天津经济》2003年第10期。

[4] 方秋梅:《论电业对清末民初汉口城市现代化的影响》,《学习月刊》2008年第6期；方秋梅:《自来水与清末民初汉口的城市生活》,《武汉大学学报》（人文科学版）2009年第2期。

[5] 孙施文:《近代上海城市规划史论》,《城市规划汇刊》1995年第2期。

[6] 如杜丽红:《20世纪30年代的北平城市管理》，中国社会科学院研究生院2002年博士学位论文；杜丽红:《1930年代的北平城市污物管理改革》,《近代史研究》2005年第5期；王煦:《在传统与现代之间:1933—1935年的北平市政建设》,《历史教学问题》2005年第2期；王亚男、赵永革:《近代西方“市政建设”思想的引入和对北京发展方向的讨论》,《北京社会科学》2007年第2期；王亚男:《1900—1949年北京的城市规划与建设研究》,东南大学出版社，2008年；鱼跃:《民国初年北京香厂新市区规划的背景原因研究》,《首都师范大学学报》（社会科学版）2009年第1期；丁芮:《管理北洋政府时期京师警察厅研究》,山西人民出版社,2013年。

[7] 如许瑞生:《清末民初广州市市政制度的实践与启示》,《城市规划》2009年第5期；许瑞生:《民国时期广州市市政法规对城市规划建设的影响和启示》《规划师》2009年第6期；吴沙:《近代广州警察》，社会科学文献出版社，2014年。

[8] 涂文学:《城市早期现代化的黄金时代——1930年代汉口市政改革》，中国社会科学出版社，2009年；方秋梅:《张之洞督鄂与湖北省府主导汉口市政改革》,《武汉大学学报》（人文科学版）2010年第1期。

论。[1]还有学者从总体上论述了20世纪二三十年代在各大城市的市政改革运动，探讨其起因，分析其实施与影响。[2]

一些关键人物在近代中国市政发展中的重要作用也受到重视，其中，朱启钤、孙科、张謇等人是研究的焦点。朱启钤长期担任京师市政官员或主管京师市政机构，对京师市政发展起了重要的推动作用，有学者将其视为“把古都改造为近代化城市的先驱者”，[3]也有学者将其贡献置于近代中国市政发展史上讨论。[4]孙科起草颁布的《广州市暂行条例》，极大影响了中国市制发展，他还三任广州市市长，亲自推进广州市政的近代化发展，相关研究充分肯定了他的这些贡献。[5]张謇在南通的地方自治实践，开创了市政建设的“南通模式”，有学者提出张謇经营的南通堪称“中国近代第一城”。[6]

总的来看，在探讨“城市近代化”的研究脉络中，近代市政管理的研究已经相当充分，拓展了城市史和近代史研究的视野。但相关研究主要以现代化理论为分析框架，以总结城市从传统向近代的线性发展为基本目标，对于其他更为复杂的面向注意得很不够。同时，相关研究主要着眼于市政管理体制的创立及其作用，而未能从更宽广的历史视野出发，讨论近代市政进步的多元方式和城市转型的动力机制。

---

[1] 如张华腾、秦秀玲：《论袁世凯对天津的治理》，天津社会科学院历史研究所、天津市城市科学研究会编《城市史研究》第13-14辑，天津古籍出版社，1997年；周子峰：《近代厦门市政建设运动及其影响(1920—1937)》，《中国社会经济史研究》2004年第2期；周子峰：《近代厦门城市发展史研究：1900—1937》，厦门大学出版社，2005年；王瑞庆：《1927—1937年南京市房屋拆迁问题述论》，《社会科学战线》2008年第8期；聂家华、杨树标：《略论近代济南市政建设的现代转型（1904—1937)》，《历史教学问题》2006年第3期；

[2] 赵可：《市政改革与城市发展》，中国大百科全书出版社，2004年；涂文学：《近代“市政改革”：影响20世纪中国城市发展的历史性变革》，《学习与实践》2009年第9期。

[3] 王亚男、赵永：在《把古都改造为近代化城市的先驱者——民国朱启钤与北京城》，《现代城市研究》2007年第2期。

[4] 杨宇振：《朱启钤（桂辛）先生初步研究及其他——一份近代城市史视野中的历史人物研究简报》，《建筑师》2007年第6期。

[5] 韩文宁：《孙科与二十年代广州的市政革新》，《档案与史学》2003年第2期。

[6] 吴良镛：《张謇与南通“中国近代第一城”》，《城市规划》2003年第7期。

2. 社会史研究的视野

20 世纪 80 年代以来社会史研究的深入发展，为深入揭示中国城市近代变迁的多元面向提供了可能，由此形成了不同于“现代化”主流论述的认知框架。相关研究更多地从社会的和普通人的角度，探讨城市近代化进程的意义，试图从“自下而上”的角度理解近代市政发展的复杂进程和多重意义。

重视对社会组织及其在近代城市转型中的作用，始终是这一研究进路的基本特征。陈克关于近代天津城市控制管理的研究发现，在 19 世纪末天津的民间组织与城市控制管理关系密切，而官方的近代城市控制管理体系从都统衙门开始也逐渐严密起来，并有取代前者的趋势。[1]郭莹研究了晚清汉口城市控制系统的过渡性特征。汉口开埠引起的城市化迅速发展，使官方管理机构运转失灵，而会馆、公所、善堂等民间社团在城市控制中的作用，“填补了官方控制的薄弱环节”，但其过渡性特征仍很明显，“当其控制能力发挥到极限，必然要导致控制体制的更新，被新的、更严密的控制系统所取代”。[2]贺跃夫关于晚清广州社团及其近代变迁做了梳理，呈现了从城乡合治到城乡分治的政治变迁背景下，各种社团从原先积极参与城市公共事务，到近代以来因不同的适应性，而面临着不同的命运。[3]梁元生以清末上海的“堂”为例，探讨地方社会组织特别是民间的慈善团体和福利机构与政治参与及政治权力之间的关系，发现清末时代的特殊时势使传统慈善事业有了本质变化，慈善组织越来越多地介入地方其他公共事务，影响地方资源分配与权力运作。[4]任云兰研究了近代天津民间组织参与社会救济，发现民间组织对难民的救助甚至比政府的作用还重要。[5]

---

[1] 陈克：《十九世纪末天津民间组织与城市控制管理系统》，《中国社会科学》1989 年第 6 期。

[2] 郭莹：《晚清汉口城市控制系统的演迁》，《江汉论坛》1994 年第 1 期。

[3] 贺跃夫：《晚清广州的社团及其近代变迁》，《近代史研究》1998 年第 2 期。

[4] 梁元生：《慈惠与市政：清末上海的“堂”》，《史林》2000 年第 2 期。

[5] 任云兰：《近代城市贫民阶层及其救济探析——以天津为例》，《史林》2006 年第 2 期；任云兰：《民国灾荒与战乱期间天津城市的社会救助》，《中国社会经济史研究》2005 年第 2 期。

在近代中国兴起的各种社会组织中，商会可能是最重要的一种，尤其是在城市公共事务的举办中发挥了突出的作用。马敏认为，近代苏州以商会为核心，由众多民间社团组织交错联系，形成了“在野市政权力网络”。通过这一网络，绅商控制了相当部分市政建设权、司法审理权、公益事业管理权等。[1]朱英也认为，商办地方自治社团成立之后，许多地区的商人实际深入控制了城市的市政建设和管理权，通过各类新式社团组织，商人“程度不同地控制了市政建设权、民政管理权、公益事业管理权、社会治安权以及工商、文教、卫生等多方面的管理权，其势力和影响层层渗透扩展到社会生活的各个领域，成为城市社会生活中最具影响的在野社会力量”。[2]他们此后进一步阐发“在野市政权力网络”，认为它代表了“公共领域”的扩张，是“市民社会”的雏形或中国早期的“市民社会”。[3]

此外，相关研究还试图引入更多元的视角，揭示近代城市转型的多元面向。杜丽红将制度史与日常生活史相结合，对近代北京公共卫生进行考察，不仅描述了制度在组织和规则层面的变迁过程，而且试图阐释制度对日常生活的具体影响，厘清了20世纪初期北京的公共卫生制度演变及其社会化过程。[4]黄素娟引入产权理论，以近代广州的城市建设为切入点，探讨近代广州土地产权的产生及其被纳入政府行政管理的过程，展示了广州在清末民国时期从“省城”到“城市”的变迁过程。[5]

随着研究的深入，学者们不再满足于描述近代城市从传统到现代的线性转型过程，而是着力于挖掘“近代化”名义下社会进程的复杂性，尤其是

---

[1] 马敏：《辛亥革命时期的苏州绅商》，中南地区辛亥革命史研究会、武昌辛亥革命研究中心编《辛亥革命史丛刊》第8辑，中华书局，1991年。

[2] 朱英：《辛亥革命时期新式商人社团研究》，华中师范大学出版社，2011年，第246—258页。（中国人民大学出版社，1991年初版）

[3] 马敏：《官商之间：社会剧变中的近代绅商》，天津人民出版社1995年；朱英：《转型时期的社会与国家——以近代商会为主体的历史透视》，华中师范大学出版社，1997年。

[4] 杜丽红：《制度与日常生活：近代北京的公共卫生》，中国社会科学出版社，2015年。

[5] 黄素娟：《城市产权与都市发展：近代广州市区规划研究》，中山大学2013年博士学位论文。

普通人面临巨变时的态度和选择。王铭铭关于泉州的研究，就展示了一个闽南古城近代转型中的复杂面向。王铭铭从华侨与士绅的“公共空间”遭到破坏、城墙拆除、反对“迷信”运动等三个事例出发，观察“现代性的政治”在改造老城时遭到的社会抵制，讨论了老城转型中国家与社会激烈的冲突。[1]

社会史研究的进展，为我们“自下而上”地理解近代城市转型提供了可能，“城市近代化”的复杂面向得以揭示。当然，要想更完整地理解近代中国市政进步的多元方式与城市转型的动力机制，还有必要从国家与社会、传统与现代互动的角度出发，结合“自上而下”和“自下而上”两种立场。

二、发现中国“城市”与探索“近代工程”

20 世纪 70 年代以来，美国的中国研究经历了从“西方中心论”到“中国中心观”的转变，中国“城市”也在这一过程中得到重新“发现”。随着研究的深入，近代中国城市转型问题越来越引起学界重视，相关研究尤其聚焦于 20 世纪上半叶中国城市推进的市政建设运动，视之为“近代工程”的一部分，形成了丰富的成果。

1. 在中国发现“城市”

早期西方学界主要以西方历史为参照，或从“西方中心论”出发，认为中国历史上并无真正意义的“城市”，或认为中国城市长期停滞发展。从 20 世纪 70 年代开始，随着中国研究的“中国中心观”转向，近代城市研究也呈现出认识论更新，学界重新在中国发现了“城市”。

马克斯·韦伯（Max Weber）和费正清（John Fairbank）分别从“传统—现代”二分法和“冲击—反应”模式出发，对中国城市有过重要的论断，在很长一段时间里影响了西方学界的认识。马克斯·韦伯在《论城市》（*The*

---

[1] 王铭铭:《逝去的繁荣——一座老城的历史人类学考察》，浙江人民出版社，1999 年。

City）中提到，中国传统城市并非真正意义上的“城市”，其本质是帝国统治广大农村的行政中心。[1]而在费正清看来，中华帝国已陷入发展停滞，无法突破的困境，西方冲击及由此引发的反应，则成了近代中国历史前进的主要动力，城市适处于“冲击—反应”的前沿，代表了近代中国历史发展的方向。[2]罗兹·墨菲（Rhoads Murphey）在 1953 年推出的专著 *Shanghai, Key to Modern China*，即从“传统—现代”二分法和“冲击—反应”论出发，考察停滞中国在近代受到西方冲击之下的反应，聚焦于城市扮演的重要角色。认为上海近代以来的发展变化，可视为“近代中国的缩影”，是理解近代中国的关键。[3]

从 20 世纪 70 年代开始，美国的中国研究在反思“传统—现代”二分法和“冲击—反应”论的基础上，出现了一些重要的变化趋势，以“中国中心观”（China—centered approach）为代表的研究新动向越来越活跃。由伊懋可（Mark Elvin）、施坚雅（G. William Skinner）等倡导的中国城市史研究，正符合“中国中心观”的四个基本特征，[4]是美国学界“在中国发现历史”（Discovering History in China）的学术进程之重要组成，为西方学界“在中国发现‘城市’”提供了可能。

1974 年，伊懋可（Mark Elvin）和施坚雅（G. William Skinner）合编的《两个世界之间的中国城市》（*The Chinese City Between Two Worlds*），将近代中国城市置于帝制与共产主义“两个世界”之间审视，其研究目的是探

[1] Max Weber, *The City*, Don Martindale and Gertrud Neuwirth trans. and ed., Free Press, 1958.

[2] John Fairbank, *Trade and Diplomacy on the China Coast: The Opening of the Treaty Ports, 1842—1854*, Harvard University Press, 1953.

[3] Rhoads Murphey: *Shanghai, Key to Modern China,* Harvard University Press, 1953.

[4] 即（1）“从中国而不是从西方着手来研究中国历史”，（2）“把中国按‘横向’分解为……区域与地方”，（3）“把中国社会再按‘纵向’分解为若干不同阶层”，（4）“热情欢迎历史学以外诸学科中已形成的各种理论、方法与技巧”。参见柯文（Paul A. Cohen）:《在中国发现历史——中国中心观在美国的兴起》，林同奇译，中华书局，1989 年，第 165 页。

讨近代中国的变动进程和转型依据。[1] 其中收录的伊懋可的文章，考察了1905—1914年上海地方自治时期的市政管理，注意到1909年颁布的《城镇乡地方自治章程》承认了城市独立的行政地位，地方行政体制开始由城乡合治向城乡分治转变，认为这"是中国城市管理史上划时代的大事"。伊懋可试图追问"中国城市市政管理制度"的出现具有何种性质：是对过去决裂，还是继承传统，又如何影响了城市社会？伊懋可指出，市政管理作为清末出现的一种新制度，首先出现于上海和天津，"从直接的起源来看，这些市政管理制度显然是对西方势力的一种回应"；"但是这并不意味着这些市政制度本质上是西方的"，因为"中国早期的近代城市政府，是直接起源于先前存在的各种制度的结合：县城的士绅集会向知县提出建议、由士绅管理的慈善基金、晚近传统商人的行会以及具有特殊行政职能的地方政府部门"。伊懋可也注意到，"本土传统的发展本身已不能充分解释近代城市市政管理的兴起，我们也不得不考虑欧洲模式和观念所给予的刺激。"[2] 伊懋可的研究，让我们看到了所谓的城市管理的近代转型，既有外在因素的促进，也有既存的传统基础，必须充分考察东方与西方、传统与现代之间的交流，才能完整理解近代中国城市的变动理路。

1977年，施坚雅主编的另一部论文集《中华帝国晚期的城市》，继续深化"在中国发现城市"的思路，探讨中国传统城市内在的发展理路与近代的变动动向，收录了两篇有关城市管理的论文。[3] 斯普伦克尔（Sybille van der Sprenkel）的《城市的社会管理》，考察了社会管理系统在中国传统城市管理中的重要性。他发现中国传统城市存在官方和民间两个系统的联

[1] Mark Elvin and G. William Skinner, eds., *The Chinese City Between Two Worlds,* Stanford University Press, 1974.

[2] 伊懋可（Mark Elvin）:《1905—1914年上海的市政管理》，黄乃慧译，刘海岩主编《城市史研究》第23辑，天津社会科学院出版社，2005年。

[3] G. William Skinner, *The City in Late Imperial China,* Stanford University Press, 1977.（中文版见施坚雅主编《中华帝国晚期的城市》，叶光庭等译，中华书局，2000年）

合管理：前者“是自上至下，直到各家各户的帝国中央集权辖区网，其行政治所只设于县城内”，后者“是各种相互交叉的社团、陈陈相因的非官方组织”。由于官府对社会干预程度很低，“很多事情都留给非官方的社会组织去管了”，尤其是“行会与街坊会社，二者虽都是为效劳于各自成员的利益、为行使高度自治而存在的，但看得出来，事实上这些组织也是在实行一种管理”。[1] 施坚雅在该书第三篇的《导言》中，回顾了施舟人（Kristofer Schipper）、杨庆堃、仁井田陞等人的研究，总结指出“至少19世纪时有许多——如果不是大部分——城市设施，是由非政府的社团提供，由税收、会费或社团产业的收供给资金的”。并指出传统的城市管理有两种不同的发展途径：“一个方面是由商人会社发展出来的，另一个方面是从缙绅机构中发展出来的。”施坚雅预测，以后的研究将“很可能会证实一个广泛的社会过程，这个社会过程最后可能曾改变了中国城市的社会政治结构，而完全未受西方的影响。一个严格中国式的市政府，看起来究竟会是什么样子，却是个引人深感兴趣的历史疑问”。[2]

施坚雅提出“完全未受西方的影响的、严格的中国式的市政府”的疑问，罗威廉（William T. Rowe）在1984年和1989年相继推出两本专著中，试图对比做出回答。罗威廉在《汉口：一个中国城市的商业和社会（1796—1895）》中，展示了汉口的移民行会，将对内服务扩展到社区，行会联盟向全市提供公共服务的过程，证实了19世纪的中国已经出现了“实质上的城市自治”。[3] 在第二本关于汉口的专著中，罗威廉进一步发挥了这一论点。在关于“共同体”（community）的第二部分分别考察了“大众福利”（popular welfare）和“公共产品与公共服务”（public goods and public services），指

[1] 西比勒·范·德·斯普伦克尔（Sybille van der Sprenkel）：《城市的社会管理》，施坚雅主编《中华帝国晚期的城市》。

[2] 施坚雅：《导言：清代中国的城市社会结构》，施坚雅主编《中华帝国晚期的城市》。

[3] William T. Rowe, *Hankow: Commerce and Society in a Chinese City, 1796—1889,* Stanford University Press, 1984.（中文版见罗威廉：《汉口：一个中国城市的商业和社会（1796—1895）》，江溶、鲁西奇译，中国人民大学出版社，2005年）

出19世纪的汉口已经实现了城市共同体发展，逐步超出以家庭、街道、同乡、职业等纽结的羁绊，在整个城市水平上建构出共同体。在这个过程中，官僚机构在城市生活中的作用逐渐淡化，社会力量在城市公共服务的提供中日益重要。商人创办的仓储和发达的善堂体系，提供了各种各样的公共服务。[1]虽然罗氏关于市民社会和公共领域的论断引起了热烈的学术争论，[2]但他关于行会与行会联盟的发展，城市中公共产品、公共服务与大众福利的详细考察，却有力地说明帝国晚期城市自治系统在中国城市史上的重要意义。

从韦伯断定中国不存在真正意义上的“城市”，到罗威廉在中国重新发现“城市”，西方学界对中国城市的理解经历了认识论转变。在这一转变中，城市发展的参照系由“西方中心”向“中国中心”位移，为深入认识近代中国城市的转型提供了重要的参照。

2. 探索“近代工程”

罗威廉的研究在学界引起了关于公共领域的讨论，引发了国家与社会关系的重新评估，有的学者主张社会的自主性强化和权力扩展，有的则认为国家权力加深渗入了社会。相关争论还启发了晚近研究，“更多地关注现代化的过程与其中各种社会力量之间的能动关系”[3]，其中，被视为“近代工程”（modern engineering）的市政改革运动，成了研究的焦点。

安克强（Christian Henriot）、魏斐德（Jr. Frederic Wakeman）关于上海市政府和上海警察的研究，均以“南京十年”上海为例，探讨国家权力的健

---

[1] William T. Rowe, *Hankow: Conflict and Community in A Chinese City, 1796—1895*, Stanford University Press, 1989.（中文版见罗威廉：《汉口：一个中国城市的冲突和社区，1796—1895》，鲁西奇、罗杜芳译，中国人民大学出版社，2008年）

[2] 相关争论参见黄宗智主编的《中国研究的范式问题讨论》（社会科学文献出版社，2003年）之专辑二“中国的‘公共领域’与‘市民社会’”，收录了魏斐德（Jr. Frederic Wakeman）、赵文词（Richard P. Madsen）、希斯·B. 张伯伦（Heath B. Chamberlain）、黄宗智（Philip Huang）、罗威廉（William T. Rowe）、玛丽·兰金（Mary Rankin）等的争论文章。

[3] 董玥：《民国北京城：历史与怀旧》，生活·读书·新知三联书店，2014年，第20页。（英文版见 Madeleine Yue Dong, *Republican Beijing: The City and Its Histories*, California University Press, 2003）

全扩张及遭遇的困境。与罗威廉关于城市社区获得自主性之论调不同，两项研究都试图揭示现代国家对社会逐渐深入控制的趋势。安克强的研究之所以取 1927—1937 年的上海为个案，目的是为了“了解在国民党政权下的一个中国市政府的运作体制”，探讨“市政机构的性质”“现实的市政权力”和“中国市政府的具体行动计划，以及在这个城市实施的改革”等三个问题。安克强不仅分析了规定市政府运作的法律框架、市政府与国民党地方党部及上层资产阶级的关系、市政府经历的战争危机以及市政府职员构成与财政环境，还分析了市政府在城市规划、建立现代学校系统和卫生政策等方面取得的成就。作者得出的结论是，“南京国民政府于 1927 年成立确实是开始了一个新时代。虽然它还较软弱，处于分裂状态，但国民党在中国一些地区建立的权力使它有可能实行开创性政策，建立新机构，进行现代化建设，上海市政府是这项大计划的一个组成部分”。[1]

上海市政府的建立，是国民党政权决心在这个中国最大的城市确立新秩序，向世界证明中国人有能力管理条约口岸的“独一无二的实验”之一部分。安克强的研究偏重于市政府的内部结构、运作环境及市政建设和社会管理等方面，而魏斐德则聚焦于市政府中的公安局，目的同样是为了考察国民党政权的性质与治理能力。魏斐德对上海警察开展工作的社会与历史环境、为开展业务引入的警察改革、对付有组织的犯罪活动以及日本入侵等政治事件对警政工作偏离方向的影响等方面进行了细致考察。魏斐德认为，上海警察部门因不堪重负，受制于国际国内复杂环境，而无法实现国民党政权通过警察制度，建立起上海新秩序的目标。[2]

安克强与魏斐德都以市政当局及其开展的市政改革为研究对象，得出

[1] 安克强：《1927—1937 年的上海——市政权、地方性和现代化》，张培德等译，上海古籍出版社，2004 年，第 172 页。（英文版见 Christian Henriot, *Shanghai, 1927—1937: Municipal Power, Locality, and Modernization,* Noel Castelino trans., California University Press, 1993）

[2] 魏斐德：《上海警察，1927—1937》，章红等译，上海古籍出版社，2004 年。（英文版见 Jr. Frederic Wakeman, *Policing Shanghai, 1927—1937*, California University Press, 1995）

的结论却不尽一致。那么，在近代市政当局开展的这一系列“近代工程”，即“由专家治国论者推动的、对各种类型的城市施加影响的、显然一致的城市改革”[1]，到底是成功还是失败呢？为了进一步厘清这一问题，需要借鉴更多元的理论方法，通过更多的个案研究参与讨论。后现代理论的影响和新文化史研究的兴起，为相关研究的深入开展提供了必要的学术背景。

史明正关于20世纪初北京市政机构及其推行的基础设施改进的研究，就较早采用新的理论方法来剖析和评估这场“近代工程”的作用与意义。史明正指出，在20世纪前30年北京的道路改造与城市规划、污水系统整修、公共空间升级、供水供电和城市交通变革中，市政机构起了主要的推进作用，但也正是在政府推进基础设施改进的过程中，国家力量渗透入城市社会，扭转了国家日渐衰落和私有部门作用日益扩大的趋势。作者还重点考察了各项改革背后的“社会意义”“政治含义”和“社会效应”，评估了市政变革对普通市民的影响，认为下层民众在这一变革中受益相对有限。[2]

此后，从社会文化史的视角介入“近代工程”的研究，探讨这一运动的多元意义，发掘普通人的声音和看法，已成为重要的研究趋势。在1996年美国圣迭戈（San Diego）加州大学召开的关于民国城市史的讨论会上，以“上海之外：勾画民国时期的中国城市”（Beyond Shanghai: Imagining the City in Republican China）为题，将研究范围扩大到其他城市，而不仅仅“单一地将焦点放在上海”。[3]同时，会议对“近代工程”给予了极大的关注。在2000年出版的会议论文集《再造中国城市》（*Remaking the Chinese City*）中，

---

[1] 李・麦萨克等：《上海之外：从圣迭戈看中国城市》，刘海岩译，天津社会科学院历史研究所、天津市城市科学研究会编《城市史研究》第13—14辑，天津古籍出版社，1997年。

[2] 史明正：《走向近代化的北京城——城市建设与社会变革》，王业龙、周卫红译，北京大学出版社，1995年。（英文版见 Mingzheng Shi, "*Beijing Transforms: Urban Infrastructure, Public Works, and Social Change in the Chinese Capital, 1900–1928*", Ph.D. dissertation, Columbia University, 1993）

[3] "Preface", in Joseph W. Esherick, ed., *Remaking the Chinese City: Modernity and National Identity, 1900—1950,* Hawai'i University Press, 2000, p.ix.

有不少论文注意到晚清民国时期各地开展的这场运动具有相当一致的特征："通过加宽、铺筑和清扫以整治道路；通过下水道、公共厕所、清洁的水、垃圾的处理和消灭老鼠以改进卫生；预防传染病；妓女注册；使用警察，不仅是制止犯罪，也管理道路交通秩序，推行新的市民行为规范，包括卫生方面的；限制麻醉品尤其是鸦片，也限制乞丐和行乞；建立公园为休闲、教育、公共活动和市民锻炼提供场所；设立公用事业，建造公共建筑和纪念碑。"[1]研究者不仅重视"近代工程"在不同城市的进展，而且还对市政当局通过运动建构"现代性"（modernity）与塑造"民族认同"（national identity）等深层意义进行了深入发掘。

钱曾瑗（Michael Tsin）考察了民国初期，尤其是在孙科当政期间，广州的城市空间演变历程，指出广州从一个杂乱无章的城市被塑造为有着清晰行政疆界的、按功能分区的城市的过程，认为这反映了城市当局试图通过重塑城市空间，以实现重新安排城市日常生活、改变城市的卫生水平和娱乐方式，进而"培育守纪律的成员"的实质，显示出国家权力对社会的积极引导和有力渗透。[2]罗芙芸（Ruth Rogaski）考察了1900—1928年都统衙门、中国有关当局和日本租界当局推进天津城市卫生现代化的过程，指出卫生近代化"要求推倒了天津的城墙，改造了天津的街道，并使其工业重组。卫生近代化使更有效、更多的警察出现在天津，从而导致城市卫生的改善和传染疾病的减少"，这意味着"社会控制的缓慢增长和政府权力不知不觉的扩展"之实质。[3]董玥（Madeleine Yue Dong）考察了1928—1936年北平市政府

[1] 李·麦萨克等：《上海之外：从圣迭戈看中国城市》，刘海岩译，天津社会科学院历史研究所、天津市城市科学研究会编《城市史研究》第13—14辑。

[2] Michael Tsin, "Canton Remapped", in Joseph W. Esherick, ed., *Remaking the Chinese City: Modernity and National Identity, 1900—1950.*（译文见钱曾瑗：《重绘广州》，任云兰译，刘海岩主编《城市史研究》第22辑，天津社会科学院出版社，2004年）

[3] Ruth Rogaski, "Hygienic Modernity in Tianjin", in Joseph W. Esherick, ed., *Remaking the Chinese City: Modernity and National Identity, 1900—1950.*（译文见罗芙芸：《卫生与城市现代化：1900—1928年的天津》，作舟译，天津社会科学院历史研究所、天津市城市科学研究会编《城市史研究》第15—16辑，天津社会科学院出版社，1998年）

对城市公共空间的重塑过程，指出市政府在重塑城市空间时面临的紧张关系：为了发展旅游业，必须尽力保持传统的建筑环境；而为了将帝制时代的“旧臣民”转变成为“新市民”，又必须重塑城市空间。[1]马斯格罗夫(Charles D. Musgrove）对1927—1937年南京的建都过程进行了考察，重点分析了国民政府行政区的建设过程，揭示出国民党当局借助改造空间以塑造新型的公民的追求，展示了国民党当局领导民族复兴的能力。[2]这些研究揭示了“近代工程”背后复杂的文化意义，而且相关个案研究以不同的城市为基础，表明了这一进程并非特例，它在全国范围内具有普遍意义。

新近的研究进一步丰富了我们关于“近代工程”之作用、意义及其在不同地区发展进程的理解。例如司昆仑（Kristin Stapleton）的《再造文明成都：中国都市革新（1895—1937）》（*Civilizing Chengdu: Chinese Urban Reform, 1895—1937*），考察了晚清民国成都的都市改革，注意到在20世纪上半期历届当局都极力推进激进的都市改革，但在资金匮乏和激烈的社会反对下，以改造社会为目的的都市改革受到遏制。[3]董玥的《民国北京城：历史与怀旧》继续深化此前的论述，该书第一部分探讨了民国北京空间和管理转型，在不同力量争夺城市空间控制的过程中所展现出来的权力关系模式，以及国家资助的建设新的、公共的、象征的仪式空间的方案和项目。[4]王笛的《街头文化》，展示了晚清以降城市当局发动的街头空间改造中，民众日益成为当局试图控制和驱逐的对象，街头成了政治的空间，但民众在这一过程中通过公

---

[1] Madeleine Yue Dong, “Defining Beiping: Urban Reconstruction and National Identity, 1928—1936”, in Joseph W. Esherick, ed., *Remaking the Chinese City: Modernity and National Identity, 1900—1950.*

[2] Charles D. Musgrove, “Building a Dream: Constructing a National Capital in Nanjing, 1927—1937”, in Joseph W. Esherick, ed., *Remaking the Chinese City: Modernity and National Identity, 1900—1950.*（译文见查尔斯·马斯格罗夫:《构筑梦想——1927—1937年南京建都经过》，曲丹、朱彦译，刘海岩主编《城市史研究》第23辑，天津社会科学院出版社，2005年）

[3] Kristin Stapleton, *Civilizing Chengdu: Chinese Urban Reform, 1895—1937,* Harvard University Asia Center, 2000.

[4] 董玥:《民国北京城：历史与怀旧》，生活·读书·新知三联书店，2014年。

开与秘密的形式，开展各种形式的反抗。[1]柯必德（Peter J. Carroll）的《天堂与现代性之间：建设苏州（1895—1937）》，从社会史、政治史和文化史角度，通过空间、历史和权力之间的论争，探究晚清民国时期苏州从一座古城向现代都市的转型。苏州开埠通商以后，地方政府和官员采用西式观念规划苏州发展，结果是苏州的城市景观出现了商业化和民族主义化的新特征。[2]李慈（Zwia Lipkin）的《于国无用》（*Useless to the State: "Social Problems" and and Social Engineering in Nationalist Nanjing, 1927—1937*），考察了"南京十年"期间南京市政建设以及对边缘人群的管控，揭示了市政当局在推进"社会工程"（Social Engineering）创造体面辉煌的南京的同时，也在对被视为"问题"的人群进行监控、管制和驱逐的过程。[3]此外，罗芙芸的《卫生的现代性：中国通商口岸卫生与疾病的含义》以近代天津为个案，考察了卫生概念、卫生行为和卫生管理的变化，探讨了"卫生的现代性"是如何被洋人、地方精英、国家力量和革命所挪用，揭示出现代化背后复杂的文化权力关系。[4]

西方关于近代中国市政管理的研究，经历了在中国发现"城市"，到探讨"近代工程"的转变，尤其是近年的研究，明显可以看到后现代理论和新文化史研究的影响。当然，相关讨论特别是个案研究的积累还有待加强，围绕"近代工程"展开的研究主要是在国家与社会框架中进行的，仍有必要重视传统与现代互动的视野，以期更完整地把握近代城市转型的动力机制。

---

[1] 王笛：《街头文化：成都公共空间、下层民众与地方政治，1870—1930》，李德英等译，中国人民大学出版社，2006年。（英文版见 Wang Di, *Street Culture in Chengdu: Public Space, Urban Commoners, and Local Politics, 1870—1930*, Stanford University Press, 2003）

[2] 柯必德：《天堂与现代性之间：建设苏州（1895—1937）》，何方昱译，上海辞书出版社，2014年。（英文版见 Peter J.Carroll, *Between Heaven and Modernity: Reconstructing Suzhou: 1895—1937,* Stanford University Press, 2006）

[3] Zwia Lipkin, *Useless to the State: "Social Problems" and and Social Engineering in Nationalist Nanjing, 1927—1937*, Harvard University Press, 2006.

[4] 罗芙芸：《卫生的现代性：中国通商口岸卫生与疾病的含义》，向磊译，江苏人民出版社，2007年。（英文版见 Ruth Rogaski, *Hygienic Modernity: Meanings of Health and Disease in Treaty—port China,* California University Press, 2004）

三、在城市追寻中国“特质”

在中国与西方的研究成果刺激下，“特别是施坚雅的中国市场圈研究和罗威廉对汉口的研究，其理论方法给日本学者研究中国城市史带来很大影响”，日本学者从20世纪90年代“正式开始”进行近代中国城市史的研究。[1]与日本的汉学研究主流一样，日本的近代城市研究也以探寻中国社会“特质”为中心课题。上海史研究会（1990年）和天津地方史研究会（1992年）的创立，标志着“日本学界重新开始讨论‘中国社会的本质是什么’”。因此，日本学者关于近代中国城市的兴趣，既受到世界学术潮流的刺激，但始终有自己的问题意识，城市研究由于“有助于更深入理解近代国家形成的特质”而受到重视。[2]

近代中国的都市行政和自治问题，涉及近代中国的政体转型，与此相关的社会与传统问题也被卷入其中，从中颇便于窥探“近代国家形成的特质”，因而也始终是日本学者探讨的重要课题。其中关于善会善堂的研究，即使是从事明清研究的学者，也关心传统结构向近代的转型。如夫马进在《中国善会善堂史研究》中，关注的是明清时期善会善堂的演进，但该书也在第三部分考察了清代善会善堂与国家、行会、都市行政以及近代地方自治的关系，指出由于善会善堂长期以来担任相当一部分的都市行政事务，像上海的同仁辅元堂这样的善会善堂甚至成了“近代地方自治的出发点”。该书的最后一章以上海“都市近代化”为讨论背景，分析了善会善堂对新形势的适应性与困难，认为“这个时代，确实是由‘善举’逐步走向‘慈善事业’‘都市行政’的时代”[3]。在近代城市研究者如高桥孝助看来，善堂与近代都市

[1]　贵志俊彦：《日本中国城市史研究与评析》，汪寿松译，天津社会科学院历史研究所、天津市城市科学研究会编《城市史研究》第15—16辑，天津社会科学院出版社，1998年。

[2]　水羽信男：《日本的中国近代城市史研究》，《历史研究》2004年第6期。

[3]　夫马进：《中国善会善堂史研究》，伍跃等译，商务印书馆2005年。（该书日文版最早于1997年由同朋舍出版）

行政及社会自治有不可分割的关系。[1]小浜正子关于近代上海的研究发现，民间社团承担了众多的公益服务，对清末民国的都市行政仍然具有重要的意义。民间社团利用了清末民初地方自治的有利形势，得到了较大的发展。1914年地方自治停办后，上海慈善团与救火联合会继续承担以慈善事业和消防事业为中心的公共服务。南京国民政府时期成立的市政府，加强了对慈善团和救火会的监督和指导。在此过程中，"国家与社会的继续相互渗透进一步发展,上海的公共领域因之更显成熟"[2]。这也表明,既存的社会公益传统，就连上海这样的最西化的城市，也是市政进步的重要推进力量。

近代中国的国家转型中，警政的建立是重要的方面，它既显示出新时期政权的新特征，也与传统有着密切的联系。吉泽诚一郎关于清末天津巡警的创设及城市行政的研究，就考察了这种复杂关系。吉泽诚一郎研究发现，光绪末年天津新设立的"巡警局""卫生局""工巡捐局"等行政机构各自承担专门业务，但县衙门地位正处在"相对化"的同时，却仍在继续行使原来的业务，而没有出现互相取代的现象。警察机构作为加强官府权力总体努力的一部分，仍然与过去官府一样致力于整顿"风俗"，但在内容上却有很大变化，"即不想构成美化并发展过去好风俗的状态，而是指出新的文明方向"。国家与社会关系因而出现了重大变化，"巡警远比原来的县衙门行使着高密度的社会控制，这是划时代性的"[3]。

清末民初推行的地方自治，将社会动员与国家建设结合起来，涉及复杂的近代中国国家形成与构造的问题，也引起日本学者的高度关注。如贵志俊彦关于天津县在清末"北洋新政"体制下推进地方自治的研究，发现省政府推进地方自治的目的，是加强国家权威和统一省政，但在实践过程中却

[1] 高橋孝助:《近代初期の上海に置ける善堂：その「都市」的状況への対応の側面について》,《宮城教育大学紀要》第1分冊（人文科学·社会科学）18，1983年。

[2] 小浜正子:《近代上海的公共性与国家》,葛涛译,上海古籍出版社,2003年,第117页。

[3] 吉泽诚一郎:《光绪末年天津巡警的创设和城市行政的变化》，张利民译，天津社会科学院历史研究所、天津市城市科学研究会编《城市史研究》第10辑，天津古籍出版社，1995年。

“没有变革以往的权威构造，而是通过地方实力派有限度地实现的省政的统一”，这也导致其无法成功地将“地方社会”置于地方行政机构的基层管理中。[1]

市政当局对城市社会的各项管理，反映了国家权力的性质及其他面向，也颇受日本学者的重视。例如饭岛涉关于上海、香港、东北等地卫生防疫的研究，利用贸易网络理论对公共卫生领域进行讨论，发现霍乱、鼠疫等传染病通过网络在东亚传播，在下层劳动者中蔓延，而城市卫生行政机构在实施防疫过程中，也建立起权威，重组了区域秩序。[2] 又如城市规划的研究，因最能体现市政当局理想中的城市空间与秩序，尤其是20世纪上半期各地还普遍开展了推进市政改革的运动，而且还存在殖民地、租界、华界等多种类型的城市规划，也激起了日本学者的兴趣。如越泽明研究战时日本对东北、台北等地的城市规划，详细考察殖民当局从计划到立案再到实施的过程。[3] 东北和台湾殖民地的城市规划，显示出殖民统治通过空间改造而形成的对殖民地的社会与文化控制。

总的来看，日本学者重视在近代中国城市史中探寻中国社会的“特质”，既是其自身学术逻辑发展的结果，也反映了世界学术潮流的演变，颇有值得

[1] 贵志俊彦：《北洋新政体制下地方自治制度的形成——天津县各级议事会的成立及其权限》，周俊旗译，天津社会科学院历史研究所、天津市城市科学研究会编《城市史研究》第11—12辑，天津古籍出版社，1996年。

[2] 飯島渉：《近代東アジアにおけるペストの流行について——1894年広東及で香港、1902—13年横浜、1910—11年「満洲」》，《史潮》新29号，1991年；飯島渉：《近代中国における「衛生」の展開——20世紀初期「満洲」を中心に》，《歴史学研究》第703号，1997年；飯島渉：《近代中国の衛生行政：19世紀末—20世紀初期、営口の事例》，《東洋学報》第80卷第2号，1998年。

[3] 越沢明：《撫順都市計画（1905—1945年）——ある植民都市の計画と建設）》上，《地域開発》第266号，1986年；越沢明：《撫順都市計画（1905—1945年）——ある植民都市の計画と建設）》下，《地域開発》第267号，1986年；越沢明：《台北の都市計画，1895—1945年——日本統治期台湾の都市計画》，《第7回日本土木史研究発表会論文集》，公益社団法人土木学会，1987年；越沢明：《満洲国の首都計画：東京の現在と未来を問う》，日本経済評論社，1988年；（中译本见越泽明：《伪满洲国首都规划》，欧硕译，社会科学文献出版社，2011年）越沢明：《哈爾浜（はるぴん）の都市計画：1898—1945》，総和社，1989年。

国内学界重视之处。而西方学界的“中国中心论”转向和社会文化史研究的进展，使近代城市研究呈现出新的面貌，深化了我们对近代市政改革与城市转型的理解。国内的研究也显示出从“现代化”理论，向更多元的解释框架转型的趋势。在既有的研究基础上，笔者认为尚需更多的个案研究讨论，特别是需要立足于传统与现代、国家与社会的互动，才能更全面地把握近代中国市政进步与城市转型的全貌。

第三节 资料与框架

本书以“南京十年”福州市政管理和公用事业为研究对象，使用的基本资料包括档案、民间文献、报刊、地方史志等。其中官方文献，主要来自公安局（警察局）和工务局（市政局）。本书使用的最重要的档案资料，是福州市公安局1927年7月至1931年11月共编辑发行的53期《警政月刊》（从第13期改称《福州市公安局警政月刊》）。该刊分门别类地登载了福州市公安局（后改称省会公安局）每月收发的“命令”“公牍”“布告”“法规”“表册”等文件资料，极其详尽地展示了1927—1931年间公安局在体制建设、财政状况、城市管理等方方面面的情况。省会公安局编辑的工作汇要，如《福建省会公安局业务纪要》（中华民国二十三年2月15日至二十六年2月14日），提供了警务部门在1934—1937年间的组织结构、财政环境与各项施政情况。省政府发行的《福建省政府公报》和建设厅发行的《福建建设厅月刊》、民政厅发行的《福建民政厅月刊》，则持续提供了省政府、建设厅、民政厅等关注和介入福州市政的资料。福建省档案馆收藏的民国档案，尤其是建设厅全宗，显示出市政建设的复杂过程及社会的激烈抵制。一些社会公益组织的文件，诸如闽南救火会、榕南救火会、惟善社、皷泰十社商事研究所等的“征信录”，为了解民间公益组织在近代市政改革进程中，仍活跃地参与社会公益事务提供了直接的证据。福州海关编辑的《近代福州及闽东地区社会经济概况》，及福州当地发行的《闽报》《福建民报》《福建民国日报》《新福建日报》等，则为我们从旁观者或社会的角度，对这一时期福州的城市管理进行持续的观察，对城市管理的社会意义有更深入的认识。各种新旧地方志，如民国《闽侯县志》、乾隆《福州府志》《大中华福建省地理志》及各专门的省、市志，都提供了各时期重要的地方制度和编年性质的材料。文史资料也提供了一些非常有用的信息。时人编纂的城市指南类书籍对于了解城市基本概况很有用，它们包括《福州便览》《福州事情》《福州考》《福州市上下古今谈》等。

本书主旨是探讨近代中国市政进步的多元方式和城市转型的动力机制，除了聚焦于市政管理体制的渊源结构和财政环境外，还重点考察各类公共事业的举办机制，分析政府、市场、社会组织各自在其中的优势和相互间的结合方式。全书共 8 章。

第一章交代本书的问题意识和研究思路，并对相关研究做学术史回顾。

第二章考察近代市政管理的专门化过程。20 世纪，随着中国的政体转型和城市发展，城乡合治逐渐向城乡分治演变，福州的城市管理也经历了这一过程，市政事务逐渐由专门的警务和工务部门承担。其中警务部门创自清末，工务部门则是民初新创，两大系统既各自独立，又相互配合，共同主导着近代福州市政事务的管理。

第三章考察市政当局的财政结构及其社会化过程。福州市政当局的财政来源是省政府的财政拨款和市政当局的“直接收入”，在当时的复杂环境下，两种收入均无法得到保障。随着市政事务的扩展和管理职能的强化，财政需求不断扩大，增捐和包税成了稳定收入的选择。但这也极大地加重了社会负担，遭到广大市民的强烈抵制。

第四章考察公共工程的“官办化”模式。福州市政当局在省府的支持与授意下，在此时期开展了大规模的市路建设，城市面貌得到了很大改观，显示出政府在市政进步中不可替代的基础性作用。但也正是在街路空间的大改造过程中，市政当局将权力深入社会，公共空间日益向政治化发展。

第五章考察公用事业的“商办化”模式。福州市政当局无力经营公共事业，福州以电气事业为代表的公用事业长期由私人投资和商办化运营，为市政进步做出了重要的贡献。但市政当局在公用事业“商办化”过程中，也在维持市场环境和监管指导方面，发挥着不可替代的作用。

第六章考察公益事业的“公办化”模式。由于政府财政的限制，福州近代大量的公益事业交由社会组织完成，其中，源于行业和社区传统的救火会，甚至成为消防事业的主体。在市政当局无力提供充分消防服务的背景下，救火会的发展显得尤其重要；而政府在这一过程中也扮演了积极的角色。

第七章考察社会救济事业的“官民合办”模式。社会救济事业因其自身的复杂性，需要更加多元和灵活的举办方式。近代福州社会救济事务，就由官民合办的形式举办，展现出国家与社会之间的良性互动。

第八章从近代中国市政进步的多元方式、城市转型的动力机制、现代化进程中国家与社会关系的可能走向等三个方面，对本书的主要观点进行总结，并略做学术反思。

第二章　市政管理的渊源与结构

中国自古以农立国，城市一直不是独立的行政建制，长期以来实行城乡合治。进入 20 世纪，随着中国的政体转型和城市发展，城乡合治逐渐向城乡分治演变，城市开始以独立的地方行政建制出现。福州是福建省会，近代的城市管理也经历了从城乡合治到城乡分治演变，省会市政事务逐渐由专门的警务和工务部门承担。其中警务部门创自清末，工务部门则是民初新创，两大系统既各自独立，又相互配合，共同主导市政事务的管理。一直至抗战前夕，二者才统合进新成立的省会市政委员会中。这种多头管理的体制构造，对近代福州的市政发展产生了深远影响。

第一节　从城乡合治到城乡分治

福州一直是福建的政治中心，但官府对城市事务却长期忽视，大量城市公共事务由社会自我承担，呈现出自治化的倾向。清末推行"新政"，成立了专门管理城市事务的警务部门和统合城市自治传统的"闽侯城议事会"，推动了福州从城乡合治向城乡分治的转变。

一、城乡合治与社会自治

福州有着从总督到知县的完整地方行政设置，但直接参与城市事务管理的，主要是闽县、侯官县和福防厅的相关官员。闽县、侯官县是福州府附郭县，海防厅是福州知府派驻南台的管理机关，两县一厅分别管理福州“城内”和“南台”地区。“城内”即福州府城城墙以内地区，是全省的政治中心，行政上分属于闽县和侯官县。两县以城中央的宣政街和南门大街为“合治之街”，“其东闽县治之，其西侯官治之。”[1]“南台”则指城墙以南至台江两岸的地区，是福州传统的工商业中心，也是闽江流域进出口总汇。南台地区最初同城内一样，“以东属闽县，以西属侯官县”[2]，随着该地区经济和政治地位的渐趋重要，福州府日益重视对南台的管理。雍正十二年（1734），作为“福州府”五名“正官”之一的“福防同知”，移驻南台霞浦街，标志着南台地区具备了专门的行政设置。[3]此后，福防同知实际成为散厅一级的长官，其官署也因地位与闽县、侯官县并列，而被称为“福防厅”。[4]

城内和南台在传统时期由闽县、侯官县和福防厅管理的行政分立格局，直接为清末地方政制改革沿用。宣统三年（1911），福州进行地方司法改革，分别在城内和南台设立了“闽县初级审判厅”“侯官初级审判厅”和“南台初级审判厅”。[5]三个初级审判厅的设置，与福州城内和南台地区“两县一厅”的行政分立格局相对应。

作为省会所在，闽县、侯官县官员承担了相当繁重的行政事务，两县在清代均属“冲”“繁”“疲”“难”四字要缺。[6]这意味着它们由于地处交通要冲，不仅要承办种种交付的行政事务，还要花费大量精力应付税粮滞纳，

[1]［清］林枫：《榕城考古略》卷中《坊巷第二》，官桂铨、官大梁标点，福州市文物管理委员会，1980年，第31页。

[2] 福州市政府志编纂委员会编《福州市政府志》，海潮摄影艺术出版社，2003年，第150页。

[3] 乾隆《福州府志》卷32《职官五》，［清］徐景熹主修，［清］鲁曾煜等纂，福州市地方志编纂委员会整理，海风出版社，2001年，第165页。

[4] 福建清理财政局编《福建财政沿革利弊说明书·杂款类》，宣统二年（1910）铅印本，第21A页。

[5] 民国《闽侯县志》卷54《审判》，欧阳英修，陈衍纂，1933年刻本；福建省地方志编纂委员会编《福建省志·审判志》，中国社会科学出版社，1999年，第265页。

[6] 赵尔巽等：《清史稿》卷70《地理十七》，中华书局，1977年，第2242页。

治理不良风俗和诸多犯罪等问题。[1]同时，两县的工作重心是广大乡村地区，对城市事务的关注显然有限。福防厅是“冲”“繁”“难”三字要缺，行政事务也十分繁重。[2]南台地处交通要冲，工商业和贸易十分发达，福防同知既负责征收捐税，还要处理当地复杂的治安问题。福防同知全称是“福州南台海防总捕分府”[3]，因此，该职还负责“海防”“缉捕”等重要事务。由此可见，无论是兼辖城乡的闽县、侯官县，还是专管南台的福防厅，都因繁重的行政事务缠身，而无法针对城市事务投入更多的精力。

福州厅县官任期很短、更替频繁，也限制了厅县官员在城市事务方面的规划和投入。据民国《闽侯县志》记载，在有清 268 年中，闽县共有 120 任知县，侯官有 100 任知县，平均任期分别为 2.23 年和 2.68 年。[4]频繁的人事调动，使厅县官员无暇顾及更多城市事务的管理。

尽管如此，官府传统的社会行政，仍对城市发展有着重要影响，这主要表现在积谷平粜、兴办慈善和举办公共工程等方面。福州府、福粮厅、福防厅、闽县及侯官县均设有较大规模的“常平仓”，用于籴粜米谷和调剂民食。[5]此外，福州城内还设有官办性质的“义仓”，由布政使郑祖琛于道光十四年（1834）兴办，交布政使司吏员经理，规模也很大。[6]但这些官营仓储机构，经营问题丛出，据宣统二年（1910）调查，“十数年来已腐朽殆半，缓急难恃”。[7]

官府在福州也兴办了较大规模的慈善机构。例如福州的两处“养济院”，一在闽县，一在侯官，均于洪武年间创办，原先“以处老弱废疾及孤独不能

[1] 周振鹤：《中国历代行政区划的变迁》，商务印书馆，1998 年，第 147 页

[2] [清] 德福等：《闽政领要》卷上，“文职员缺”，福建师范大学图书馆藏抄本，第 5A—5B 页。

[3] 《同治八年（1869）四月严禁瓦砾粪草填塞三元沟告示》，[清] 郭柏苍编《重浚三元沟始末》卷 1，光绪十一年（1885）刻本，第 5A—6A 页。

[4] 民国《闽侯县志》卷 59《职官五》、卷 60《职官六》。

[5] 民国《闽侯县志》卷 30《仓储》，“清”。

[6] 民国《闽侯县志》卷 88《孝义下》，“清”。

[7] 闽侯城议事会编《闽侯城议事会第一次会议速记录》，第 3A 页。

自存者”，后来逐渐变成“恶疾”患者的收容所和隔离所，院址也分别从城区移至府城东、西门外。[1]入清以后，养济院则完全成为收容“有疯疾者”的处所。[2]再如成立于雍正二年（1724）的普济堂和育婴堂。前者由闽县、侯官两县“公设”，有堂房139间，[3]收容“堂内”和“堂外”“无告穷民”各500名。[4]由于管理不善和经费无着，该堂到宣统二年（1910）时，经营者希望将“堂外”500名额减为300余名。[5]育婴堂原先由巡抚黄国材捐置，[6]因限于经费，收容人数十分有限，嘉庆十八年（1813）“在堂乳妇”甚至不及20名。[7]

在兴办公共工程方面，官府将精力主要放在城池的维护上。城市发展所需的其他公共工程，则需要地方大吏倡导、地方士绅积极参与。例如同治年间，地方士绅郭柏苍曾受布政使委托，协同福防厅、闽县、侯官县修浚城沟，此役共费工料银12000余两，历时数年才完成。[8]总的来看，官府对城市公共工程的投入相当有限。根据闽海关19世纪90年代的观察，“在这时期政府机关没有做出任何努力去改善城市管理和居民区的卫生环境。使人奇怪的是，人们居然能够在这样恶劣的居住条件下生活”。“沿江的堤岸、道路和路灯没有改善，无疑的，这些改善要等到本省派来几个精力充沛的官员和在财政情况允许的条件下才能实行”。[9]

官府职能的缺位，使得绅商群体成为管理城市事务的主体。绅商群体不仅积极协助官府完成既有的行政职能，还独立举办各种城市公共事务，通

---

[1] 民国《闽侯县志》卷61《善举》，“明”，第1A—1B页。
[2] 民国《闽侯县志》卷61《善举》，“清”，第1B—3A页。
[3] 民国《闽侯县志》卷61《善举》，“清”，第1B—3A页。
[4] 闽侯城议事会编《闽侯城议事会第一次会议速记录》，第7A—8B页。
[5] 闽侯城议事会编《闽侯城议事会第一次会议速记录》，第7A—8B页。
[6] 民国《闽侯县志》卷61《善举》，“清”，第1B—3A页。
[7] [清]郑佐廷：《重修育婴堂碑记》，福建省文物管理委员会编《福建省石刻资料汇编》，油印本，1959年。
[8] 《福州府南台海防总捕分府张、闽县正堂石、侯官县正堂吴示》，[清]郭柏苍编《重浚三元沟始末》卷1，第8A—12A。
[9] 福州海关编《近代福州及闽东地区社会经济概况》，第368—369、394页。

过成立各种社会公益组织，将城市管理日常化和制度化。在协助官府举办公共事务方面，绅商群体的表现十分积极。例如，乾隆末年“援例授员外郎”的乡居进士薛朝标，历受官府之请，董理城垣的修建、南台港的清浚以及万安、万寿两桥的修复。[1]再如拥有“国学生”和“候选知州”身份的高腾，以经营绸肆、贩运皮货和放贷而“家道日丰”，他“乐善不倦”，曾“捐赀助成”敬节堂和义仓等的创建。何道源在每年年关到普济堂去“按名给钱”，又在漏泽园中建立起墓塔，“以掩枯骨”。何则达在道光十六年（1936）“以佽义仓谷”而取得“议叙六品顶戴”的资格，道光二十一年（1841）又以“捐助福州城工”而获“加知府衔”。[2]

绅商群体还独立承担了诸多的地方公共事务。例如在举办慈善与救济事务方面，监生郑嗣昌于乾隆六十年（1795）“米价腾贵”时，“倡议捐赀，远籴他郡，减价平粜”。出身“营鹾务”世家的县学诸生丁錞，“饶赀财”，“性好施”，在某次大水灾中，“特设粥厂七处，以赈穷饿”；他还十年如一日从事“赠棺施药”工作，共耗资七万贯。郑文久也乐于“为人排难解纷”，“遇荒露枯骸”时，“必捐赀掩埋之”。绅商群体还致力于兴办公共工程。贡生王俊华遇到“附近亭桥倾圮，道路崎岖”的情况，“凡力所能为者无不乐为捐修”。林镳凡见“道路倾圮”，必“悉捐赀修庀之”。王宗树则将被山洪冲坏的北关外龙腰处的“往来孔道”“购石填砌成通衢”，又募款修葺“年久倾圮”的上四府必由之路桐口灵通桥，使之“宽阔有加”。[3]

社会公益组织的创办与经营，则将绅商群体参与公共事务制度化，内化为绅商群体的日常活动。例如在同一街巷范围内，以社庙、境庙为中心的境社组织，发挥了“守望相助”的传统，举办各种社区性的公共事务。道光二十二年（1842），王庄一带的社区热心分子曾向“本、外乡”人士募捐砌

［1］民国《闽侯县志》卷88《孝义下》，“清”，第7A—7B页。

［2］民国《闽侯县志》卷87《孝义上》，“清”，第8B、12B、14A页。

［3］民国《闽侯县志》卷87《孝义上》，“清”，第7B—8B、11B、14A—14B、15B、17A、19A页。

造道路，并立有“王庄铺路碑”言其始末：“盖闻铺路修途，端借正坦，利济行人。今王庄一带地方，切沐众力，题捐砌造，播厥成功，本、外乡共题交钱一百八十三千七百文。”[1]社区中的有力人士，还通过社区“公议”，形成各种具有自我管理功能的“公约”。光绪七年（1881），文儒坊社区议定“公约”：“坊墙之内不得私行开门，并奉祀神佛，搭盖遮蔽，寄顿物件，以防疏虞，三社官街禁排列木料等物”，禁止危害本坊的安全和卫生。该“公约”嵌立于文儒坊的坊墙上，至今仍清晰醒目。[2]

在绅商群体的组织支持下，还兴起各种善社，为城市生活持续地提供慈善救济服务。如惟善社，于光绪元年（1875）由林观国邀集各“善士”发起成立，“广集众缘，咸襄义举”，“得人为理，收效良多”。[3]在福州，此类善社一度十分繁荣。例如“如心社”“述善社”一起参与了惟善社的助葬活动。[4]至1927年，清代中后期业已“立案”的善社尚存4家，分别是述善社、冶山善社、惟善社和保婴慈善会。[5]

与善社提供开放性的服务相比，会馆主要是在同乡人士或同业人士内部实行互助。福州的会馆很多，19世纪80年代共有10个，分别是广东会馆、两广会馆、江西会馆、江苏会馆、安澜会馆、浙江会馆、安徽会馆、湖南会馆、山陕会馆和奉直会馆。[6]至19世纪最后10年，湖北、四川、河南等客商也在福州建立会馆，有些省份的会馆还有多个，其中江西2个，浙江有4个。[7]

---

[1] 福建省福州市鼓楼区地方志编纂委员会编《鼓楼区志》，方志出版社，2001年，第196页。

[2] 福州市城乡建设志编纂委员会编《福州市城乡建设志》卷上，中国建筑工业出版社，1994年，第41页；禁碑照片见唐希：《福州文化行旅》，海风出版社，2002年，第159页。

[3] 福州惟善社编《福州惟善社征信录》，福州启明印刷有限公司宣统二、三年（1910—1911）年排印本，第7A—7B页。

[4] 福州惟善社编《福州惟善社征信录》，第20A—20B页。

[5]《福州市第一区社团一览表（17年4月调查）》，《福州市公安局警政月刊》第14期（1928年8月）；《福州市第三区社团一览表（17年4月调查）》，《福州市公安局警政月刊》第15期（1928年9月）。

[6] 福州海关编《近代福州及闽东地区社会经济概况》，第380页。

[7] 福州海关编《近代福州及闽东地区社会经济概况》，第403页。

以上只是外省人建立的较有名的会馆，除此之外还有许多本省外县人设立的会馆。如始建于乾隆年间（1736—1795）的长汀会馆，为长汀来榕的举子和客商提供住所；闽清华侨在同治六年（1867）也募建了闽清会馆。[1]"这些会馆是由各省住地〔在〕福州经商［的商人］和客人发起创办的，主要目的是为该省的同乡人提供一个聚会的地方，讨论有关共同利益的问题，安排节日和帮助困难的同乡人等等。"可见，会馆不仅为同乡同业建立了联络感情的平台，也向同乡同业提供各种帮助。如广东会馆的宗旨，是"向同乡人提供帮助和保护"。广东籍人士进京赴考经过福州时，如有需要也可向会馆申请帮助。该会馆章程还规定会员在生活上遇到困难，特别是亲属死亡无力运柩回乡时，可以申请救济。会馆对于会员死亡后棺材如何处理等还制定了详细的规则。[2]

综上，在官府无意也无力提供充分城市公共服务的同时，城市社会仍能有序地发展，其重要原因在于绅商群体的积极参与，显示出城市社会自治化的特点。这种非正式的制度安排，与传统时期城市事务的相对简单和有限是相适应的。福州近代开埠通商，城市事务日益扩大化和复杂化，这套管理方式的不足越来越明显，城乡合治要求向城乡分治转型。

二、清末新政与城乡分治

20世纪初，清政府诏行"新政"，改革地方行政，实施"地方自治"。在新的政治设计中，"城""镇""乡"被视为性质不同的区域，应采取不同的治理方式。[3]警察机构的创立标志着城市管理方式从消极向积极转变，"地方自治"的开展则将既存的社会自治传统整合在一起，纳入到制度化的发

---

［1］ 福州市地方志编纂委员会编《福州市志》第7册，第532—533页。

［2］ 福州海关编《近代福州及闽东地区社会经济概况》，第380—381页。

［3］ 如光绪三十四年（1908）颁布的《城镇乡地方自治章程》，就将"城、镇、乡区域"分别按区位和人口的不同，而定义为"凡府厅州县治城厢地方为城，其余市镇村庄屯集等各地方，人口满五万以上者为镇，人口不满五万者为乡"。（徐秀丽编：《中国近代乡村自治法规选编》，中华书局，2004年，第3页）

展轨道中，制度创新推动了传统的城乡合治向近代的城乡分治转型。

福州近代警察机构创始于20世纪之初。1901年，清政府通令各省创办“巡警军”，福建省“乃就省垣城守营挑选改编为之，隶属于保甲总局”。1903年，保甲总局改为警务局，分别在城内、南台设2个“总局”。次年，警务局开始充实人员配备，计有长目兵882位。后裁去南台总局，将城内总局正名为“福建警务总局”，在福州城内、南台两地设立4个分局。1910年，设立主管全省警政的“巡警道”，警务总局改称“警务公所”，附设于道署内。警务公所内设总务、行政、司法、卫生4科，分科办事。又将城台4个分局裁并为城台2个“总区”，各置总区长1人。[1]

近代警察制度的建立，是福州城市管理体制方面的重大创新。警察不同于胥吏，是被正式纳入财政收支体系中的国家行政人员；其职责也不同于职司“捕盗责任”的地保，除了负责城市治安，还职司卫生、交通、捐税等各项事务。警察机构的设立，显示出地方当局的城市行政思维从消极应对向积极介入转变。

警察制度的建立使政府的城市管理职能逐步健全。“警察局成立以后，进行了一系列改革：例如，对娼妓进行登记，分为三等征收花捐税，每月收一元到五元不等；禁止贩卖妇女；禁止赌博；禁止歌女在堂会演唱等。”在警务改革的推动下，福州的城市公共卫生有了很大进步，“1911年巡警道设了一个卫生部门，向群众宣传教育卫生准则，一支打扫街道的清洁队伍成立起来，大家公认街道卫生有了很大的改善”。同时，当局还布告禁止各种妨害公共卫生的举动，诸如禁止“居民往街上乱抛废物和垃圾以及长期暴露无遗尸体，以消除病源。同时严厉斥责不法商人，因为他们在宰杀的家禽、牲畜上灌水以增加重量，攫取高利”等。[2]

---

[1] 福建省会公安局编《福建省会公安局业务纪要·本局沿革史》（中华民国二十三年2月15日至二十六年2月14日），1937年，第1页。

[2] 福州海关编《近代福州及闽东地区社会经济概况》，第412—413、415页。

警察机构的急剧膨胀使财政开支的骤然增加，加捐加税也随之出现，于是不断出现抵制捐税征收的行动。1911 年警务公所将管辖区域扩至水部门和洪山桥一带，因“添设两岗所，扩充警额，以经费尚无的款”而“创议征收警捐”。围绕“城台唯一交通器具之肩舆开始编号，抽收轿捐”。[1]这立刻招致轿夫群体的强烈反抗，轿夫相率罢业，并相继发生与警察互殴、拆毁警察道署头门及各警察岗亭的事件。据记载，七月二十四日（9 月 16 日）和二十六日（9 月 18 日）两日轿夫“结团罢工滋事”的场面十分激烈：

> 闽省因巡警经费支绌，议抽轿捐，章程宣布，尚未实行。该轿夫等联名前赴督署恳免，正核办间。人众各怀疑虑，于七月二十四日早，结团全体罢工。遇有官绅乘坐自备肩传舆，辄行拦阻，甚至恃强殴击。水部门、南门等处，聚集人数颇多……二十六日上午，据侦探报称：城外南台地方审判厅被众拆毁，派兵往救无及。午刻，城内轿夫、游民愈聚愈众，有在南街抢取食物情事，以致各店铺一律闭户自卫。狮子楼地方警察、巡士与轿夫等掷石互相殴击。巡士在楼上并有开枪恐吓。当经十九协统领王麒、三十八标第三营管带胡桂高率队驰往，巡士楼上掷石不止，致将十九协执事官陈心芹及弁兵十余人均击伤。维时如果开枪还击，人多地隘，良莠难分，更恐激成兵警冲突，致酿大乱。当由王麒、胡桂高命令队伍略退，整列以待命令。警兵民人渐散，而沿街警察岗亭亦同时悉被拆毁。军队余途竭力弹压，幸无损伤居民、抢劫大店等事。同时，探报警察道署头门等处被众拆毁，巡士开枪抵御，相持良久。共计两处击伤数人，伤重毙命者二人。派队驰往，众已解散，扑救余烬，并将受伤之人送到陆军医院诊治。[2]

---

[1]　福建省会公安局编《福建省会公安局业务纪要·本局沿革史》，第 1 页。

[2]《孙道仁镇压福建轿夫抗捐罢工经过致陆军部呈（宣统三年八月初一日，1911 年 9 月 22 日）》，中国第二历史档案馆编《中华民国史档案资料汇编》第 1 辑，江苏人民出版社，1979 年。

事件发生在清政府风雨飘摇的1911年，为避免事态的进一步恶化，总督松寿除了派兵严加防护外，又出示免除轿捐。经再次“牌示传谕通衢”之后，“乌合之众”才“逐渐解散”。[1]轿捐不得不中止，巡警道吕承瀚也“因斯去职”。[2]

警察制度的建立开启了福州城市管理的新时代，但在当时的历史条件下，其局限性也十分明显，特别是各项城市管理措施仍然效果甚微。如，1902—1911年，虽然福州的“市政有一些改善，穿着外国式制服的警察已出现在街头。但是实施规则、维持社会秩序和逮捕犯人等一套旧制度，仍没有明显的改进”。各项维护公共卫生的禁令，“只有少数人听从”。[3]尽管如此，但此后历经局势动荡，警察机构却在城市中扎下了根，参与到各项城市事务中，成为最重要的城市管理机构。

对近代城市管理起着重大影响的另一制度改革，是推行“地方自治”。根据1909年颁布的《城镇乡地方自治章程》规定，“城”“镇”“乡”应办的自治事宜，包括学务、卫生、工程、农工商务、善举、公共营业等，分别由议事会议决和董事会（或乡董）执行。地方官在其中充当“监督”的角色。[4]章程明确将各项地方“公益”事务列为“城”“镇”“乡”自治事宜，视“城”“镇”“乡”为具有独立法人资格的“自治单位”。地方自治的推行融合了原先就十分活跃的社会自治系统，整个城市“公益”事务也因此统合起来。

1910年成立的“闽侯城议事会”，是福州“城”自治议事机关，使原本“非正式”的社会自治系统向制度化的“地方自治”框架转化。闽侯城自治会议事会在宣统二年（1910）六月初九至二十日召开的6次会议中，提交讨

[1]《孙道仁镇压福建轿夫抗捐罢工经过致陆军部呈（宣统三年八月初一日，1911年9月22日）》，中国第二历史档案馆编《中华民国史档案资料汇编》第1辑。

[2] 福建省会公安局编《福建省会公安局业务纪要·本局沿革史》，第1页。

[3] 福州海关编《近代福州及闽东地区社会经济概况》，第415页。

[4] 刘子扬：《清代地方官制考》，紫禁城出版社，1994年，第154—155页。

论了 38 个议案或咨询案（表 2—1），广泛涉及各种“地方公益”事务，显示出市政事务走向整合的趋势。

表2—1　闽侯城议事会议案分类（宣统二年六月初九至二十日）

类别	议案名称	备注
改良官办救济	请城内绅商设仓存谷以为备荒之计议案	
	请调查育婴堂敬节堂及义仓以备整理议案	
	改良普济堂之办法议案	
	栖流所宜请设法开设，以便穷民议案	
	救生会宜注意船只，以备水患议案	
	筹办平粜咨询案	闽县监督提出
	推广工艺以殖游民咨询案	侯官监督提出
	救护贫民议案附请参照日本农业共同救护社办法为工商共同救护社议案	侯官监督提出
	请移官医局之款为本会施医药之用议案主查员报告	
清厘官地、调查公款公产	城内北门人民胡咏琛等陈请清厘后岚铺镇海楼山下官地建议书	
	清查本地方公款公产议案主查员报告	
	建议审查员之报告	
提倡市政	请设路灯议案	
	医学会宜请设法扶持以重卫生议案	
	城河沟渠宜请设法清洁，以重卫生议案	
	粪草搬运宜请改良议案	
	筹设救火会咨询案	闽县监督提出
	卫生宜研究清河清道两项	
	请移医院议案主查员报告	

（续表）

类别	议案名称	备注
改良风俗，开通民智，提倡教育	请禁止赌博发卖彩票议案	
	礼俗宜提倡改良以崇节俭	
	小说改良会宜设法维持以开民智议案	
	筹备劝学所经费并推广简易识字学塾咨询案	闽县监督提出
	变通小学规制，以期教育普及咨询案	侯官监督提出
	拟设宣讲所开通民智议案	
提倡实业	请自治职员并学界中人一概改衣土布以为实业之劝议案	
改革地保	请革除地保增设铺董以祛恶习议案	
	靖革除地保以祛恶习议案	
规范市场营业	防止奸商倒骗咨询案	闽县监督提出
	禁止各种副票咨询案	闽县监督提出
自治体制与自治经费	明定自治会、公益社、乡约局咨询案	
	预定城自治公所议案	
	城内铺捐贾捐酒捐膏捐请呈官移交本会清查征收以盈余之款为本会经费提议案	
	请抽清膏店牌捐为补助贫民戒烟费用议案	
	侵占官地之营业请酌收其公益捐为自治经费	
	编辑地方自治新闻议案	
其他	清查各铺户营业种类及业主姓名并各行组织机关以便周知本城经济状况议案	
	古迹宜调查保存议案	

资料来源：闽侯城议事会编《闽侯城议事会第一次会议速记录》，宣统二年（1910）铅印本。

从表2—1可见，城议事会讨论的事务极为广泛，许多都与原有的社会自治事务有关，显示出地方自治在整合原有社会传统中的作用。同时，城议事会也讨论了不少原为官府办理的积谷平粜、办理育婴堂、普济堂等事务，这表明城自治机关试图融合官绅“公益”事业，以期实现以城市整体利益为指向的地方自治理想。

议事会还大量讨论了兴办路灯、改良公共卫生、办理救火会等近代化“市政”事宜，展示出积极引导城市向安全、卫生和便捷方向发展的努力。改良礼俗、提倡节俭等议案，则表明自治机关也承担起了教化民众的角色。而规范市场营业等议案，意味着新生的自治机关积极干预城市经济生活的倾向。

根据闽侯城议事会宣统二年（1910）六月关于“审查清查本地方公款公产议案报告书”的开议记录，“闽侯城董事会”在七月底前应“瞬将成立”。[1] 1911年福建谘议局“筹办处”也提议，“省垣城镇乡自治会均已成立，所有自治范围内应办各事逐渐进行”。[2] 但由于政局的剧烈变动，地方自治体制随之消失。

警务局和警务公所的前后设立，代表了官方开始积极介入城市事务管理。闽侯城议事会的出现，试图将社会自治传统整合到新的制度性框架中。前者作为公共权力，职司维护公共安全为中心的社会秩序。后者则广泛动员社会参与，积极整合既有的社会自治资源。尽管地方自治不久取消，但官方主办警政与绅商参与自治的分工合作尝试，却推动了近代福州从城乡合治向城乡分治的转变。

第二节　从警察厅到公安局

随着清朝覆灭，城议事会消失无形，但警察机构却历经北洋政府时期的

[1]　闽侯城议事会编《闽侯城议事会第一次会议速记录》，第45B—47A页。

[2]《福州各社团对谘议局请求维持公益团体之建议》，福建私立光复中学编辑委员会编《福建辛亥光复史料·附录》，建国出版社，1940年。

省会警察厅，国民政府时期的福州市公安局、省会公安局、省会警察局等阶段的发展，而不断得到强化。其职权也适应城市的发展，广泛参与到社会治安、公共卫生、工商管理、慈善公益等的管理中，成为福州最重要的市政管理机关。

辛亥革命后，成立了福建都督府，原警务公所被撤销，改在民政部下设立警务科。警务科不久升格为警务部，直属于都督府。警务部此后又先后改名为警务司、警务总监和警务厅。1913 年 4 月，遵照部颁警察厅组织令，警务厅改组为省会警察厅，“至是乃有省会警察专管机关”。[1]

省会警察厅将福州城台分为 4 区，设 4 警察署分辖。1913 年 4 月，省会警察厅各署共分 38 段，设立了 152 个守望岗，有 1000 多名长警。1923 年，又以第四区的桥南“华洋杂处，又为各国领馆所在地，较为重要”，单列为第五区。省会警察厅的职权也不断扩展，在总局之下，附设了警备、消防、侦缉和卫生 4 队，及警士教练所、济良所、贫民工厂等附属机关，广泛参与市政管理。[2]。

省会警察厅颁布了大量章法令，干预城市生活。例如警察厅鉴于福州“道路狭隘，不便交通，舆马行人熙来攘往，动辄酿成冲突”，认为其原因在于“未经分道行走有以致之”，因此有“分道”行走之必要，遂颁布和实施交通规则：

> 查省城街道以鼓楼起至万寿桥一带止，交通最为繁盛，办理分道自当从该处着手。惟南门外至万寿桥一带，街道尤仄，分道似有不便。兹拟自鼓楼起至南门内止，先行试办靠左行走，由厅制造指挥标识择要设置，并派警随时劝谕，以期养成人民习惯。拟自十二月一日起实行。[3]

---

[1] 福建省会公安局编《福建省会公安局业务纪要·本局沿革史》，第 1—2 页。

[2] 福建省会公安局编《福建省会公安局业务纪要·本局沿革史》，第 2—3 页。

[3]《饬全省所属各机关据省警厅详实行南街一带靠左行走由》，《福建公报》民国 4 年 11 月 27 日第 1175 号。

房屋建筑管理也是警察行政的重要内容。福州民间建筑往往不遵章法，“建筑之时不报官厅核准，擅自兴作，或侵占官地，阻碍交通，或建筑失宜，致多危险”，有必要“重申定章”，加强建筑管理。警察厅于1915年呈准，按不同区域实行建筑申报批准制度：

> 嗣后民间凡遇建筑房屋，其临街者，应报明省会警察厅核准。其沿岸者，应报明水上警察厅核准。其沿马路者，并应报明市政局核准。倘未经核准辄擅造，即查照违警律处罚。[1]

省会警察厅还制定了加强管理消防、公共卫生、社会救济等各项事务的法规。[2]经过此番整顿，福州的城市面貌有了很大改观，“城里的几条主要街道和近郊都打扫得很干净，所有垃圾也由清洁工人清除掉”。[3] 1919年福州发现霍乱，“省垣警察厅卫生科乃厉行卫生章程，以为亡羊补牢之计。对于屠宰场施行检查，所有不洁牲口及肉类则禁止销售。每届夏季并派员检查街道，民居每年更举行大扫除一次，报有学校员生、地方官吏及工人等一律参加扫除街道，以示提倡。此外，该局并施行免费注射，暨请医院派员前往学校演讲防疫方法，复于公共场所宣示卫生忌文，俾众了解”。[4]

---

[1]《饬省会所属各机关遇有兴工建筑应先报明由》,《福建公报》民国四年11月27日第1175号。

[2]《批省会警察厅报明拟订分区劝设路灯办法由》,《福建公报》民国四年11月27日第1175号;《批省会警察厅详拟改定屠宰时间由》《批省会警察厅详拟改定屠宰时间由》《批闽海道详据闽侯县知事分别佃理详送国光火柴公司章程及概算书由》,《福建公报》民国4年12月31日第1203号;《批董则诚等禀诉国光火柴公司有害公安，请即迁移由》,《福建公报》洪宪元年(1916)1月1日第1号;《批省会警察厅详送〈管理制造火柴营业规则〉由》,《福建公报》洪宪元年（1916）1月9日第5号;《批高穗为追加声叙恳饬国光火柴公司克日停工限期迁厂由》,《福建公报》民国五年11月21日第268号;《布告保存城内旧有七星八斗十六斛各井由》,《福建公报》民国五年12月3日第279号;《批李枝春控郑挺英醞酒粗糠囤存屋内危险乞饬厅处分由》,《福建公报》民国5年12月13日第287号;《指令水部门贫民工艺厂总理王镜澄》,《福建公报》民国五年12月27日第298号。

[3] 福州海关编《近代福州及闽东地区社会经济概况》，第428页。

[4] 福州海关编《近代福州及闽东地区社会经济概况》，第440页。

随着城市管理的深入，市民的捐税负担也随之加重，抗捐罢业现象开始层出不穷。1915年警察厅在开办屠兽场时，遭到猪行业者的强烈反对，猪行业者以罢业来回应。“猪行董事”钟维周等向农商部呈控，指责省会警察厅“厘税之外，又行加税”。钟维周还禀请巡按使许世英“饬厅缓办屠兽场”，“猪行商”黄元峰等也禀请“停办屠兽场”。许世英斥责该商“擅自纷电”和唆使“罢屠”是“扰害地方治安”，申明“设立屠兽场，取缔肉类，系准内务部立案办理，且系谋公共之卫生”。[1]事件被强行压制了下去。

1926年12月，北伐军进入福州，福建被纳入国民政府统治之下。福建政务委员会将省会警察厅改组为福州市公安局，直属于省民政厅。[2]1932年底，十九路军入闽。12月，成立了以蒋光鼐为主席的省政府。[3]1933年1月，因福州市未能成立，省政府委员会依照部颁《各级公安局编制大纲》，将福州市公安局改称福建省省会公安局，组织仍旧，仅将5个“区署”改称为5个“分局”。[4]1933年底发生“福建事变”，次年2月成立以陈仪为主席的新一届省政府，福建省省会公安局改称福建省会公安局，较原名称略一“省”字。次年，奉令将福建省会公安局改隶于保安处。1936年12月，内政部颁布《各省会警察局组织暂行规程》，福建省会公安局奉令于次年改组为福建省会警察局。

据1927年公布的《修正福州市公安局章程》规定，公安局“于福州市市政厅未成立以前，直隶于福建省政府民政厅，管辖福州市一切公安事宜”。福州市公安局将福州全市划为5区，每区设一警察区署。其内设有总务、行政、司法、卫生、消防等5科，分科治事。其中行政科、卫生科等掌管的事务，涉及城市生活的方方面面。如行政科职掌管理集会结社、整理交通、取缔营业、查禁风俗、调查户口、审查建筑等广泛内容：

---

[1]《批猪行董事钟维周禀请领设场屠宰有碍商情恳饬缓办由》，《福建公报》洪宪元年（1916）1月6日第2号。

[2] 福建省会公安局编《福建省会公安局业务纪要·本局沿革史》，第2页。

[3] 福州市政府志编纂委员会编《福州市政府志》，第61页。

[4] 福建省会公安局编《福建省会公安局业务纪要·本局沿革史》，第3页。

一、关于保安警察及集会结社事项。

二、关于道路交通之整理事项。

三、关于各种营业之视察取缔事项。

四、关于风俗警察及有关风俗物品之查禁事项。

五、关于调查户口及户口登记事项。

六、关于各项建筑营缮之审查事项。

卫生科的职掌，则事关食物检查、传染病预防、清洁消毒、医术考察等内容：

一、关于饮食物之检查及一切有关卫生之检验事项。

二、关于传染病之预防及保健检疫之厉行事项。

三、关于清洁消毒之执行事项。

四、关于医术之考察及药品之化验事项。[1]

福州市公安局还附设警察游击队、侦缉队、消防队及贫民工艺厂、妇女教养院、医院等，参与城市消防、贫民救济、妇女救济等活动。[2]为推进市政管理，公安局还成立了不少"处""所"，在发放许可证的同时征收管理费用，如执行"取缔妓寮手数料"的妓捐征收处，执行"取缔屠牛手数料"的屠牛检查所。此外还有警捐征收处、车捐征收处、各屠兽场、戏捐征收处、雀牌消灭娱乐领证处、纸牌消灭领证处、卫生清洁所等，分别负责征收"临时警捐补助费""临时铺捐补助费""取缔车辆手数料""汤水费""雀牌消灭娱乐证""纸牌消灭证""取缔剧场手数料""取缔清洁所手数料"等捐费。[3]

福州市公安局改组为福建省省会公安局后，附设机构有所扩大，掌管事务不断增加。增设的附属机构为水巡总队、稽查总队、水上稽查队、警官养成所等4个。扩大的事务，包括总务科"关于水上公安及一切船商之保护

[1]《修正福州市公安局章程》,《警政月刊》第1期（1927年7月）。
[2]《修正福州市公安局章程》,《警政月刊》第1期（1927年7月）。
[3]《呈民政厅遵令制就官职系统表等送请察核文》,《警政月刊》第5期(1927年11月)。

稽查，并检查外侨进口护照事项”；行政科“关于各国领事馆员役及外侨之调查及保护事项”“关于消防之管理及编配事项”“关于各种广告之管理及取缔事项”“关于地方治安上之临时戒备事项”等，司法科“关于引渡人犯执行事项”。[1]

为执行各项警察职务，福州警政部门拥有一支庞大的队伍。据 1935 年 5 月福建省会公安局的统计，包括各分局、各队所在内的全部长警兵夫人数，达到 2338 人。（表 2–2）

表2—2 福建省会公安局全部长警兵夫人数统计表（民国二十四年5月）

类别 局队别	长警士兵	勤务夫役	清道目丁	合计
本局	25	61		86
第一分局	202	19	76	297
第二分局	263	25	101	389
第三分局	206	20	82	308
第四分局	223	20	73	316
第五分局	217	21	65	303
保安队	346	35		381
消防队	74	6		80
侦缉队	22	6		28
卫生队	6	1	6	13
警士教练所	88	20		108
游民习艺所	7	4		11
医院		7		7
妇女教养院	2	4		6
屠牛检查所		2		2
妓捐征收处		3		3
统计	1681	254	403	2338

资料来源：《福建省会公安局统计表》（1934 年 2 月 15 日至 1937 年 2 月 14 日），福建省会公安局 1937 年。

［1］《福建省省会公安局章程》，《福建警友》第 1 期（1933 年 2 月 28 日）。

在这两千多人的警察队伍中，真正与民众朝夕接触的，是各驻所或派出所的“长警”。1935 年 5 月，共有 1100 余名长警，配置于各驻所和各派出所。（表 2–3）

表2—3　福建省会公安局各分局所属各所长警人数调查表（民国二十四年5月）

分局所别 \ 项别		警长	控制班警士	内勤警士	巡守警士	预备警	户籍长警	征收警	请愿警	合计
第一分局	本分局	2	10	10						22
	本驻所	3		3	24	3	4	2		39
	西门所	3		3	24	3	3	1		37
	洪山所	2		2	12	1	2	1		20
	鼓楼所	4		3	27	5	4	3		46
	华林所	3		3	24	3	3	2		38
第二分局	本分局	2	10	10						22
	本驻所	3		3	24	3	4	2	2	41
	道山所	3		3	24	3	3	2	1	39
	南门所	2		2	15	3	2	1	2	27
	东大所	4		3	27	5	2	2	1	44
	东外所	2		2	12	1	2			19
	法海所	2		2	15	3	3	2	6	27
	三牧所	3		3	24	3	3	2		44
第三分局	本分局	2	10	10						22
	本驻所	3		3	24	3	5	2	7	40
	上杭所	4		3	27	5	4	3		53
	大庙所	3		3	24	3	3	2		38
	义洲所	2			9	1	2	1		15
	茶亭所	3		3	24	3	3	2		38

（续表）

分局所别 \ 项别		警长	控制班警士	内勤警士	巡守警士	预备警	户籍长警	征收警	请愿警	合计
第四分局	本分局	2	10	10						22
	本驻所	4		3	27	5	3	2	5	49
	瀛洲所	2		2	12	1	2	1		20
	后洲所	3		3	24	3	4	3	5	45
	水部所	3		3	24	3	3	3	2	41
	王庄所	1			5					6
	苍霞所	3		3	24	3	4	3		40
第五分局	本分局	2	10	10						22
	本驻所	5		4	36	5	2	2		54
	崇圣所	3		3	24	3	2	1	4	40
	舍人所	3		3	24	3	4	2		39
	下渡所	2		2	15	3	3	1		26
	上渡所	3		3	24	3	2	1		36
统计		91	50	123	599	83	81	49	35	1111

资料来源:《福建省会公安局统计表》(1934 年 2 月 15 日至 1937 年 2 月 14 日),福建省会公安局 1937 年。

通过密布全市的驻所、派出所，警政部门在全市范围内建立起全覆盖的监控网络。同时，为了最有效地利用既有的人力资源，警政部门又在分驻所、派出所、驻在所的基础上，细化监控单位，建立了精密度更高的巡逻区、巡逻箱，并配合各类守望岗，形成一张覆盖全城的、细致密布的监控网络，对城市生活进行了深入的干预。（表 2–4）

表2—4　福建省会公安局各分局辖各所、区、岗、箱一览表（民国二十四年5月）

项别		第一分局	第二分局	第三分局	第四分局	第五分局	合计
分驻所		5	6	4	4	5	24
派出所			1	1	1		3
驻在所					1		1
巡逻区		9	11	9	10	10	49
巡逻箱		44	50	35	32	34	195
守望岗	门岗	5	8	5	6	6	30
	交通	11	15	9	9	6	50
	游动	1	1			2	4
	交通兼游动		3	1			4
	联络	12	10	13	15	18	68
	小计	29	37	28	30	32	156
总计		87	105	77	78	81	428

资料来源：《福建省会公安局各分局所属派出所、分驻所、驻在所、巡逻区、守望岗、巡逻箱数目调查表（民国二十四年 5 月）》，《福建省会公安局统计表》（1934 年 2 月 15 日至 1937 年 2 月 14 日），福建省会公安局，1937 年。

从相关记载来看，这支庞大的警察队伍已深入参与到福州的城市管理中，为城市社会的有序发展提供了保障。1934 年以后，为配合"新生活"运动的开展，警政部门又加强了在保甲、冬防、征工、清葬、社会事项（游民习艺所之扩充、妇女教养院之整顿、取缔迷信事件）、禁烟禁毒、防火、防水、户口、交通、整顿市容、营业管理等方面的工作。[1] 其职权之广泛，俨然是一个具体而微的市政府。

[1] 福建省会公安局编《福建省会公安局业务纪要·行政》，第 1—42 页。

第三节　从市政局到工务局

民国时期主导福州市政事务的主要机关，除了警察机构外，还有工务系统。警察机构缘自清末，而工务系统则是民初新创，前者事务十分庞杂，而后者则“专管市道路、市建筑物事宜”，职权相对明确，处理的事务较为单一。[1] 民国时期，福州工务历由省会市政局、福州市工务局、省会工务局、省会工务处主管。除了职司城市公共工程建设外，它还发放建筑准单、征收马路捐费、取缔公共交通等，深度介入到近代福州的市政事务管理中。

省会市政局成立于1915年，缘于巡按使（原称民政长）许世英的提议。福州长期以来，“市街湫隘，道路窄狭。如城台往来要路之大桥口、中亭、南门一带繁昌之区，菜市鱼摊布列，通衢路途滑泞，极形龌龊”。而且，“福州城台市街交通联络机关惟轿一种，个人旅行不便，运输尤形困难，商业无从发展”。[2] 为了改善福州路政，适应福州作为“省会所在，中外人士观瞻之区，官署学校林立，商贾辐辏”的地位，“福建省市政委员会”成立，专事兴办路政，不久市政委员会改名为“省会市政局”，成为专管福州市政工程的机关。[3]

市政局成立后，马上着手省会的马路建设。1915年，市政局甫经成立，“即拆却水部城楼，修建福新街经纬路，为建筑新市之初步”。[4] 该路长约

[1] 《福建省政府训令第123号（建设）》，《福建省政府公报》1933年1月2日第283期。

[2] 张遵旭：《福州及厦门经济、交通概况》，福建省汽车运输公司编《福建省公路运输史第一册资料汇编》第2集，1984年，第81—82页。

[3] 陈文涛：《福州市上下古今谈》（一）卷1，福建省图书馆藏抄本，第12A页。

[4] 福州市工务局：《福州市市政计划大纲》，《福建省建设月刊》第5卷第7号（1931年8月）。

4英里，横宽约20英尺，“就地势所能容，几已取成一直线”，共开支12万元。[1]1916年成书的《福州及厦门》一书，也极力称赞福州路政的新变化，“许公任时大加改革，市面为之一新。并由水部门另辟一大经路南达南台，城台交通为之一变”。[2]

市政局在1917—1919年间，又兴建了一条从西门至洪山桥一段长达5公里的公路路基，并拆除西南城墙，计划修建环城马路。[3]又渐次填筑台江汛马路，并将城台旧市区的几十条主要大街，都拓筑为七八尺宽的灰砂马路，还增设了路灯，使之能适应福州城市的近代发展需要。同时，组织官商合办的汽车公司，在南门外试行。[4]除了修路以外，市政局还职司建筑审批、马路维修和码头建造等事项。[5]

省会市政局推进的各项工作，适应了现代城市发展的需要，引导古老的榕城呈现出新气象。正如陈遵旭1916年所见，随着“城台内外脉络贯通，颇添活泼气象”，马车、人力车、货车等公司迅速增加到85家，车辆也达到1200多台，沿途新建筑营业者共有122处，地价较之从前“已增至三四倍，甚或十余倍矣”，“现城内各街衢已逐次开筑马路，一团新气满布福州，商旅既受利益，已知路政革新之必要，此诚许使利国政策，国民受福殊非浅

---

[1] 福州海关编《近代福州及闽东地区社会经济概况》，第312页。

[2] 张遵旭：《福州及厦门经济、交通概况》，福建省汽车运输公司编《福建省公路运输史第一册资料汇编》第2集，第81页。

[3] 福建省福州市地方志编纂委员会编《福州市志》第6册，方志出版社，1999年，第294页。

[4] 福州市工务局：《福州市市政计划大纲》，《福建省建设月刊》第5卷第7号（1931年8月）。

[5]《饬省会所属各机关遇有兴工建筑应先报明由》，《福建公报》民国四年11月27日第1175号；《饬财政厅、官产处、市政局本省建筑马路应需官地等处划留不准发卖仰即遵照办理由》，《福建公报》民国四年11月30日第1177号；《批市政局详复吴幼丞在坞尾建筑侵占江岸由》，《福建公报》民国四年12月11日第1187号；《批南门月城铺商民黄彩艳等禀马路交通生理发达谨陈管见请示由》，《福建公报》民国四年12月17日第1192号；《批市政局详请拟定码头捐简单由》，《福建公报》民国四年12月28日第1200号；《批市政局委员长详据商民陈伯慧禀请领地建筑车场请鉴核由》，《福建公报》民国四年12月31日第1203号；《批孀妇陈郑氏泗洲右铺店屋无碍马路乞饬照地建筑由》，《福建公报》民国五年11月21日第268号。

鲜也”。[1]

省会市政局一度还有建设“新市区”的计划:“其计划以王庄、福新街为经一路，向东平行以至鼓山之麓，共十五经路。又从东门外起东西分向修筑纬路，向南平行以沿闽江之滨，共十纬路。纵横十余里，占地千余亩，定为新区。俟建设完成，划分区域，移旧市之民以充实之，然后再就旧市加以改良”。然新市区计划“因为经济所限，迄未实行”。[2] 20世纪20年代，因受福州地区政军局势动荡的影响，市政局仅拓筑了省府前的肃威路一条马路。[3]

1926年12月，北伐军进入福州。当月，福建省政务委员会将省会市政局改组为“福州市工务局”。[4]作为直隶于省政府建设厅的下属机构，工务局负有“计划市区，办理一切工务”的职责，具体事务由下辖的第一、第二两课分掌。据1927年省政府公布的《福州市工务局暂行组织条例》，工务局第一课掌理事项包括:

（一）划定市区，规划新旧市街，设计各种工程。

（二）监督修建市区道路、桥梁、码头、堤岸、河道、沟渠及一切公共场所。

（三）采办保管一切材料工具及估价投标。

（四）测量及收用支配市内土地并绘造舆图、工程图样。

（五）检查及取缔市民建筑工程并发给凭照。

（六）其他工程事项。

---

[1] 张遵旭:《福州及厦门经济、交通概况》，福建省汽车运输公司编《福建省公路运输史第一册资料汇编》第2集，第82页。

[2] 福州市工务局:《福州市市政计划大纲》，《福建省建设月刊》第5卷第7号（1931年8月）。

[3] 福州市工务局:《福州市市政计划大纲》，《福建省建设月刊》第5卷第7号（1931年8月）。

[4] 福州市政府志编纂委员会编《福州市政府志》，第56页;《闽政务财政委员已发表，海军以入党问题不参与》《何应钦抵福州后情形》，《申报》1926年12月26日第5、7版。

工务局第二课掌理事项有：

（一）筹划及征收工务经费并保管出纳款项。

（二）办理工务统计及经费预算。

（三）保管公园及公共场所。

（四）取缔市内不合式之公共交通用具。[1]

由此可见，工务局的职司涵盖了从工程设计、工程督修、建筑审核，到征收工务经费、维护公共场所、取缔违规公共交通工具等广泛内容。

此后，工务局又根据需要，对相关职能进行调整。据 1931 年省政府公布的《福州市工务局组织规程》，第一、第二两课分掌事项经过统筹调整，分别由总务、工务二课掌理。其中总务课掌理的事项有以下 4 项：

（一）关于撰拟文件、编纂统计及收发管卷事项。

（二）关于典守钤记及职员任免纪录并考勤事项。

（三）关于会计及庶务事项。

（四）关于发给各项执照及准照事项。

工务课掌理的事项则包括 10 项：

（一）关于计划建筑及修养道路、桥梁、沟渠、公园、市场及其他木土工程事项。

（二）关于测量、制图、绘印及保管仪器、图籍、标本事项。

（三）关于工程预计算事项。

（四）关于设计上之调查事项。

（五）关于监造市有建筑工程及保管工具机件事项。

（六）关于取缔市民建筑事项。

（七）关于道旁植树，及保存古迹事项。

（八）关于〔检〕查建筑及修理等事项。

（九）关于建筑师及营造厂、建筑公司、泥水工厂登记事项。

[1]《福州市工务局暂行组织条例》，《福建省政府公报》1927 年 11 月 21 日第 16 期。

（十）关于保管材料事项。[1]

经此调整，工务局的内部分工更加合理，总务课与工务课分掌职责更加明确。对照 1927 年的《暂行组织条例》，还可以发现原先工务局“取缔市内不合式之公共交通用具”和“筹划及征收工务经费并保管出纳款项”职责，移交给了公安局；而新增了“关于道旁植树，及保存古迹事项”等职能。[2] 这些调整有利于工务部门更好地适应城市社会的需要。

福州市工务局自成立后，就积极在全市范围内开展市政工程建设，特别是在大规模推进旧城改造方面取得了显著的成绩，福州城市面貌焕然一新。较之省会市政局时代，举办市政工程方面有了很大进步。

福建省首任建设厅长丁超五，鉴于福州都市狭隘，街道过窄的状况，大力开展拆除城墙和促进交通的工作。同时，又疏浚内河，填塞死水河塘。时人认为，丁超五时代的福州市政，成绩斐然。[3]

1928 年，许显时接任建设厅厅长，继续大力开展市政建设。在仓前山一带铺设了 12 米宽的洋灰马路，还计划将城内鼓楼经南门兜至万寿桥长达 4300 余米的南北直街，改为宽 15 米的总干线土沥青马路。虽然此事因拆屋退地而遭到市民的抵制，甚至发生罢市事件，但经多方劝导，次年开始筑成一段土沥青“模范”马路，“以昭示民众，使知新旧市街宽狭之利弊”。此后，拓筑马路的举动变得顺利起来，“不三数月，而市交通顿形改观”。同时又继续拆卸旧城墙，并在墙基上修成了 14 米宽、数千米长的环城马路。[4]

1930 年，发生了闽北军阀卢兴邦绑架省政府六委员的事件，即“一六政变”。建设厅厅长许显时是被绑架的六委员之一，这导致市政工程建设停顿将近一年。事后，许显时在任上又将长 400 余米、宽仅丈余的江南万寿桥，

[1]《福州市工务局组织规程》，《福建省政府建设厅月刊》第 5 卷第 3 期（1931 年 4 月）。
[2]《福州市工务局组织规程》，《福建省政府建设厅月刊》第 5 卷第 3 期（1931 年 4 月）。
[3] 陈文涛：《福州市上下古今谈》（一）卷 1，第 13A—13B 页。
[4] 陈文涛：《福州市上下古今谈》（一）卷 1，第 13B—15B 页。

改建为10米宽的铁筋混凝土桥梁。又修成数段沿江堤岸，并计划添设大小码头十余处，以促进福州水运的发展。另外，还加强房屋建筑的审批管理，“如隔数屋应筑一防火墙，并拆除沿街伸出之瓦檐，火患顿形减少”[1]。

市工务局除了大力推进城垣拆除、市路拓筑、堤岸码头增筑和房屋建筑审批，还积极引入现代市政标准，努力推进公园营建、菜市场设置、自来水筹备和温泉浴室管理等事务。经过此番整顿，“方有今日房舍划一，道路宽敞之成绩。而市民亦渐知享受公共卫生与安全之幸福，较之数年前街道迫窄，行人拥塞，沿街蔬菜鱼肉陈列叫卖，臭秽难闻者，有天壤之别”。考虑到这些成绩是在“限于经济，阻于战祸”的情况下取得的，“当局者辄以少量之财力，举办多数之事业，固已煞费苦心与经营”，实属勉力支撑，来之不易。[2]

市工务局在改造旧市区的同时，还“根据人口与面积不适合之理由”及“为促进交通商务计”，认为福州“不能不亟亟于新市区之规划”。在市工务局的规划中，新市区按功能分为7块，分别是：(1)旧行政中区及新中区、(2)住宅区、(3)公共区、(4)商业区、(5)工业区、(6)教育区、(7)公园。当然，这个宏大的新市区计划“要视筹款之方法若何耳”，在当时根本无法实现。[3]

此后，由于政局更动，工务主管机关也频繁调整，福州市政工程几乎陷于停顿。1932年12月，以蒋光鼐为主席的省政府成立。[4]蒋光鼐为首的省政府虽只存在了一年多，但却改变了既有的工务行政结构，打断了福州的市政建设进程。在蒋光鼐为首的省政府成立当月，就以福州市工务局经费“大半用于消耗方面，事业费几于无款支用”为名，议决将其名称改为“福建建

---

[1] 陈文涛：《福州市上下古今谈》(一)卷1，第5B—16A页。

[2] 福州市工务局：《福州市市政计划大纲》，《福建省建设月刊》第5卷第7号(1931年8月)。

[3] 福州市工务局：《福州市市政计划大纲》，《福建省建设月刊》第5卷第7号(1931年8月)。

[4] 福州市政府志编纂委员会编《福州市政府志》，第61页。

设厅城台工务管理处"，撤销其单独开署之制，"移入厅内办理"。工务处职员若在本厅职员能兼任时，"即不另委派"，"力求撙节"。城台工务处的收支也进一步被限制，强调"就总收节余之款，明定用途，勿使虚糜"。[1] 1934年"福建事变"后，成立了以陈仪为主席的省政府。由于面临着更严重的财政压力，福州的工务主管机关的规模和经费被进一步压缩。1934年2月7日，省政府委员会接受兼代建设厅长陈体诚的提议，将城台工务管理处和码头管理处合并为"福建省会工务处"，"以节经费"。[2] 在这样的背景下，大规模开展的市政工程基本停止。

---

[1]《福建省政府训令》，《福建省政府公报》1933年1月2日第283期。

[2]《福建省政府委员会第一次会议议事录》，《福建省政府公报》1934年2月21日第369期。

第三章　财政结构及社会过程

国民政府初期，福州市政当局的经费，主要来自省政府财政拨款和市政当局“直接收入”，在当时的复杂环境下，这两种经费收入均无法得到保障。随着市政事务的扩张和管理职能的强化，财政需求不断扩大，增捐和包税成了稳定收入的选择，但这也极大地加重了社会负担，遭到广大市民的强烈抵制。

第一节　市政经费构成

公安局、工务局是福州市政的主管部门，分别直属于民政厅、建设厅，并通过这一垂直通道从省政府获得拨款。与此同时，二者又各自通过分管的市政事务中取得各项“直接收入”。省府拨款和“直接收入”是市政部门的主要财政来源，但因受省财政困难和社会抵制的影响，两项收入往往无法得到充分保障，对市政管理效果产生了很大的影响。

一、省府拨款

福州市政部门的各项经费，首先来自省府财政厅拨款——“补助费”。但这一时期省政府财政极度困难，推行“量入为出”的收支原则，实行“厉行减政”，受此影响，市政部门经常无法足额获得“补助费”。

省府拨给公安局的补助费，1928 年每月仅有 3000 余元。相比北洋政府时期财政厅平时每月拨给省会警察厅的16000元，已大幅缩水，这势必影响公安局日常工作的开展。因此公安局要求“恢复从前预算，月拨付一万六千元”，否则“不敷分配”，“万一目下无力照拨，至少亦须加拨经常费五千元，以资应用”。[1]

1928年，公安局拟扩大清道队，但“限于经费，清道目丁人数未能多雇，以致关于清道事宜尚有遗憾”。为此，公安局呈请“追加十七（1928）年度预算”，以期“再行添募清道目丁”，但未获核准。另外，公安局所属的“卫生警察队”也因“所请另拨经费未奉令准”，只好“暂将警额裁减，以免警饷无着”。后经几次呈请，才获准每月“照拨”二百余元作为卫生队补助经费。[2]

1929年10月，公安局请求财政厅如数拨发省政府已核准的“十七年度服装费”，由于之前已被财政厅以“值此财政困难，应从缓筹拨”为由驳回，公安局不得不再三声请，语近哀求：

> 遵查职局每年应发夏冬两季服装，以及雨衣皮靴腰带暨冬季应用棉外套等件，均属必要之品。业经本年五月间援照成案一万五千元编造预算书单，呈请民政厅核转拨款办理，并续呈省政府察核，请予照拨各在案。嗣先后奉到指令核准时期已极逼促，当经呈请钧厅察准照拨。兹奉指令，以财政困难，就从缓筹给，不胜焦灼。窃以此项服装制造需时，非预为筹备，难免临时周章。目下时期已逼，职局业经饬课召匠定制，日内即须付款，实属缓无可缓。再四思维，惟有仰恳钧长察核，俯赐即日提前拨给，以资应用，而免困难。[3]

[1]《呈省政府民政厅胪陈财政整理经过及警费必要增加情形请察核文》，《警政月刊》第8期（1928年2月）。

[2]《呈民政厅报明卫生队添造垃圾车补助各区清道情形文》，《福州市公安局警政月刊》第17期（1928年11月）。

[3]《呈财政厅十八年度服装费需用孔亟请予照拨文》，《福州市公安局警政月刊》第28期（1929年10月）。

但财政厅认为“目下省库奇绌，此项服装费为数较巨，应俟筹有的款，再行酌拨”，再次搁置公安局关于服装费的请款要求。公安局只好于11月再次请款，“各署队巡长警服装历来均系按季照发，时届冬令，系属应发冬季服装之期。（公安局）不得不先为筹备，业经饬课召匠制发，此项经费亟待归还”，请求财政厅“即日如数清拨，以资归垫”。[1]

1930年5月，公安局申请夏季服装费，财政厅仍无法照拨，只答应“俟筹备便当”便“提前发给”。公安局只得再次呈请：“查此项服装，职局因时届夏令，各长警必须更换，业经饬课召匠赶制，于本月念六日分给各署队转发穿着。此项用费均系赊挂铺间，现际废历节关，自应一律履还，以维官厅信用。”[2]

除了临时经费外，“警饷”等“经常费”也常被拖欠。1929年，福州市公安局一再请求省政府尽快补发5月份“一文未领”的“经常费”：

> 职局经常费以饷项为大宗，直接收入外，按月由财厅补助一万一千一百一十三元，历来财厅拨款多用期单。四月份拨单迄今尚有未能支取者，用款不能不先为挪垫。五月份之款一文未领。目下瞬届废历节关，凡百用费，比较寻常，尤为束手，自不能不早为筹备，以便颁发。局长职责所在，警饷关系重要，叠向财厅请求，均无结果，委实无法筹措。不已，沥情呈乞钧府察鉴，设法指拨，或令饬财政厅无论如何为难情形，迅将职局经费如数照拨，以维现状。[3]

---

[1]《呈复财政厅十八年度服装费款已垫用请迅拨还归垫文》，《福州市公安局警政月刊》第29期（1929年11月）。

[2]《呈财政厅请提前拨付十八年度夏季服装费文》，《福州市公安局警政月刊》第35期（1930年5月）。

[3]《呈省政府请设法指拨五月份经常费文》，《福州市公安局警政月刊》第23期（1929年5月）。

公安局通常是在刻不容缓之下才向省政府请款，但往往无法满足要求，因此业务常受掣肘。1930 年 9 月，因财政厅拖欠公安局“各项临时特别费”，公安局不得不“东挪西抹”后，机动经费“水尽山穷”，但尚有“急须拨济，刻不容缓”的夏季服装费、防疫费、特别巡防费、妓寮剧场手数料弥补费、设备特别拘留所临时费等 9000 余元“委实无款拨垫”，情况窘迫。公安局只能请民政厅转咨财政厅，要求“无论如何为难，先将以上各项用款克速拨付，以济眉急”。[1]

由于连年拖欠，省政府积欠的经费日益增加。1929 年 2 月，财政厅积欠公安局经费 2 万余元，加上本年 2 月份的经常费 1 万余元，财政厅实欠经费达 3 万多元，“至今分文未领，极形拮据”。时值“警饷”发放之期，在财政厅“唇焦舌敝，终无办法”的情况下，公安局“夙夜彷徨，计无从出”。不得已，公安局请求省政府转咨运盐署、烟酒局等“各收入机关，先行指拨挪用”，“借资维持”。[2] 至 1936 年，财政厅仍欠拨公安局经费 2 万余元，由于还款终究无期，公安局只得无奈请求取消欠款。[3]

与公安局的情况相似，福州市工务局也常受省政府“厉行减政”的影响。1931 年，福州被水，桥梁和马路需款 14000 余元修复，但省政府委员会第 122 次会议不允如数拨款，只答应“查照旧案”补助 3000 元，“余由建设厅自行设筹应用”。[4]

由于省府拨款长期得不到保障，市政部门只好加强“直接收入”的征收力度，以维持收支平衡。在较长时间内，市政部门的“直接收入”均占市

[1]《呈民政厅请将紧要特别费数项先行拨济文》，《福州市公安局警政月刊》第 39 期（1930 年 9 月）。

[2]《呈省政府、民政厅警饷无款万难支持请转饬指拨挪用文》，《福州市公安局警政月刊》第 20 期（1929 年 2 月）

[3] 福建省会公安局编《福建省会公安局业务纪要·总务》，第 139—140 页。

[4]《福建省政府委员会第一二二次会议议事录》，《福建省政府公报》1931 年 9 月 7 日第 214 期。

政开支的主要部分。例如，1930 年公安局的卫生行政经费中，只有 2 万余元来自财政厅拨款，4 万元以上取自直接收入。[1]

1934 年陈仪任福建省政府主席后，省财政状况有所好转，拨款也有所增加。从公安局 1933—1935 年度总收入看，"财政厅补助费"一直高达 60% 以上。尽管如此，公安局的"直接收入"仍然保持每年 24000 元的水平，占总收入的 35% 以上。（表 3-1）

表3—1　福建省会公安局1933—1935年度收入情况　　单位：元

年度	收入情况		
	本局直接收入	财政厅补助费	直接收入：补助费
1933 年度（4.5 个月）	105275.81	166457.27	38.74%：61.26%
1934 年度	248185.30	445816.52	35.76%：64.24%
1935 年度	229568.93	388967.28	37.11%：62.89%

资料来源：《福建省会公安局民国二十二年度（二十三年 2 月下半月至 6 月份）收入经费统计表》《福建省会公安局民国二十三年度收入经费统计表》《福建省会公安局民国二十四年度收入经费统计表》，福建省会公安局编《福建省会公安局业务纪要·总务》（中华民国二十三年 2 月 15 日至二十六年 2 月 14 日），福建省会公安局，1937 年，第 136—138 页。

综上，省政府财政状况直接影响着福州市政的发展。当省财政状况好转时，省库对福州市政的拨款相应增加；省库节绌时，福州的市政经费也随之陷入困顿。但总体看来，国民政府时期福建省的财政状况长期处于困境，尽管在陈仪主政时期有所改善，也无法改变财政匮乏的总体状况。省财政长期奉行"量入为出"和"厉行减政"的原则，严重制约了福州市政的发展。

[1]《本局卫生行政经费调查表》，《福州市公安局警政月刊》第 33 期（1930 年 3 月）。

二、"直接收入"

公安局和工务局在各自的市政事务范围内开征捐费，形成了所谓"直接收入"。1927年，福州市公安局征收的各项"直接收入"多达14项。其中以"警铺捐"和"妓捐"数量最大，每月各为6400元和4300元。"车捐""屠兽场汤水费""雀牌消灭证""电杆用地租金"等4项也都在每月1100元以上。余下的"戏捐""纸牌消灭证""卫生清洁所""屠牛检查费""各项手数料""违警罚金""准单费"等每月数百元，"包运粪草"每月50元。[1]

福州市工务局也在其职权范围内征收捐费。例如针对营造业的执照登记费，据《修正福建省会营造业登记规则》（1935年）规定，营业者在开业前，须先向工务处登记，取得甲、乙、丙、丁、戊各等营业执照，方可营业。依据执照不同等级，交纳不同的费用，其中甲等30元、乙等10元、丙等5元、丁等2元、戊等1元。[2]至于车辆管理，因公安局和工务局都负有管理责任，因此，公安局与工务局对"福州市车捐"实行四六分成。[3]

由于公安局参与管理更多市政事务，因此收取的捐费也较多。在早期省财政困难时期，"直接收入"甚至构成了其收入的主要部分。1927年7月，公安局的全部收入共21000余元，其中"直接收入"就达到18000余元，而"财政厅补助经常费"仅有3000元。（表3-2）

[1]《呈省政府民政厅胪陈财政整理经过及警费必要增加情形请察核文》，《警政月刊》第8期（1928年2月）。

[2]《修正福建省会营造业登记规则》，《福建省政府公报》1935年10月5日第534期。

[3]《福建省政府委员会第二百次会议议事录》，《福建省政府公报》1932年9月19日第268期。

表3—2 1927年7月中下旬福州市公安局收入情况　　单位：台伏元

项目	金额	实收	备注
财政厅补助经常费	3000 元	3000 元	原拨大洋 3000 元，照市价折台伏 3000 元
警捐补助费	4027 元余	3621 元余	除警铺捐征收处开支经费台伏 406 元
铺捐补助费（秋季）	2213 元余	2213 元余	
戒烟药品商按日警铺补助费	382 元余	289 元余	除征收处开支经费台伏 92 元 6 角 1 分外。按，截至 7 月 20 日，此项按日警铺捐均已取消
取缔妓寮手数料并局票消遣证等	5902 元余	5571 元余	除征收处开支 20 天经费台伏 331 元 8 分 5 厘。按：此项妓捐系于 7 月 11 日由本任派员接管，数目即系本任派员接管所收之数，其 7 月 11 日以前款项均由谢前任收去，未经列入
屠兽场汤水费	1455 元余	1176 元余	除各屠兽场七处开支经费台伏 279.11
取缔雀牌消灭证娱乐证	600 元	600 元	本月份尚有 100 元未缴
取缔纸牌手数料	370 元	370 元	
取缔屠牛手数料	200 元	200 元	
电杆用地租金	1100 元	1100 元	
取缔清洁所手数料	300 元	300 元	
取缔车辆手数料	1309 元余	835 元余	除征收处开支经费台伏 155.5。又补助人力车工会劳工党校经费台伏 318 元
取缔戏剧手数料	350 元	350 元	
枪照费	8 角	8 角	
共计	21211 元余	19629 元余	各征收处共开支经费 1582 元 3 角 5 厘

资料来源：福州市公安局编《（福州市公安局）中华民国十六年 7 月征信录》，福州市公安局，1927 年，第 3—5 页。

表3—2为公安局在1927年7月中下旬20天的收入，有些收入是按1个月足数征收的，如“取缔戏剧手数料”“取缔纸牌手数料”“财政厅补助经常费”等；有些则是按20天征收的，如“取缔屠牛手数料”“取缔雀牌消灭证娱乐证”等。另外，该表还显示应收与实收存在一定差距。这些收入实际并不能满足公安局日益扩张的市政管理职能的需要，“收入款，有减少或删除未能列入预算者，如准单费一项划归工务局办理，每月仅拨一百五十元；枪照一项划归军事厅，发给照费因而消灭；清道盈余及取缔粪草手数料、取缔清洁所手数料口尽数拨为整理清道，并修建公厕之用，尚虞不及。此外，尚有因台伏改换大洋，应照九五折扣，如铺警捐、取缔妓寮手数料、取缔剧场手数料、电杆用地租各项手数料等类，合计全月收入比较上年度减少一千二百余元除外，月约可得二万三千零九十一点三三元”。而支出部分却是全年共支大洋448728.72元，月均支出大洋37394.06元，收支相抵后，“按月不敷”14302.73元。公安局希望财政厅拨款解决入不敷出的问题，但未获批准。[1]

为此，公安局通过提高税率、开创新税等方式，加大直接收入的征收力度。1928年，公安局对征收捐费进行了改革，情况如表3—3所示：

表3—3 福州市公安局各项直接收入整理前后比较 单位：元

项别	谢前任列入概算数	局长整理后列入预算数	比较每月		备考
			多	少	
警铺捐	6400	3910 2300		190	此项减少，因从前各署征收巡警饷银及津贴，由各署队定额内发给，未免妨碍各署队正当款项。现因核口口见，将此项划归征收处发给征收处开销，当然多出，故预算之额稍少，其实并无减少

[1]《呈民政厅十七年度预算书经费不敷请咨财政厅照拨文》，《福州市公安局警政月刊》第15期（1928年9月）。

（续表）

项别	谢前任列入概算数	局长整理后列入预算数	比较每月		备考
			多	少	
妓捐	4300	7520	3220		
车捐	1050	970		80	此项减少，系因附加二成汽车捐奉令取消
屠兽场汤水费	1600	2100	500		
戏捐	350	400	50		
雀牌消灭证	1200	2756	1556		
纸牌消灭证	370	380	10		
卫生清洁所	600	500		100	此项减少，系因外间肥料贱价畅销，承办人请求课款核减
屠牛检查费	300	333.33	33.33		
包运粪草	50	50			
电杆用地租金	1100	1100			
各项手数料	900	720		180	此项减少，系因车馆循环簿手数料奉令豁免
清道盈余	未到	400	400		
违警罚金准单费	415	600	535		
		350			
合计	18635	24389.33	5354.33		所有增加各项均经尽数列入预算，涓滴归公

资料来源：《呈省政府民政厅胪陈财政整理经过及警费必要增加情形请察核文》，《警政月刊》第8期（1928年2月）。

改革捐费征收的重点为增加课税力度。根据表3—3显示，除少数几项捐费略有减少外，多数捐费都呈增长之势。其中“屠兽场汤水费”“清道盈余”“违警罚金”3项增幅都在500元左右，“雀牌消灭证”高达1000余元，妓捐的增幅更高达3000余元。经此调整，公安局每月的直接收入增加了

5000余元，[1]增幅达到30%。

此后，公安局的捐费率持续增加。如“屠兽场汤水费”和“屠牛检查费”，经1928年的调整，分别达到每月2100元和333.33元。[2]1934年以后，这两项捐费更分别增加到每年31000余元和4300余元，月均各达到2583.33元和358.33元。

1933年，公安局直接收入的征收范围和捐费率又有较大的调整，情况如表3—4所示。

表3—4 福州市公安局1928、1933年每月直接收入比较 单位：元

1928年		1933年	
警铺捐	6210		
雀牌消灭证	2756		
纸牌消灭证	380		
违警罚金	600	违警罚金	不计
准单费	350	建筑准单费	150
妓捐	7520	取缔妓寮手数料	4980.23
卫生清洁所	500	取缔清洁手数料	428.82
包运粪草	50	取缔粪草手数料	34.08
电杆用地租金	1100	电杆租地金	1045
各项手数料	720	七项取缔手数料	824.78
戏捐	400	取缔剧场手数料	561.56
屠牛检查费	333.33	屠牛检查费	525.33
屠兽场汤水费	2100	七场屠兽汤水费	2411.66
清道盈余	400	清道捐	4023.54

[1]《呈省政府民政厅胪陈财政整理经过及警费必要增加情形请察核文》，《警政月刊》第8期（1928年2月）。

[2]《本局卫生行政经费调查表》，《福州市公安局警政月刊》第33期（1930年3月）。

（续表）

1928 年		1933 年	
车捐	970	取缔各项车辆手数料（4 成经费）	3510.01
		广告费	709.98
		其他	4189.63
合计	24389.33	合计	23394.62
备注	（1）1933 年为 1933 年 2 月 15 日至 1933 年 6 月份。（2）1933 年各直接收入每月平均数，由该年度各该项直接收入总额除以 4.5 个月求得。（3）1933 年每月“其他”收入，由年度总收入减去各 13 项直接收入后，再除以 4.5 求得。（4）1933 年“违警罚金”为数甚微，又无定数，故未列入。		

资料来源：《呈省政府民政厅胪陈财政整理经过及警费必要增加情形请察核文》，《警政月刊》第 8 期（1928 年 2 月）；《福建省会公安局民国二十二年度（二十三年 2 月下半月至 6 月份）收入经费统计表》《福建省会公安局取缔妓寮手数料各年度收入统计表》《福建省会公安局各项车辆车捐四成各年度收入统计表》《福建省会公安局取缔剧场手数料各年度收入统计表》《福建省会公安局取缔七项手数料各年度收入统计表》《福建省会公安局取缔清洁手数料各年度收入统计表》《福建省会公安局取缔粪草手数料各年度收入统计表》《福建省会公安局屠兽汤水费各年度收入统计表》《福建省会公安局屠牛检查费各年度收入统计表》《福建省会公安局建筑准单费各年度收入统计表》《福建省会公安局清道捐各年度收入统计表》《福建省会公安局广告费各年度收入统计表》《福建省会公安局电杆用地租金各年度收入统计表》，福建省会公安局编《福建省会公安局业务纪要・总务》（中华民国二十三年 2 月 15 日至二十六年 2 月 14 日），福建省会公安局，1937 年，第 136、143—4、147—157 页。

如表 3—4 所示，“警铺捐”“雀牌消灭证”“纸牌消灭证”等税费，1933 年不再列入公安局直接收入。其中，“警铺捐”改由闽侯房铺捐局征收。[1]“雀牌消灭证”“纸牌消灭证”两项也改由其他财政部门征收。另外，“准单费”因 1928 年 2 月后改由工务局征收，每月按工务局 200 元、公安局 150 元在两个部门间进行分配。[2] 这 4 项捐费的减少，使公安局每月损失了 9596 元的直接收入。

另外，“妓捐”“卫生清洁所”“包运粪草”“电杆用地租金”“违警罚金”

[1]《福建财政厅指令（二十二年 9 月 28 日）》，《福建省政府公报》1933 年 10 月 12 日第 359 期。

[2]《令各区署民间请领准单移交工务局办理文》，《警政月刊》第 8 期（1928 年 2 月）；《呈民政厅 17 年度预算书经费不敷请咨财政厅照拨文》，《福州市公安局警政月刊》第 15 期（1928 年 9 月）。

等5项税费也出现减征现象。“妓捐”减征达2500余元。“违警罚金”非全部减征，只是“为数甚微，每月又无定数，且业呈奉改革，不作经常经费，故不复列入”。[1]“卫生清洁所”“包运粪草”“电杆用地租金”3项，只是稍有减征。

以上各项捐费，或因划归其他部门，或因减征，导致公安局直接收入共减少13000余元。但因提高捐费率和开征新捐费，公安局1933年的直接收入总额仍然保持与1928年大致相同的水平。“各项手数料”“戏捐”“屠牛检查费”“屠兽场汤水费”“清道盈余”“车捐”等6项均有提高，特别是“清道盈余”和“车捐”两项直接收入，增额都达到二三千元。

“车捐”总额大幅度增长，是因其征收范围扩大所致。公安局前征“车捐”仅以各种“营业”车辆为对象。1928年2月以后，福州市公安局“因车捐、车馆循环簿、清洁所等项收入，或奉令取消，或征收短额”，呈请“按照预算原额每月加拨一千零二元，以免短绌”。[2]但因省政府财政困乏而无法满足。经省政府委员会第61次会议讨论，决定将“车捐”征收范围扩大到“公用及私有”的汽车、马车和人力车，“以资弥补”，“勿庸由财政厅加拨经费”。规定人力车每月交2元，马车4元，汽车8元，[3]自1928年3月份起开征。[4]1931年，汽车的车捐“嗣乃一跃而增于三十元”。[5]

“各项手数料”“戏捐”“屠牛检查费”“屠兽场汤水费”“清道盈余”“车捐”等6项直接收入，共增收6933.55元，基本弥补了“警铺捐”“雀牌消灭证”“纸牌消灭证”三项捐费的损失。公安局开征的新捐费还有“广告费”700余元、“其他”收入4000余元。6项捐费的增收部分、新开“广告费”与“其他”

[1] 福建省会公安局编《福建省会公安局业务纪要·总务》，第143页。

[2]《呈建设厅复陈本市自用汽车捐业已征收情形文》，《福州市公安局警政月刊》第26期（1929年8月）。

[3]《令各区署公用及私有各种车辆自三月份起一律上捐文》，《警政月刊》第8期（1928年2月）。

[4]《布告公用及私有汽车、马车、人力车于三月份起实行上捐文》，《警政月刊》第8期（1928年2月）。

[5]《令各署奉令营业汽车捐由四月份起减成征收文》，《福州市公安局警政月刊》第45期（1931年3月）。

收入共增收 11000 余元。

公安局提高捐费率和开征新捐费势必招致社会的抵制，因此，从 1934 年开始，公安局的直接收入呈现出递减之势。情况如表 3—5 所示。

表3—5　福州市公安局各年度每月直接收入情况　　单位：元

项目	1933 年度	1934 年度	1935 年度	1936 年度
取缔妓寮手数料	4980.23	4696.13	4021.67	4012.99
取缔各项车辆手数料（4 成经费）	3510.01	3494.41	3606.97	3607.73
取缔剧场手数料	561.56	552.03	501.89	374.41
七项取缔手数料	824.78	768.77	779.31	779.89
取缔清洁手数料	428.82	413.6	322.54	296.07
取缔粪草手数料	34.08	19.17	19.17	20
七场屠兽汤水费	2411.66	2584.71	2743.3	2576
屠牛检查费	525.33	364	364	364.8
建筑准单费	150	150	150	150
清道捐	4023.54	4280.02	4354.42	4367.48
广告费	709.98	785.56	705.51	600.244
电杆租地金	1045	1045	1045	改归财政厅征收
其他	4189.63	1528.7	515.96	
每月直接收入总额	23394.62	20682.11	19130.74	

资料来源:《福建省会公安局民国二十二年度（二十三年 2 月下半月至 6 月份）收入经费统计表》《福建省会公安局二十三年度收入经费统计表》《福建省会公安局二十四年度收入经费统计表》《福建省会公安局取缔妓寮手数料各年度收入统计表》《福建省会公安局各项车辆车捐四成各年度收入统计表》《福建省会公安局取缔剧场手数料各年度收入统计表》《福建省会公安局取缔七项手数料各年度收入统计表》《福建省会公安局取缔清洁手数料各年度收入统计表》《福建省会公安局取缔粪草手数料各年度收入统计表》《福建省会公安局屠兽汤水费各年度收入统计表》《福建省会公安局屠牛检查费各年度收入统计表》《福建省会公安局建筑准单费各年度收入统计表》《福建省会公安局清道捐各年度收入统计表》《福建省会公安局广告费各年度收入统计表》《福建省会公安局电杆用地租金各年度收入统计表》，福建省会公安局编《福建省会公安局业务纪要·总务》（中华民国二十三年 2 月 15 日至二十六年 2 月 14 日），福建省会公安局，1937 年，第 136—138、144、147—157 页。

第二节 增捐与包税

由于增加捐费常遭社会抵制，市政部门广泛采用包税制，由包商征收税费，以保证捐费的稳定征收。但包商的横征暴敛更激起市民的反抗，使市政当局的财政状况更趋恶化。

一、增捐

市政部门增加捐费率和开征新捐费加重了社会负担，引起社会经常性的抵制，有时甚至发生严重的冲突事件。兹以清道捐和车捐的征收为例，对这一问题进行深入考察。

清道捐是公安局最大宗的两项“直接收入”之一，由公安局直接征收。1933年该捐每月4000余元，至1936年增至每月4300余元。[1]由于负担加重，市民纷纷采取各种手段抵制清道捐的征收，令公安局头痛不已。

1928年，福建省政府统一全省货币，勒令废止福州地方货币“台伏”票。[2]规定“台伏改换大洋，应照九五折扣”。[3]但公安局第一署在征收清道、路灯两捐时，“仍令实缴大洋”，并未按折扣征收，引起了市民的非议。“西北门商铺义源等号代表”王连根、“按司前商民新宝枝代表”刘子明等向省政府呈文控诉。[4]省政府对此十分不满，认为公安局“竟不遵照实行，殊属

[1]《福建省会公安局清道捐各年度收入统计表》，福建省会公安局编《福建省会公安局业务纪要·总务》，第155页。

[2] 福建省地方志编纂委员会编《福建省志·金融志》，新华出版社，1996年，第54页。

[3]《呈民政厅十七年度预算书经费不敷请咨财政厅照拨文》，《福州市公安局警政月刊》第15期（1928年9月）。

[4]《呈民政厅遵令查明第一署征收清道、路灯两捐尚无乘机渔利情形文》，《福州市公安局警政月刊》第17期（1928年11月）。

违玩”。[1]经调查，公安局第一署未遵明令折扣征捐确属事实，但原因却是“台伏票奉令废止，所有清道丁役工食前发台票者，一律改发大洋支出，因而短绌”，“间有未按九五折算”乃是用于“弥补”“短绌”。随后，公安局令各署“嗣后经征捐款，应即照章办理”。[2]

在沉重的捐费负担下，市民经常使用各种手段逃捐漏费。1928年，清道捐等税收因“多有遗漏，致所收款额每月均不敷支出”。[3]1929年，清道捐“遗漏”更加严重，公安局第三、四、五署管辖的户数，分别有14200、14100、9100多户，但“已缴清道捐者”分别仅4050、2400、1800余户，“依此比例，十户之中负担捐款者平均尚不及三户”。捐税大规模的“遗漏”，使公安局的直接收入大大减少。而与此同时，福州正处于“市政改良”之际，“城台马路业已渐次拓宽，路灯、清道自非大加扩充，不足以资整顿”。在这种“前取捐款为数无多，按户加捐又恐贻人口实”的情况下，公安局希望通过“清查漏捐各户”，以增加收入。[4]

1928年开始，公安局命令各署“迅即遴派干员详切调查，务于每号门牌之内按照户数将所有未经征收之住户、铺户，剀切劝谕补纳”。[5]同时还加强了对各署征收清道捐的核查，“各署按月征收辖内清道捐款汇报之后，按月每署抽查五十户以上，以资核对”。[6]1929年，公安局又制定了5项详细调查办法和奖惩办法，以确保“清查漏捐”工作做到实处：

---

[1]《令第一署清道路灯两捐征收应遵章九五折算并将办理情形具复文》，《福州市公安局警政月刊》第16期（1928年10月）。

[2]《呈民政厅遵令查明第一署征收清道、路灯两捐尚无乘机渔利情形文》，《福州市公安局警政月刊》第17期（1928年11月）。

[3]《令各署详查补征路灯清道捐款报核文》，《福州市公安局警政月刊》第20期（1929年2月）。

[4]《令第三四五署整理路灯清道捐并发办法五条仰遵办文》，《福州市公安局警政月刊》第21期（1929年3月）。

[5]《令各署详查补征路灯清道捐款报核文》，《福州市公安局警政月刊》第20期（1929年2月）。

[6]《令督察处派员抽查各署十二月清道捐款文》，《福州市公安局警政月刊》第20期（1929年2月）。

一、按照本届户口大调查，户数将各街巷门牌号数，及每号门牌住户若干逐一开列，以凭查对。

一、从前未缴路灯、清道捐各户，应饬知于本年（1929）三月份起，一律补缴，不得遗漏。其实系赤贫者，就将实在状况详细开列，方准豁免。

一、从前一个门牌之内，分住数户只缴一份捐款者，应分别查明。如用个人名义缴纳者，其余户应以遗漏论，按户令其补捐。用公共名义缴纳者，准其按照现住户数，平均分配缴捐。倘捐额较少，应劝令增加。

一、征收户数应该管署所户数总额七成以上者，该管署长员及经征长警应分别奖励。不及六成者，该管署长员应量予处分，经征长警撤换。本条自十八年（1929）五月份起实行。

一、经征长警津贴及笔墨纸张联单各费，准在捐额总数内提出百分之五以资开支。前定津贴及笔墨纸张联单各项限定数日，应即取消。[1]

拒绝缴捐、合数户为一户、以公共名义减少捐额等，成为市民避匿捐费的重要方式。尽管公安局“前已通饬极力增收在案”，但到1930年，清道捐的征收仍然“按月递减，不敷应用”。公安局将其归罪于“各该征收警之不力”，要求各署将清道捐的损失“设法筹补”。

此后，公安局又针对市民的躲避缴捐、拒绝缴捐、少缴捐额等情况制定了补充办法，以彻底清查。其中，前三项办法规定：“一、各铺户他徙，应令由迁来者继续认捐；二、从前未捐者，劝令认捐；三、从前捐额过少者，劝令酌加”。[2]但直到1934年，清道捐的征收仍然无法摆脱“向来征收不均，实有溢漏之处”的困境。

[1]《令第三四五署整理路灯清道捐并发办法五条仰遵办文》，《福州市公安局警政月刊》第21期（1929年3月）。

[2]《令各署长整顿清道捐款以资比较文》，《福州市公安局警政月刊》第37期（1930年7月）。

车捐的征收也愈加繁重。1928 年，公安局每月征收车捐 970 元[1]，至 1933 年增至每月 3500 余元，1935 年更增至每月 3600 余元[2]。按照公安局与工务局“四六”分配车捐的原则，1933—1936 年，公安局与工务局总共的车捐收入当在每月八九千元左右。

1928 年 2 月，公安局开征“自用”车捐之初，就面临着“各方舆论”的批评，尤其是“人力车征捐二元均觉负担太重”。为了“能得社会谅解”，以便“一切推行较见顺利，亦可免观望迟延各情弊”，公安局特地请求省政府将自用人力车捐的捐率减至每月 1.5 元，“以利进行”。[3]

但这样的捐率还是不能为社会所接受，避匿捐费的情况仍然普遍存在。不少市民以“各车辆均不将牌号及捐照悬挂”，致“与未上捐者无从分别”，试图以此制造混乱，避匿捐税。[4] 1929 年 1 月，公安局在征收自用车捐时，虽经各署登记，按月报缴，但“惟日已久，不无变动之处，而新车未经上捐者为数恐亦不少”。除了第四署所收“尚有盈余”外，“其余各署均略有减少”。公安局认为，“饷项所在，关系匪轻”，担心“若不认真查察，势必一落千丈”。因此，要求“切实查明，如有未经上捐各车辆，务即严令上捐。至近日各自用车辆亦多不将号牌悬挂，致稽查殊感困难。应于收捐时派警按户通知，一律照办。如违，由值班长警随时取缔，毋稍松懈”。[5]

市民避匿车捐的方式远不止不挂牌照和积极抗捐，在有些特殊时期，还公开要求减免捐费。1930 年，福建军阀卢兴邦与中央军刘和鼎发生战事，兵火延及福州近郊，影响到了福州城区汽车营业。7 月，“飞龙汽车公司”

---

[1]《呈省政府民政厅胪陈财政整理经过及警费必要增加情形请察核文》，《警政月刊》第 8 期（1928 年 2 月）。

[2]《福建省会公安局各项车辆车捐四成各年度收入统计表》，福建省会公安局编《福建省会公安局业务纪要 · 总务》，第 136—138、144、147—157 页。

[3]《呈省政府请减轻自用人力车捐额文》，《警政月刊》第 8 期（1928 年 2 月）。

[4]《令各区署未经悬挂牌号捐照各车辆务认真取缔文》，《警政月刊》第 9 期（1928 年 3 月）。

[5]《令各署自用车捐款应饬属切实查察勿任遗漏文》，《福州市公安局警政月刊》第 19 期（1929 年 1 月）。

以“供应运输，市景萧条”为词，请求“自六月份起路租、汽车捐两项暂行减半征收，俟地方解严，市景恢复，再行遵章完纳”。[1]“信捷汽车公司”等甚至还要求“将六月份车捐概予核免，以恤商艰”。[2]“安泰公司”等也以“特种困难”为由，请求免纳车捐。建设厅没有同意这些要求，只允许“各汽车公司六月份捐款应减三成征收”。[3]

尽管建设厅态度强硬，但多数汽车公司仍拒绝纳捐。公安局第二署6月份仅收到“通快公司”1辆汽车的车捐，其他公司竞相观望，拒绝纳捐。这极大影响了当局的车捐收入，以致当年9月份，公安局各署征收的6、7、8各月份营业汽车捐款清册，“仅据第二署遣送前来，第四署仅送七月份一个月清册，其余各署并未造送”。建设厅再申明令，要求各汽车公司“对于六月份捐款”仍按7成征收，“勿任推延”，不得再有“效尤要求免纳者”。[4]

包车业也请求减低捐率。1931年，鉴于“福州市路陆续筑成”，建设厅制定了《福州市管理汽车章程》，“征收车捐以充管理养路之用”，呈奉省政府核准施行。章程规定，“营业汽车”5座以下者每月纳捐30元，6座以上者每月纳捐40元，“营业货车”每月纳捐60元。其中，5座以下“营业汽车”捐税较以前的每月8元有大幅度提高，增加了汽车商的捐费负担，令包车商不堪重负。“包车公司”立刻通过“闽侯汽车业同业公会”向建设厅表达不满：

> 际此全市路政尚未完成，包车营业并不发达之时，向即深感苦痛。沿及近来，以战事影响，百业凋敝，包车一途冷落益甚。而金价飞涨，

[1]《呈建设厅查复各汽车公司请减收路租及车捐情形文》，《福州市公安局警政月刊》第37期（1930年7月）。

[2]《令第二、三、四署不准信捷等汽车公司请免六月份车捐文》，《福州市公安局警政月刊》第40期（1930年10月）。

[3]《令第一、二、三、四署六月份汽车捐应减三成征收及六七八月份征捐清册从速造送文》，《福州市公安局警政月刊》第39期（1930年9月）。

[4]《令第一、二、三、四署六月份汽车捐应减三成征收及六七八等月份征捐清册从速造送文》，《福州市公安局警政月刊》第39期（1930年9月）。

汽油材料日贵无已，从中亏损又复不堪。对于此项车牌捐负担过巨，委已无力缴纳。[1]

闽侯汽车业同业公会要求车捐按原标准每月征收8元。经建设厅调查，认为“该会所称金价飞涨，汽车材料日贵无已各节，尚属实情”，而《福州市管理汽车章程》关于车捐的规定，也“实嫌过重”。并且，“京沪各埠汽车事业日见发达，率皆征捐低廉，而福州市内迩来汽车业逐渐萧条者，未始非车捐过重所致”。因此，建设厅允准自当年4月份开始，“营业汽机客车”和“营业汽机货车”的捐率，均减为每辆每月20元，“以示体恤，而广招徕”。[2]

尽管当局让步有限，但是社会的正面抵制行动仍不失为影响当局捐费征收的重要因素。值得注意的是，“同业公会”等社会组织在事件的发展中起着承转沟通作用，其发起的“集体行动”在一定程度上影响了当局的捐费征收。

由于社会对提高捐费的普遍抵制，公安局等征税部门实实在在地感受到巨大的阻力。1931年，建设厅筹补改造万寿、江南两桥等工程，需款40余万元，要求“一切车辆过桥者，应比照警捐额数减半输纳，分别领贴执照”。公安局遵令制定了加征车捐计划。（表3-6）

表3—6 1931年车捐过桥加征计划

车别	每辆月加征（元）	辆数	月约可加收（元）
自用汽车	4	14	56
自用运货汽车	8	2	16
营业汽车	10	40	400

[1]《令各署奉令营业汽车捐由四月份起减成征收文》，《福州市公安局警政月刊》第45期（1931年3月）。

[2]《令各署奉令营业汽车捐由四月份起减成征收文》，《福州市公安局警政月刊》第45期（1931年3月）。

（续表）

车别	每辆月加征（元）	辆数	月约可加收（元）
自用马车	2	3	6
营业马车	1	45	45
自用人力车	0.75	630	472.5
总计			995.5

资料来源:《呈建设厅拟具过桥征收车捐办法并送清单文》,《福州市公安局警政月刊》第53期（1931年11月）

在公安局制定的加征车捐计划中，没有将3800辆营业人力车和550辆营业货车纳入，因为公安局考虑到“营业之人力车、货车生计较苦”，对其加捐必然会面临重大困难。[1]针对营业人力车的情况，公安局有较为充分的了解：

营业人力车，此种车辆为数达三千余，每辆以车二人计算，约占六千人之谱。大都鸠形鹄面，向无隔宿之粮，一日不拉车即一日不得食。前收车捐每车一元，据称业已过重，虽云此项捐款系取诸置车之人，而其结果仍转嫁于拉车者毫无疑义。若再增收过桥车捐，难保无桀黠之徒，借词抵抗，提唱罢车来相要挟，恐不免激成意外事变。日前省府甫经提议，人力车业公会即已陈请求免，乃其见端。此征收过桥营业人力车车捐困难之情形也。[2]

而对于已决定向自用汽车、自用人力车的增加“过桥车捐”，公安局更担心征收过程将“万分困难”：

[1]《呈建设厅拟具过桥征收车捐办法并送清单文》,《福州市公安局警政月刊》第53期（1931年11月）。

[2]《呈建设厅报明过桥车捐由本局征收困难情形文》,《福州市公安局警政月刊》第53期（1931年11月）。

一、自用汽车多为军政机关所购置，其捐款平日系由各署指派巡官长向该机关之庶务征收。而不明事理之庶务员动辄凭单推诿，甲月之捐非延至丙月、丁月不能收清。甚或疾言厉色，拒绝不理。巡官长职微言轻，未敢与较，无不视收捐为畏途，而相率裹足。若再增收过桥车捐，办理必更形棘手。此征收过桥自用汽车车捐困难情形。

二、自用人力车收捐之难，亦与自用汽车等。缘自用人力车之人多系上流人物，往往日高三尺酣眠未起。捐警到门，动遭阍人峻拒。逾时再往，则主人驱车他适，恒有登门十数次，而未获一面者。其狡黠者又托言车已停驶，抗不缴捐。派警沿途稽察，则信口支吾，不曰车已上捐，牌未携带，即曰车甫购置，即往纳捐。多方循饰，无从捉摸。稍一操切，责言立至。若再增收过桥车捐，避匿必更甚于前。此征收过桥自用人力车车捐困难之情形也。[1]

由于上不敢得罪“军政机关”“上流人物”，下不能得罪“鸠形鹄面”的人力车夫，公安局的加捐行为几乎无法实行，“本局现在征收车捐已属万分为难。倘不揣冒昧，并力兼营，贻误事机，可立而待”。公安局为此请求建设厅“俯念本局困难情形”，另设机关征收过桥车捐，以保障过桥车捐的足额征收，并避免本局与市民发生直接冲突。[2]

二、包税

由于“官办捐税，或盈或绌，其款难恃”，而“包办者有盈无绌，而且有质押担保，款额极为可恃”[3]。因此，为保证捐费足额征收，稳定财政收入，

[1]《呈建设厅报明过桥车捐由本局征收困难情形文》，《福州市公安局警政月刊》第53期（1931年11月）。

[2]《呈建设厅报明过桥车捐由本局征收困难情形文》，《福州市公安局警政月刊》第53期（1931年11月）。

[3]《训令财政厅准省议会咨请禁包办捐税议决案仰厅核办由》，《福建公报》民国5年11月24日第271号。

市政当局常常采用包税制。

1927年7月，第二届公安局长郭咏荣上任后，“将直接收入各项清厘积弊，剔除中饱，彻底改革，化私为公”。其主要手段就是普遍推行包税制，“除警铺捐、车捐、屠兽场外，均一律招人投标”，试图通过包税制，保证各项直接收入的稳定来源。据称，“计自整理后，比较前任局长呈报前政治会议所列收入概算数目，月可增五千余元，其中以妓捐一项，月可增至三千零元，为最多数”。[1]

此后，公安局的诸多直接收入税项都采取了包税制。其中“戏捐”（取缔剧场手数料）“由商人承包”。到1936年3月，才因剧业公会的请求，改由“剧业本帮”认缴，仍然是包税制的变种。又如，“包运粪草”（取缔粪草手数料）一项，也长期采取包税制，“经清道队运输堆积各垃圾场，由承包人转运乡间，售与农民，作为肥料之用”，每月定额由乡民承包。[2]

公安局直接收入的最大宗“妓捐”（取缔妓寮手数料），也长期采取“招商承包”的形式，“月定课额五千元，委包商为征收主任。以其有关本局预算，未便遽有改革”。1934年3月，由于公安局“严禁城内妓寮后，包商遂多欠缴课款，发生种种纠缠”。使得公安局“预算既受影响”，又使“取缔办法实有名而无实”，公安局遂“撤销包办，由本局派员办理取缔事项”。[3]

包税制看似简便，却大有弊害。首先，包税制加重了社会负担。早在民初，福建省议会就发现，在包税制下“所捐之款民耗其十，官得其一二，私饱者转取七八”，市民“亦何苦为此烦扰，以府众怨”！极易导致官民矛盾激化。[4] 1932年，财政厅长范其务也认识到，“若将各捐税拿来包商，他们的开销是要由收入项下扣去的。就是委办，他的经费也是很多。最小征收

[1]《呈省政府民政厅胪陈财政整理经过及警费必要增加情形请察核文》，《警政月刊》第8期（1928年2月）。

[2] 福建省会公安局编《福建省会公安局业务纪要·总务》，第147、150页。

[3] 福建省会公安局编《福建省会公安局业务纪要·总务》，第143页。

[4]《训令财政厅准省议会咨请禁包办捐税议决案仰厅核办由》，《福建公报》民国五年11月24日第271号。

机关每月也得需二百元的经费，以年计则须二千四百元。所以包商、委办两者都免不了虚糜公帑”。[1]实行包税制，无异于饮鸩止渴，必然“贻害于民生，而变乱叠生”。[2]

其次，包商善于利用各种场合压低标价，或请求减缴、欠缴课款等，也往往无法保证捐税来源的稳定。例如“妓捐”（取缔妓寮手数料）的征收，公安局在 1928 年原定承包金额为每月 7500 余元[3]，但长期无法足额征收。1929 年，公安局“叠据取缔妓寮手数料征收处呈报，近因宣告戒严，游客裹足，局票收入减少，请求酌减局票课款等情”。[4]1930 年，刘卢战争爆发，福州近郊受到战事波及，使“本市自六月六日宣布戒严，夜间八九时行人稀少，各妓女未敢出门，致局票无从售出，而报归报停者计达二百余人之多”。按照该项捐款“系招商承包，查照包办契约，遇有地方发生战事，宣布戒严时，应准予减课等语”的规定，公安局不得不“准予减课”1200 元。[5]到 1933 年，妓捐每月只征到 4900 余元，1934 年更降至每月 4600 余元。[6]

又如“戏捐”（取缔剧场手数料），1930 年刘卢战事发生时，也因战事影响，“城内戏园全数闭歇，至今尚未恢复原状，南台戏园半亦停止营业，各戏班因日食维艰，相率解散，致课款无从征收”。公安局不得不按照“包办”契约，“准予减课”265 元。[7]该捐原定包商每月征捐 600 元，1935 年 3 月

---

[1]《范委员兼财政厅长其务报告本省财政情形（二十一年 12 月 26 日在本府总理纪念周）》，《福建省政府公报》1933 年 2 月 13 日第 290 期。

[2]《训令财政厅准省议会咨请禁包办捐税议决案仰厅核办由》，《福建公报》民国五年 11 月 24 日第 271 号。

[3]《呈省政府民政厅胪陈财政整理经过及警费必要增加情形请察核文》，《警政月刊》第 8 期（1928 年 2 月）。

[4]《令第四署查明近日妓寮局票有无减少文》，《福州市公安局警政月刊》第 31 期（1930 年 1 月）。

[5]《呈省政府民政厅战事发生直接收入大受影响请拨款补助文》，《福州市公安局警政月刊》第 37 期（1930 年 7 月）。

[6]《呈省政府民政厅胪陈财政整理经过及警费必要增加情形请察核文》，《警政月刊》第 8 期（1928 年 2 月）；福建省会公安局编《福建省会公安局业务纪要·总务》，第 143—144 页。

[7]《呈省政府民政厅战事发生直接收入大受影响请拨款补助文》，《福州市公安局警政月刊》第 37 期（1930 年 7 月）。

因承包期满而重新招商承包,“以市面不景气”而将课额削减为五百六十元。1936年3月,“又因剧业公会请求取销出水费”,又削减为400元,改由剧业本帮认缴。同年10月,“城内文艺剧场被火,据承办人请求减课,呈奉省令准予自十一月份起每月减课四十元”。[1]

“包运粪草”(取缔粪草手数料)一项,1928年每月为50元[2],但1933年2月以后,每月课额改为40元,“由乡民承包”。1935年8月份起,“亦因承包人之请求,减低为每月二十元”。有时甚至每月只收10元。[3]

更严重的是,包税制导致当局诸多市政管理职能失效。1927年,公安局就发现屠宰场的包办,对“讲求卫生”有所妨碍:“本局设场屠宰猪羊,原为检查兽类,禁止宰杀病兽以及灌水情弊,期无妨碍卫生,并非若他项捐税可以招商承包”,鉴于包税“殊失讲求卫生本旨”,公安局决定将其撤销。[4]

“妓捐”征收的初衷是“取消妓捐,以维风俗”[5],公安局在1928年为此特地将“妓捐征收处”改称为“取缔妓寮手数料征收处”,“以符名实”。[6]然妓捐的招商包办,也使公安局的这种改良追求走向反面:

> 本局向来取缔妓寮,有征收手数料之成案,系招商承包,月定课额五千元,委包商为征收主任。以其有关本局预算,未便遽有改革。惟包商制度,究嫌不合。且妓寮原只在南台商埠一定区域,旧日竟已沿及城内,当予切实禁止。但自二十三年(1934)三月,严禁城内妓寮后,包

[1] 福建省会公安局编《福建省会公安局业务纪要·总务》,第145页。

[2]《呈省政府民政厅胪陈财政整理经过及警费必要增加情形请察核文》,《警政月刊》第8期(1928年2月)。

[3] 福建省会公安局编《福建省会公安局业务纪要·总务》,第150—151页。

[4]《布告屠兽场撤销包办文》,《警政月刊》第1期(1927年7月)。

[5]《福建省议会第二次会议议事日表第十四号》,《福建公报》民国五年11月23日第270号。

[6]《令各署队处各科妓捐征收处改称取缔妓寮手数料征收处文》,《福州市公安局警政月刊》第16期(1928年10月)。

> 商遂多欠缴课款，发生种种纠缠。本局预算既受影响，而对于取缔办法实有名而无实。因即决定撤销包商，由本局派员办理取缔事项，拟订取缔规则，公布施行，对于是项手数料规定等级征收之。[1]

但因妓捐捐率极高，在实行包税以确保征捐的状态下，积极的“取缔”根本无法实施。1935 年 7 月 16 日的《福建民报》批评说，“现在公安局所设之妓捐处，只以征收捐款、处理罚金为目的，殊失之狭隘”。舆论认为，“妓捐处乃系招商认额包办，惟恐税收减少，致遭亏本，但望妓女日多，淫业日盛，方能获利”。[2] 显然，在财政扩张的本能冲动下，无法苛求包商能帮助市政当局切实贯彻“取缔办法”。

鉴于包税制的种种弊窦，时人一直呼吁取消包办，收归官办。早在 1916 年，福建省议会就建议当局“将前此已领办各捐可豁免者酌为免除，其大宗者一俟限满，即为收回官办，嗣后有巧立名目呈请承办者，概予批驳。至委任征收捐税官吏，应遵照部颁《税厘征收考成条例》办理，不得明委暗包，去包办之名，而仍存包办之实，庶民困少纾而惠泽能下究也”。[3]1930 年，铨叙部“查中央及地方所属税收机关，有因或种种理由招商包办”，认为“其性质实同商贾，殊与委任办理不同。在当局仅为一时权宜之计，对于承包人之资格如何，并未过问。此种包办税务人员形同市侩，似不能并入公务员之列”。要求行政院、考试院将“所有招商包办之税收机关人员”，排除在公务员之外。[4]

尽管当局对包税制的种种弊端已有深入认识，但包商制仍是当时福建地方，包括福州市政当局广泛采用的征税方式。1932 年时任财政厅长的范

---

[1] 福建省会公安局编《福建省会公安局业务纪要·总务》，第 143 页。

[2]《管理妓女问题》，《福建民报》1935 年 7 月 16 日。

[3]《训令财政厅准省议会咨请禁包办捐税议决案仰厅核办由》，《福建公报》民国五年 11 月 24 日第 271 号。

[4]《福建省政府训令（第 3715 号）》，《福建省政府公报》1930 年 11 月 3 日第 170 期。

其务指出，“施行包商制发生的纠纷极多，包商的常诬商民为‘抗捐’，商民则恒控包商为‘苛敛’，争端迭起，处断极烦。且包商均以利益为目的，课额生息视为例外收入，所以他们征收则惟恐不早，缴解则肆行拖延”。虽然“包商制度本来是不合道理的”，“但是因为包商制一经包定，则征收税额便可以一定。如委办不得其人再来换人，此中损失将要更大……现在只有照以前的办法，委办的还是委办，包办的还是包办，为的是可以得各处的解款以救目前之亟需”。[1]

第三节 抗争与协商

当局的增捐与包税，极大加重了社会负担，广大市民经常通过避税、罢市，甚至公然抗争等方式，抵制当局的过度掠夺。由此，当局更陷入了财政不足和征税困难的双重困境之中。

一、抗争

市政各部门的增捐和包税，加重了广大市民的负担，势必招致强烈的抵制。包税商的压榨早为商民诟病，有时广大商民甚至以武力方式进行抗捐。1929 年 9 月，闽侯县政府“委办”征收“鲜鱼市贩教育捐”。[2]该捐开征当日，就有“桥北张秋官、长泰黄俤俤等纠众抗捐，恃蛮捽殴，以致阻滞停收”。虽然包税商“请求严拘追办”，但却更激起鱼贩们的愤怒与不满，“纠众抗捐”

[1]《范委员兼财政厅长其务报告本省财政情形（二十一年 12 月 26 日在本府总理纪念周）》，《福建省政府公报》1933 年 2 月 13 日第 290 期。

[2]《令各署严行制止并注意防范张秋官等纠众抗捐并请愿文》，《福州市公安局警政月刊》第 28 期（1929 年 10 月）。

的张秋官等人，不久“复敢集众请愿，意图明求取消缓办，暗施危害打倒”。[1]

屠户也积极抵制屠宰税“善后附加捐”。1931年3月，“南台肉商研究所”的陈杰、梁成业等人，“摇惑煽动，于六日停纳善后附加捐”。包税商“闽侯城台屠宰局长”周钦藩就此事呈文财政厅，要求闽侯县政府、福州市公安局予以制止。但闽侯县、公安局并未照办。抗捐事件迅速扩大，“各屠户纷纷认定奉部撤销，群起效尤抗缴”。3月13日，福州城内也开始停缴“善后附加捐”，全市性的同业组织“猪肉业公会”也“通告遍贴扯粘呈电”，积极参与其事。[2]于是，抗捐行动从南台一隅，迅速发展成全市同业的抵制运动。如此大规模的集体抗争是包商始料未及的。包税商一方面向财政厅申诉罢捐事件对其征税的不利影响，一方面又请示核实所谓撤销“善后附加捐”的传言是否属实：

> 局长负课责任，筹款应支期单，何堪遭此停顿，实无能力维持。未谂钧厅有无照准撤销？如准撤销，即应减课；不准撤销，则当严厉拘追，方免各屠户借口抵抗。[3]

撤销“善后附加捐”的传言是否属实不得而知，但财政厅反对罢捐运动的态度则是明确的。财政厅指责“南台肉帮研究所”的“董事”梁成业“屡违厅令，借众要挟，殊属不合”，命令将梁成业交闽侯县政府看管。同时要求各屠户“照旧完纳”，不肯对屠户做出让步。[4]

---

[1]《令各署严行制止并注意防范张秋官等纠众抗捐并请愿文》，《福州市公安局警政月刊》第28期（1929年10月）。

[2]《令各署协助财政厅征收屠宰税捐款文》，《福州市公安局警政月刊》第45期（1931年3月）。

[3]《令各署协助财政厅征收屠宰税捐款文》，《福州市公安局警政月刊》第45期（1931年3月）。

[4]《令各署派警传谕各屠宰商照旧纳捐文》，《福州市公安局警政月刊》第45期（1931年3月）。

以上事件反映了屠户希望减轻捐负的强烈愿望。长期以来，屠宰税的税捐项目不仅包括“小猪牙”“大猪牙”“牲畜营业税”“屠宰税”“屠宰善后捐”等“五税”，还包括教育、民团等“附加捐”，以及“检验费”“汤水费”等管理费，合计达十余种。[1]长期不堪重负，是爆发全行业屠户罢捐事件的根本原因。而“南台肉商研究所”“猪肉业公会”等的组织，又推动了对罢捐事件的发展，集体性的抗争成为应对苛税的重要形式。

妓捐是公安局最大宗的“直接收入”，一再增加的捐费负担也令“乐户”反抗激烈。根据1928年公安局的妓捐投标布告，妓寮和妓女承担的捐税包括五项：乐户总牌捐、妓女月捐、妓女许可证、局票、消遣证。[2]由于妓捐收入不菲，征收过程中又涉及多项证照，因此，1928年福建印花税总局经省政府核准，要求闽侯印花税分局办理乐户印花，参与妓捐分利。根据当时《印花税条例》的规定，乐户总牌照、乐户营业执照、妓女许可证，均应分甲、乙、丙三级贴用印花，甲级贴3元、乙级2元、丙级1元；局票每条则贴用印花1角。对于众“乐户”而言，负担本已繁重，更不堪承受新增的印花税：

> 年来地方不靖，商景萧条，妓等业务亦随而凋敝，是以乐户无不负债累累。况乐户捐款如妓女执照、局票许可证、道路灯等，年已担负至十余万元，福州市妓女不过二百余人，每人每年须捐四五百元。多已觉重负难堪，何能再加此项乐户印花？！[3]

印花税遭到了乐户的强烈抵制。8月8日开始，各妓女相继停止出局，

[1]《范委员兼财政厅长其务报告财政厅收支情形（5月8日在本府总理纪念周）》，《福建省政府公报》1933年5月11日第315期。

[2]《布告招商投标承办妓捐文》，《福州市公安局警政月刊》第15期（1928年9月）。

[3]《呈省政府民政厅准印花税局函饬令妓寮复业情形文》，《福州市公安局警政月刊》第15期（1928年9月）。

抵制印花税的征收。[1] 虽经公安局的“剀切劝导”，但各妓寮仍以生计困难为由，不同意遵令缴纳印花税。[2] 随即公安局下令对乐户“严厉取缔”，并拟订了五项办法进行稽查：

一、本晚起，所有乐户应一律勒令停止营业。

二、应由署派巡官长会同督察、稽查人员，分班按户清查，勿任阳奉阴违。

三、本晚如乐户尚有游客在内吃菜消遣者，应和平勒令退出，一面即将该妓东并承接妓女带署报局核办。各鸨母并妓女私宅发现前项情事者亦同。

四、各电影园、戏园遇有妓女同游客在内观览者，应俟该妓女出园时拘署报局核办。

五、遇有妓东或妓女聚众集会者，应严切制止。[3]

勒令乐户停业使得乐户大受损失，但同时妓捐收入和妓捐印花也无法征收，这显然是个“双输”的决定。为此，在“妓业代表”吴新南等向印花税局“呈陈闽省妓业困难情形，请予特别体恤”后，印花税局决定稍减印花税率，以安抚众乐户的不满情绪：

敝局复查乐户执照、局票等贴用印花，系《印花税条例》规定，并奉省政府令饬开办，自应切实遵行，以重法令。惟该代表等所称负担过

[1]《呈民政厅报明妓女停止出局影响妓捐情形文》，《福州市公安局警政月刊》第14期（1928年8月）。

[2]《呈省政府、民政厅印花税局举办乐户印花影响妓捐请指拨的款文》，《福州市公安局警政月刊》第14期（1928年8月）。

[3]《令第四署督察处稽查处拟定取缔乐户反对印花办法文》，《福州市公安局警政月刊》第14期（1928年8月）。

重，困苦情形，究亦不为无因，自当酌予变通办理，以示体恤。[1]

印花税局将税率具体调整为：

按乐户总牌照、乐户营业执照，妓女执此方许营业之证照，及性质与此相类似之单据……兹由敝局先行暂予减轻，所有前列各项证照，凡属一、二、三各等者，每张一律贴印花一元，四等每张贴印花三角，五等每张贴印花二角。至局票一项，《条例》规定每条贴印花一角，税率已属轻微，仍应遵照办理。[2]

印花税局认为，“似此特别变通，乐户方面自无负担过重之虑，实于推行税务之中，并寓体恤民艰之意”。要求“该妓业代表等自应仰体时艰，遵章购贴”。[3]但乐户仍怀不满。继8月8日妓女停止出局，8月28日妓寮也停止营业，直到9月12日才恢复营业，前后停业共计1月有奇。[4]

长时间的停业，使乐户和当局均损失惨重。乐户在“忍痛闭门，静候解决”期间，“各债权者催索盈门，无从说缓，实觉进退维谷”。[5]公安局的损失就更明显，屡次抱怨印花税局开征乐户印花税，使“各妓女相率停止出局，影响职局妓捐为数颇巨”。由于妓捐采取包税制，根据“妓捐承办书”

[1]《呈省政府办理乐户印花请饬印花税局拨款备用文》，《福州市公安局警政月刊》第14期（1928年8月）。

[2]《呈省政府办理乐户印花请饬印花税局拨款备用文》，《福州市公安局警政月刊》第14期（1928年8月）。

[3]《呈省政府办理乐户印花请饬印花税局拨款备用文》，《福州市公安局警政月刊》第14期（1928年8月）。

[4]《呈省政府报明办理乐户印花妓捐损失情形文》，《福州市公安局警政月刊》第15期（1928年9月）。

[5]《呈省政府民政厅准印花税局函饬令妓寮复业情形文》，《福州市公安局警政月刊》第15期（1928年9月）。

的规定，“在领办期间内，遇有时局关系及天灾地变并其他风潮，发生捐款无从征收时，得酌量情形准予减免”，妓捐承包人呈请酌减，公安局也不得不允准[1]：

> 计自八月八日各妓女停止出局起，至八月二十七日止共二十天，每日局票损失八十元，统计一千六百元。八月二十八日各妓寮停止营业起，至本月十一日止共十五天，每日局票消遣证损失一百四十元，统计二千一百元。又本月分妓女因受停业影响报归者，计一等二人、二等三十二人、三等五人，月捐项下准予减缴二百元。以上三项统共损失三千九百元。据妓捐监理李焕呈请减课前来，为数甚巨，经切实核减。[2]

公安局抱怨印花税局开征乐户印花税影响了其妓捐的征收，为此一再要求印花税局予以补偿。[3]

由征收妓捐印花税事件可知，印花税局试图参与妓捐的分利，影响到了妓捐的征收，侵害了公安局的利益，使当局部门间的关系恶化；更重要的是，印花税局征收乐户印花税，加重了乐户的负担，遭到乐户的抵制，导致官民矛盾加剧。

二、协商

鉴于增捐和包税加重了社会负担，遭到社会的集体抵制，市政当局只好采取与社会组织协商的方式，试图缓和社会矛盾，确保捐税的正常征收。

---

[1]《呈民政厅报明妓女停止出局影响妓捐情形文》，《福州市公安局警政月刊》第14期（1928年8月）。

[2]《呈省政府报明办理乐户印花妓捐损失情形文》，《福州市公安局警政月刊》第15期（1928年9月）。

[3]《呈省政府报明办理乐户印花妓捐损失情形文》，《福州市公安局警政月刊》第15期（1928年9月）。

在妓捐印花税事件中，乐户和当局均损失惨重，双方只能通过商会协商予以解决。乐户稍做让步，“拟自旧历八月初十日起，局票每张暂行认贴印花五十文，总牌捐暂贴印花一元，许可证一等暂贴一元，二等暂贴五百文，三等暂贴三百文。似此变通办理，原为曲体官厅命令，冀得先行复业，暂免债呼。将来中央如难俯准豁免，尚须仰仗官厅代达苦情，俾邀矜恤”。印花税局则坚持前定“减轻办法，已属格外体恤……乐户新兴轩等呈请各节，敝局固不能立予批准，当候据情呈请财政部核示”。[1]

最终在商会的协调下，采取了折中办法，规定自“夏历八月初十日起，各种乐户证照暨局票等暂照该乐户等呈请减轻税率，分别贴用；夏历八月二十日起，应遵照《印花税条例规定》及敝局先后所拟办法，局票每纸贴印花一角；乐户总牌照、乐户营业执照每张一律贴印花一元；妓女许可证一、二等每张各贴印花一元，三等每张贴印花五角，四等每张贴印花三角，五等每张贴印花二角。不得再请延缓减轻。惟前项贴法如未得部准，二等、三等仍须再为转请，其他自应依议实行”。经过一个多月的停业，各妓寮于9月12日“一体复业”。[2]

公安局鉴于妓捐被印花税局“拖累”，要求“此后税收应由印花税局自行直接办理，以清权限。其商会郑委员长与印花税局江局长如何接洽，局长未便与闻”。[3]要求与印花税局摆脱干系。由于事件的影响，公安局后来的妓捐征收无法回复从前的状态。公安局事后重新招标妓捐时，不得不两度开标，并且标价最低额由每年90240元降为89400元。[4]

---

[1]《呈省政府民政厅准印花税局函饬令妓寮复业情形文》，《福州市公安局警政月刊》第15期（1928年9月）。

[2]《呈省政府民政厅准印花税局函饬令妓寮复业情形文》，《福州市公安局警政月刊》第15期（1928年9月）。

[3]《呈省政府民政厅准印花税局函饬令妓寮复业情形文》，《福州市公安局警政月刊》第15期（1928年9月）。

[4]《布告招商投标承办妓捐文》，《福州市公安局警政月刊》第15期（1928年9月）；《布告妓捐改于本月二十四日再行投标文》，《福州市公安局警政月刊》第15期（1928年9月）。

市政当局征收养路费也因遭到抵制，转而与“福州商事研究所联席会议”协商。1929年前后，是福州马路修筑的兴盛时期，马路修护也成为重要的市政事务，“马路补助费”随之开征，这引起了市民的强烈不满，捐费征收遇到了强大的阻力。公安局为此函知“福州商事研究所联席会议”，要求选派代表共同讨论马路补助费的征收事宜。声称“政府此次征收马路补助费，实因马路拓宽修养各费必须增加”，希望“福州商事研究所联席会议”能“劝导转告市民仰体时艰，勉为其难”。[1]

“福州商事研究所联席会议”是各商事研究所的联合机构。福州的“商事研究所”最早成立于1922年，起初是南台地区的商人为“联络感情，持倡公益”而建的社区商民联合组织。[2]“商事研究所”扎根于社区和行业，以商民的日常关系和行业联系为基础，在社区内具有很强的号召力。20世纪二三十年代福州社会形势混乱，商事研究所在组织社区商民自保方面发挥了重要作用，逐渐发展壮大，并走向全市性的联合。[3]公安局正是考虑到“商事研究所联席会议”对社区商民的较强组织号召能力，才希望通过其动员商民配合马路补助费的征收。福州商事研究所联席会议经过讨论，向省府提出了七项“改善办法”：

（一）“补助费”名称意义广漠，请改为“养路费”，以符名实。

（二）撤销征收所，将应征之款托由公安局转饬所属警区署代收。（因警署按月均有征收各地商号、居民清道、路灯各费）以省糜费，俾免市民多一份负担。

（三）前此所定按户征收，请改为按照门牌号数征收，以示平等。

---

[1]《令各署队发福州市养路费征收所办法仰遵照文》，《福州市公安局警政月刊》第29期（1929年11月）。

[2] 福州敦泰十社商事研究所编《福州敦泰十社商事研究所征信丛录》，1924年，第4—5页。

[3] 郑拔驾：《福州旅行指南》，商务印书馆，1934年，第93—94页。

（按，每号门牌内如果居住数户，多系贫苦小民）

（四）未有马路之处，请予免征，以示体恤。

（五）未征收之前，应由警区派员协同各当地商事研究所或救火会派员复查，视民众之力量，为担负之标准，但无力者免。

（六）全年度应须修养费若干，及关于养路之各项车捐、码头捐等收入，请提早预算，以便分等支配，而示财政公开。

（七）所征之款专供修养福州市内马路，请勿移作他用。倘使偶有不敷，亦请政府拨款补助，勿再增加。并请准予转令福州市公安局、工务局派员协同敝会所等，组织福州市马路养路费保管委员会，专理养路费收入出存款审核各事宜，以昭大信。[1]

从七项条文来看，商事研究所联席会议保护市民利益的用意是很明显的。“办法”不仅要求当局精简机构，节省靡费；还要求当局减轻“贫苦小民”的负担，准予未通马路之处免缴费用。此外，商事研究所联席会议还希望商事研究所、救火会等社区组织参与费用的征收与经费的保管，以此监督、制约当局的捐税征收和使用，以期减少商民负担。

这些要求显然无法被当局接受。在1929年10月25日召开的省政府委员谈话会上，商事研究所联席会议的要求被逐条删改：

第一项名称准改为“福州市养路费”，凡有通车之路均应征收。

第二项改为“福州市养路征收所”，委由福州市公安局代办，按月征收之款汇缴建设厅。

第三项照准，但商铺与住户同属一门牌号数者，应分别征收。

第四、五项均删除。

[1]《令各署队发福州市养路费征收所办法仰遵照文》，《福州市公安局警政月刊》第29期（1929年11月）。

第六项改为全年度征收之养路费及关于养路各项收入，应专供福州市修养马路，不得移作他用，并由工务局将收支数目公布，以示公开。

第七项删除。[1]

商事研究所联席会议提出由商事研究所、救火会参与调查评估养路费负担标准，由商事研究所联席会议参与养路费经费的保管与审核，限制养路费的征收数量等监督、制约当局财政的要求，均被删削无遗。商事研究所联席会议试图主导养路费的征收，以期保护市民整体利益的愿望也归于破灭。

但商事研究所联席会议还是达到了部分目的。1929 年 11 月成立的福州市养路费征收所附设于公安局内，由各署长兼任征收主任，由该署原征收巡警兼任征收事宜，征收主任每月津贴仅 10 元，征收巡警另行酌给津贴，社会商民并未因此加重负担。同时，为了减少征税过程中商民的反抗，养路费的征收也需“会同各当地商事研究所、救火会办理”。[2] 商事研究所、救火会参与征费，有利于为商民略争公正，稍得保护。由此似可看到社会组织对当局征收捐费行为一定的制衡作用。

商事研究所联席会议曾提出的关于养路费只能用于养路，不得挪作他用的要求，也得到了认可，贫弱群体也可免纳养路费。《养路费征收章程》对贫弱群体和公共组织的免纳捐税做了相应规定，“僻巷铺户经营微末生理，及住户确系极贫，经查明无力负担者一律免纳”；“凡法定机关、慈善团体及庙宇、寺观、祠堂等一律免纳”；“凡草寮及为看林木或禾稼所搭盖之草棚与不堪居住之房屋，一律免纳”。[3]

---

[1]《令各署队发福州市养路费征收所办法仰遵照文》，《福州市公安局警政月刊》第 29 期（1929 年 11 月）。

[2]《令各署派该署长兼养路费征收主任所有征收事宜由巡警兼任文》，《福州市公安局警政月刊》第 29 期（1929 年 11 月）。

[3]《本市养路费征收章程》，《福州市公安局警政月刊》第 29 期（1929 年 11 月）。

从征收妓捐印花税和养路费的事件中可知，在化解社会抗争的过程中，“协商”是常用的形式。在此过程中，社会组织保护市民利益的要求尽管略得满足，但却无法实质性地影响当局征收捐费的行为，国家权力已强势地深入到社会中。

第四章　公共工程与空间管理*

以马路为代表的市政工程的兴建，便利了城市交通，促进了城市工商业发展，是近代城市发展的基础。北洋政府时期，福州已开始修筑马路，但规模甚小。国民政府初期，福州全市开展了大规模市路建设和旧城改造，城市面貌得到了很大改观，显示出政府在市政进步中不可替代的作用。这场城市空间的大改造，也为市政当局深入社会管理提供了契机。

第一节　城市改造计划

一、旧市路况

传统时期，福州的街道极为狭窄，“城内外的街道又窄又脏。跟西方城市比起来，它们常常连中等宽度的人行道都不如。一些主要的街道非常窄，以致两辆轿子想并行通过都不行。一辆轿子通过时，另一辆轿子必须找个宽阔的地方停下来”。街道还被随意占用，“店主们用超过 1 英尺宽的可移动木板，占据了自家店前的部分街道。众人的这种侵占行为，使街道变得更

---

*本章引用的数据涉及尺（英尺）、丈（10 英尺）、米等长度单位，多依照原文直接引用，以便利行文叙述，而未加以统一换算和改动。

窄了”。[1] 19世纪末，福州路政水平一仍其旧，没有任何实质性改进。像位于台江南岸的仓前山地区通往市内的道路，19世纪80年代“十分狭窄，交通不便，行人多时，拥挤不堪”。至19世纪90年代，“政府机关没有做出任何意图去改善城市管理和居民区的卫生环境……沿江的堤岸、道路和路灯没有改善”。[2]

直到1914年，当局才提议“计划整理街道”。次年成立了福建最早的“市政机关”——“福建省会市政委员会”（后改为“省会市政局”）。市政局着手整顿福州市内马路，拆去阻碍城内和南台交通的水部城楼，修建了福新街经纬路。[3] 该路“就地势所能容，几已取成一直线”，自城区的水部门一直延伸到台江北岸，长约4英里，横宽约20英尺，开支达12万元。时论称“此路之成，于闽省者，可信其为嚆矢也”。[4]

市政当局还将福州主要街道加宽“拓筑”为七八尺宽的灰砂马路，包括南大街、西大街、东大街、北大街、南门外直街、西门外直街，以至南后街、军门前、大墙根、仙塔街、法海寺、按司前、贡院埕、上杭街、下杭街、洋中亭、金屏墩、达道街、观音井大街等。并在街道上增设路灯，布置了市场，还组织了官商合办的延福泉汽车公司，在南门外试行，“自此市民乃稍知道路之重要，而福州之道路，亦从此稍具雏形”。但1922年以后，因时局动荡，除了拓筑长230余米、宽18米的肃威路外，迨北洋政府末造，“别无建设”。[5]

北洋政府时期福州的市路兴建虽已朝现代化方向发展，但规模还很小，

---

[1] Rev. Justus Doolittle, *Social Life of the Chinese, vol. I,* New York: Harper & Brothers 1895 (Reprinted in 1986 by Graham Brash Ltd. in Singapore), p.28.

[2] 福州海关编《近代福州及闽东地区社会经济概况》，华艺出版社，1992年，第368—369、394页。

[3]《福州市市政计划大纲》，《福建建设厅月刊》第5卷第7号（1931年8月）。

[4] 福州海关编《近代福州及闽东地区社会经济概况》，第312页。

[5]《福州市市政计划大纲》，《福建建设厅月刊》第5卷第7号（1931年8月）。

成绩有限，这也招致后来的福州市工务局、福州海关等的批评，称其“对于市街虽经多次加以整顿，然十数年间，除修筑若干马路外，而在旧市街中拆让房基拓宽道路者，终少成绩”。[1]虽有几辆汽车和两辆公共汽车在新马路上行驶，“但最远只到南门兜，因为城里路窄人多，不准进去”。[2]北洋政府时期福州的市路建设规模，并未改变城市交通落后的整体状况。

二、市路计划

福州落后的市内交通和城市面貌，随着1926年12月北伐军进入福州，迎来了改变的契机。新政权对市政事务极为重视。北伐军进入福州的当月，掌理福建省政的“临时政治会议”就将“省会市政局”改为“福州市工务局”。[3]1927年1月，又成立了以“闽政治分会”委员方声涛为主任的“市政筹备处”。[4]1927年5月，临时政治会议结束，杨树庄为主席的福建省政府成立。[5]省政府对福州市政的发展非常重视，几任建设厅长直接参与或指导工务局的工作，推进福州市政工程的建设。

1927年，工务局鉴于“福州市道路宽狭斜曲，无一合法”，迅速拟定《马路联络线网计划书及预算书》，由建设厅呈交省政府核议修正后，确定了福州市路改造计划。[6]按照计划，福州市路的拓筑，按总干线、干线、支线、联络线等4种标准分别进行，其路宽、路身、人行道等的宽度如表4—1所示，也各不相同：

[1]《福州市市政计划大纲》，《福建建设厅月刊》第5卷第7号（1931年8月）。

[2] 福州海关编《近代福州及闽东地区社会经济概况》，第428页。

[3] 福州市政府志编纂委员会编《福州市政府志》，海潮摄影艺术出版社，2003年，第56页；《闽政务财政委员已发表，海军以入党问题不参与》、《何应钦抵福州后情形》，《申报》1926年12月26日。

[4] 福州市政府志编纂委员会编《福州市政府志》，第57页；《何应钦在闽筹开拔费》，《申报》1927年1月5日。

[5] 福州市政府志编纂委员会编《福州市政府志》，第57页。

[6]《本厅新计划（续前期）》，《福建建设厅月刊》第2卷第10号（1928年10月）。

表4—1　1927年省政府修正福州市路改造标准　　单位：英尺

线别	路宽	路身	人行道
总干线	48	32	8
干线	38	24	7
支线	28	16	6
联络线	18 英尺以内		暂免

资料来源：《本厅新计划（续前期）》，《福建建设厅月刊》第 2 卷第 10 号（1928 年 10 月）。

"总干线"从城内鼓楼前至桥南仓前桥头，全长近 1600 丈，修建目的是由北向南将城区和南台地区紧密联系起来，形成福州城市交通的大动脉；8 条"干线"，分布于"城区""桥北区"和"桥南区"，全长近 6000 丈，是配合总干线的交通要道；15 条"支线"共 6000 余丈；4 条"联络线"全长 800 余丈。按照计划，总干线、干线、支线、联络线等，将把全市各街巷与各主要道路通贯一气。[1]后来筑路计划进一步得到补充。1932 年，为了配合"省公路"的建设，将"省公路之在市街范围以内者"，路宽定为 44 英尺，其中 24 英尺为车道，两旁各以 10 尺为"步道"。[2]

按照"市街建设进行程序"，福州市路修筑分 3 期进行，其中第一期在 12 个月内完成，第二期在 1 年半内完成，第三期在 2 年内完成。[3]通过 3 期建设，全市性的市路改造将在四五年内全部完成。（表 4—2）

[1]《本厅新计划（续前期）》，《福建建设厅月刊》第 2 卷第 10 号（1928 年 10 月）。

[2]《福建省府关于闽侯王金滂等呈称省公路局推翻市工务局原测线路，违反审定宽度，任意筑路，请制止一案的指令、训令》，1932 年，福建省档案馆藏民国福建建设厅档案，36—3—229。

[3]《本厅新计划（续前期）》，《福建建设厅月刊》第 2 卷第 10 号（1928 年 10 月）。

表4—2 福州市市街建设进行程序一览表

<table>
<tr><th>计划工作进度</th><th>项目</th><th>线别</th><th>备注</th></tr>
<tr><td rowspan="6">第一期</td><td colspan="2">总干线</td><td>自城内鼓楼前至桥南仓前桥头</td></tr>
<tr><td rowspan="2">城区路线</td><td rowspan="2">干线</td><td>东干线</td></tr>
<tr><td>西干线</td></tr>
<tr><td>桥北区路线</td><td>干线</td><td>南干线</td></tr>
<tr><td rowspan="2">桥南区路线</td><td rowspan="2">干线</td><td>东干线</td></tr>
<tr><td>西干线</td></tr>
<tr><td rowspan="13">第二期</td><td rowspan="6">城区路线</td><td>干线</td><td>西干线</td></tr>
<tr><td rowspan="4">支线</td><td>一支线</td></tr>
<tr><td>四支线</td></tr>
<tr><td>五支线</td></tr>
<tr><td>六支线</td></tr>
<tr><td>联络线</td><td>联络线全部</td></tr>
<tr><td rowspan="5">桥北区路线</td><td rowspan="2">干线</td><td>南干线</td></tr>
<tr><td>北干线</td></tr>
<tr><td rowspan="3">支线</td><td>三支线</td></tr>
<tr><td>五支线</td></tr>
<tr><td>七支线</td></tr>
<tr><td rowspan="2">桥南区路线</td><td rowspan="2">支线</td><td>一支线</td></tr>
<tr><td>二支线</td></tr>
<tr><td rowspan="12">第三期</td><td rowspan="3">城区路线</td><td>干线</td><td>西干线</td></tr>
<tr><td rowspan="2">支线</td><td>二支线</td></tr>
<tr><td>三支线</td></tr>
<tr><td rowspan="6">桥北区路线</td><td>干线</td><td>西干线</td></tr>
<tr><td rowspan="5">支线</td><td>一支线</td></tr>
<tr><td>二支线</td></tr>
<tr><td>四支线</td></tr>
<tr><td>五支线</td></tr>
<tr><td>六支线</td></tr>
<tr><td rowspan="3">桥南区路线</td><td>总干线（桥梁）</td><td>大桥头仓前桥两座</td></tr>
<tr><td rowspan="2">支线</td><td>一支线</td></tr>
<tr><td>二支线</td></tr>
</table>

资料来源:《本厅新计划（续前期）》,《福建建设厅月刊》第 2 卷第 10 号（1928 年 10 月）。

由于市路拓筑工程巨大，所需经费自然不赀。工务局呈拟的计划书和预算书显示，每一期的筑路计划都要花费数十万元，其中仅第一期工程的总预算，就达到35万余元。具体情况如表4—3所示：

表4—3 福州市市街建设第一期预算情况

线别	段别	路宽（英尺）	直长（丈）	单价（元/丈）	总价（元）
总干线	鼓楼前至仓前桥头	48	1597.5	112.54	176895.2
城区东干线	东街口至东门兜	36	527	89.18	46997.86
城区西干线	鼓楼前至西门兜	36	268	89.18	23900.24
桥北区南干线	台江汛至新桥头	36	115	89.18	10255.7
桥南区东干线	观音井过大岭至下渡	36	628.8	89.18	56076.38
桥南区西干线	仓前桥过盐仓前至上渡	36	459.4	89.18	40969.29
合计	总干线		1598.5		358094.7
	干线		1998.2		
附记：石料不敷由城石拨用；购地费、抚恤费未列入；大桥、仓前桥预算另定之。					

说明：表中个别数字经笔者验算，略有出入，为保持原貌，兹依原文录入。
资料来源：《本厅新计划（续前期）》，《福建建设厅月刊》第2卷第10号（1928年10月）。

第二期预计建设干线835丈、支线2669.3丈、联络线884丈，预算达28万余元。第三期预计建设干线3160丈、支线3436.9丈，预算更高达50万余元。3期合计预算114万余元。以上预算的路宽标准，为工务局最初提出的“总干线路宽48英尺、干线36英尺、支线26英尺、联络线16英尺”。[1]若按省政府筑路标准“干线路宽38英尺、支线28英尺、联络线18英尺”

[1]《本厅新计划（续前期）》，《福建建设厅月刊》第2卷第10号（1928年10月）。

计算，筑路预算需费将更大。

市路改造的花费不仅限于铺筑路面的材料费用，工人工资、补偿收用房屋损失等，也同样需要巨额经费保障。例如福马公路南门至水部门的路段全长 370 丈，以路宽 70 尺的标准拓筑，需掘高约 1500 方土方、填低约 9000 方土方。除去掘填土方费用，工人工资方面，仅雇工筑造就需工费 1.8 万元，即便以建设厅辖属的工程队参与筑造，也需工资 1 万元。此外，还需按照“收用附城民居办法”，每户发放约 0.6 万元补偿金的标准，收用沿线的 80 家民房。[1]

开展如此大型的公共工程，需要省政当局的鼎力支持。1927—1931 年，福州马路拓筑事业在省政府的支持下，进展较为顺利。第一任建设厅长丁超五，特别重视福州市政改良，果断拆除城墙、促进交通，将北洋败军改编为工程队，拆除西南的城墙。同时，以墙砖石为材料筑路，推进了福州公路的开拓。“虽在任一年，而市政成绩亦卓然可观”。[2] 许显时在 1928 年继任建设厅长后，更不遗余力地推行市路拓筑工作，其“工程进行之迅速，可破以前之纪录”。[3]

福州市路拓筑事业的开展进入 30 年代后遭到严重挫折。1930 年，市路建设因“经费之困难”和“地方发生事变”（一六政变）的影响，只修建了仓前两段 12 米宽的马路，而玉带环腰河的填河筑路及塔亭衕、禅臣衕等 10 米宽的马路皆未能进行，“实为最大之打击”。[4] 修筑仓前马路时，因财政困难，财政厅不得不以“仓前背山盐仓”为抵押，向福州总商会借款 1 万元，交建设厅使用。[5]

此后的财政困难情况一直未得改善，福州市工务局曾感叹，“本局经常

---

[1]《本厅事业进行概要（续前期）》，《福建建设厅月刊》第 2 卷第 8 号（1928 年 8 月）。
[2] 陈文涛：《福州市上下古今谈》（一）卷 1，福建省图书馆藏抄本，第 13A—13B 页。
[3]《福州市市政计划大纲》，《福建建设厅月刊》第 5 卷第 7 号（1931 年 8 月）。
[4]《福州市市政计划大纲》，《福建建设厅月刊》第 5 卷第 7 号（1931 年 8 月）。
[5]《盐仓前马路财厅向商会借款建筑》，《福建民国日报》1930 年 12 月 4 日。

费本属支绌，而工程开支尤为拮据，每年工程费不及十万元，而修筑道路沟渠平均长度八公里以上，则经理之困难，当为熟谙闽情者所共谅”。在面临“限于经济，阻于战祸，当局者辄以少量之财力，举办多数之事业”的情况下，工务局只能“煞费苦心与经营”，期望能“循序渐进”，推进旧市区的“彻底改造”。[1]

第二节 拆城与拓路

推行市路拓筑和旧城改造，面临的不仅仅是资金困难。在拆除旧城墙和构筑新市街的过程中，市政当局还进行了大规模的拆屋退地，不可避免地与广大市民发生了种种冲突。福州近代市路工程的开展，就是在这样复杂的环境中进行的。

一、拆除城墙

民国初年，福州“城区”仍被完整的城墙包围着。城墙横亘于城区周围，将福州分隔为两个相对独立的区域：城墙之内为“城内”，城墙以南为“南台”。传统时期的交通工具以肩舆为主，城墙对交通尚不构成阻碍。进入20世纪以后，随着汽车等新式交通工具的引进，城墙对城、台间交通的阻隔愈加明显。1915年开始拆卸水部外城与南门边角，建成福新街经纬路，[2]但整个城墙体系没有被触动。城墙成了一道明显的阻隔，汽车只能在南台地区新修的马路上奔驰，无法进入城内。[3]福建省公路局曾抨击城墙影响了城市

[1]《福州市市政计划大纲》，《福建建设厅月刊》第5卷第7号（1931年8月）。
[2]《福州市市政计划大纲》，《福建建设厅月刊》第5卷第7号（1931年8月）。
[3] 福州海关编《近代福州及闽东地区社会经济概况》，第428页。

交通，认为“若仍不实行拆毁，实为目前筑路障碍”。[1] 建设厅的抨击更为严厉：

> 窃维促进交通，首重筑路，破除闭塞，莫先拆城。城之为害，尽人所知，而最近西安、武昌贻祸之烈，尤足为戒。福州都市狭隘，街道迫窄，久苦无地扩充，而转置此数千方丈之城基废而不用，未免可惜。[2]

1927年，福建省政府委员会第46次会议议决：“福州城墙应令全行拆卸，修筑环城公路，路幅定为七十尺。”[3] 西门至南门一带城墙最长（800余丈），是计划中的福延（福州至延平）公路干线的起点，是拆除的重点。南门城楼拆除后，将在城址上建筑停车场。[4]

拆除筑路涉及大规模的拆屋退地，首先影响到附城居民既有的生活。长期以来，福州大量居民依附城墙建宅居住。例如，在北门外龙腰乡一带附住有20余家“墙下民居”。[5] 而附居于西南城墙者更多达200余家。[6] 拆除城墙直接影响其利益。城墙拆除后，计划修筑环城公路，路宽计划70英尺，由于墙基阔度只有20英尺，城墙两侧还需拓补50英尺，拆除民居的范围进一步扩大。另外，因城墙弯曲，拆城筑路时常需取直路线，势必还波及部分非“墙下民居”。[7] 根据规定，只有全部屋地被征收，才能获得相应

---

[1]《布告公路局折毁西南城墙建筑福延公路文》,《警政月刊》第4期（1927年10月）。

[2]《福建建设厅建设事业进行概要》,《福建建设厅月刊》第2卷第2号（1928年2月）。

[3]《令第一二三四区署派警照料拆卸城墙建筑公路文》,《警政月刊》第5期（1927年11月）。

[4]《福建建设厅建设事业进行概要》,《福建建设厅月刊》第2卷第2号（1928年2月）。

[5]《函工务局迅速拆除北门外龙腰乡危险城墙文》,《福州市公安局警政月刊》第14期（1928年8月）。

[6]《福建省府关于福州市水部门、南门兜等没线二百余家居民代表呈请拆城筑路勿碍民居的训令》，1927—1928年，福建省档案馆藏民国福建省建设厅档案，36—1—38（1）。

[7]《本厅事业进行概要（续前期）》,《福建建设厅月刊》第2卷第8号（1928年8月）。

补偿，“非全部收用者，向不给价”。[1] 面临这些损失，附城居民的抵制格外强烈。

1927 年，在拆除西南城墙工程中，建设厅预算“全部收用房屋者”八九十家，需补偿拆退款 6000 元左右。[2] 但西南附城居民则称有 200 余家均受损失，且补偿发放手续复杂，补偿标准也不符合附城居民意愿。于是，“水部门、南门兜、夏体井、山兜尾、西门兜二百余家代表”陈敷廷等，致函省政务委员会和建设厅，要求将环城路移置城外护城河一带空地，尽量减少附城居民损失：

> 商民等附城居住，历时数百载，相安无事，官产处亦无发给执照情事。际此民穷财尽达于极点，附城民居贫困更甚，恃此区区产业，得全蚁命。一旦家破财亡，流离失所，附城民居不下数千家，凄惨情形不忍卒述。且城墙横阔已有两丈，其城外护城河一带空地尚有六七丈，以之筑路，堪资开展，似不必碍及城内民居。伏乞钧长俯念下情，格外体恤，准予所请，则数千家商民均感再生之德。万一未邀明察，西南城隅数百家情愿环跪钧长之前，俯首就戮。不愿无家可归，转死沟壑也。[3]

建设厅称，“福州沿城之地，凡在护城河以内及紧靠城根者，本属官界。从前多被民间侵占，建筑店铺、房屋，或垦辟园池。其间虽有曾向官厅缴纳地价，领有官产执照，然皆先占后领，不实不尽。而无照私占者，尤复不少”。既然本属“官界”，退地自然合法。同时，“现在改建沿城马路，既奉钧府议

[1]《福建省建设厅关于省会工务处送市路收用地价登记表的指令》，1935 年，福建省档案馆藏民国福建省建设厅档案，36—6—526。

[2]《本厅事业进行概要（续前期）》，《福建建设厅月刊》第 2 卷第 8 号（1928 年 8 月）。

[3]《福建省府关于福州市水部门、南门兜等没线二百余家居民代表呈请拆城筑路勿碍民居的训令》，1927—1928 年，福建省档案馆藏民国福建省建设厅档案，36—1—38（1）。

决，路幅定为七十尺，原有城基，不敷筑造，自应将两旁余地，酌量收回，以资建筑”。建设厅还要求那些已经持有官产执照的，也要赴局登记，等待办理补偿手续。[1]

陈敷廷等再次致函省政务委员会，重申附城民居处境的艰难，认为“自水部门至西门不下十余里，附城民居亦不下二百余家，际此民贫财尽，借此区区产业以为度日计，一旦家破财亡，流离失所，亦非钧座敬恭桑梓、为民造福之本意”。并指责筑路工程队日加凌迫，导致附城老妇程氏吞食鸦片而死，“惨不可言，舆论大哗”。再次请求将路线移向城外，以全“数千家”民居。[2]

建设厅辩称逼死老妇程氏纯为乌有，附城民居数千家也过于夸大。“紧靠城墙民居”不足200家。而此次筑造南门至西门公路，“路线所经附城民居必须收用者，只有数十家”。并重申城垣二三十尺不能满足修路要求，而且当局已拟定了妥善的土地收用办法：对少数持有官产执照者，按原价补偿并发给迁移费，未持执照但曾投税者则退还原交税款并发迁移费，无照又未投税者也会发给迁移费。[3]

陈敷廷等第三次致函省政务委员会，指责“公路工程队系直鲁军积匪俘虏改编，毫无纪律，如狼似虎，拆屋或斫树，任所欲为。近闻公路局又令西南城附城民居克日迁徙，并指令庙宇以为栖身之所由。其工程队强制执行，暗无天日”。表示“商民等一息尚存，誓死反对”，再次要求将市路移往城外护城河空地。建设厅指责陈敷廷等“动以附城民居数千家为言，不问实在情形，而辄作笼统之词”，且“该代表等所称指定庙宇以为附城人民栖身之所，由工程队强制执行等语”也是虚语。并再次重申“路线之测度，业已参

[1]《福建省府关于福州市水部门、南门兜等没线二百余家居民代表呈请拆城筑路勿碍民居的训令》，1927—1928年，福建省档案馆藏民国福建省建设厅档案，36—1—38（1）。

[2]《福建省府关于福州市水部门、南门兜等没线二百余家居民代表呈请拆城筑路勿碍民居的训令》，1927—1928年，福建省档案馆藏民国福建省建设厅档案，36—1—38（1）。

[3]《福建省府关于福州市水部门、南门兜等没线二百余家居民代表呈请拆城筑路勿碍民居的训令》，1927—1928年，福建省档案馆藏民国福建省建设厅档案，36—1—38（1）。

酌利害，避重就轻，实不能以城之内外为标准”。[1]

建设厅的回复看似理由充足，但附城居民的连续申诉，也给省政当局造成了巨大压力。因而在施工时，公路局担心工程进展受阻，要求公安局“派警照料”，并布告附近居民“勿生误会，而启惊疑”。[2]建设厅也联系公安局“务须派警妥为照料”。[3]

类似的拆迁退地纷争还有不少，这一时期的市路工程建设就是在如此复杂环境中进行的。尽管遭遇到各种阻力，建设厅及其领导的市政当局在1927—1931年间，仍然持续推进拆除城墙和修筑马路的工作，福州路政日益近代化。当局拆除了南门至西门城墙，并沿墙基修筑了宽约14米、长达3000米的西段环城马路，将南北总干线中心点南门和东西干线西端西门连接起来。又拆除了从南门向东至水部门长达1500米的城墙，并按同样的规格将城基改造为东段环城马路，“首尾衔接于南北总干线，及水部门外福新街马路之间。并与福新街成勾股之势，以确定新市区道路之经纬”。另外，还拆除了100多米的东门城楼和城墙，改造为东门大街。井楼门城楼也被拆除，被展宽为井楼门大街马路。五年间，总计拆除城墙约5000米，城区和南台地区的交通融为了一体，实现了“发达市内交通”的目标。[4]

二、改造市街

拆除城墙仅仅波及附城居民的利益，而市路的拓宽和取直，因需更大规模的拆屋退地，则将影响到更加广泛的市民利益，其遭遇的阻力也更为强大。

拓筑市路首先要拆除或改筑“应行展宽之路”的沿街铺户。根据规定，

---

[1]《福建省府关于福州市水部门、南门兜等没线二百余家居民代表呈请拆城筑路勿碍民居的训令》，1927—1928年，福建省档案馆藏民国福建省建设厅档案，36—1—38（1）。

[2]《布告公路局折毁西南城墙建筑福延公路文》，《警政月刊》第4期（1927年10月）。

[3]《令第一二三四区署派警照料拆卸城墙建筑公路文》，《警政月刊》第5期（1927年11月）。

[4]《福州市市政计划大纲》，《福建建设厅月刊》第5卷第7号（1931年8月）。

沿街铺户要按照规定路宽自行拆让，还要翻修房屋，达到防火与卫生要求，5年之内必须改造完毕。[1]并且，火灾过后的临街铺屋，“一律各留三尺”，以供拓宽人行道。[2]市民新盖铺屋时，应向工务局请领执照，并按规定退地。[3]而根据退地补偿规定，只有“收用民间全部店屋”时，当局才支付相应的“地价”，而对“非全部收用者”则“向不给价”。[4]实际上，即使“全间缩尽者”，也只有持“红契或官产执照”的，才有望获得“给价赔偿”。[5]若仅持有白契，补偿就不容易认定。即便符合了全部补偿条件，补偿款也因政府财政压力经常被拖欠。截至1932年7月底，建设厅“共应给收用地价”13万余元，已发放的仅2万余元，“已缴契登记未发给者”和“未缴契登记者”则分别达3万余元和7万余元。到1935年，欠款“合之前欠，实共五万余元”由于经费紧张，虽经建设厅一再催促，财政厅也未将欠款发给退地铺户。拆屋退地和重建门面均需铺户自行出资，退地补偿款又无法兑现，这些都严重侵害了沿街铺户的经济利益。因此，每一次市路拓筑行动都引发广大铺户的极力反对，旧城改造进行得异常困难。

拓筑市路也侵害了摊贩的利益。道路改造前，许多“小民”常在市路、市场等公共空间摆摊谋生。拓筑市路后，不仅不允许当街摆摊，一些阻碍交通的市场也需拆除。这对摊贩来说，无异于剥夺了其生计。1929年，当局开筑从鼓楼到仓前桥的总干线，要求沿线安泰桥市场“退入”1丈4尺，市场拆除几乎近半。摊贩们议论纷纷，甚至出现摊贩“争执摊位”的事件。后来，考虑到市场若仅仅缩退，不仅无法容纳原有全部摊位，导致“人家拥挤，诚

[1]《福州市市政计划大纲》，《福建建设厅月刊》第5卷第7号（1931年8月）。

[2]《令第二区署奉令东街口火后建筑马路行人道一律各留3尺文》，《警政月刊》第5期（1927年11月）。

[3]《函工务局建筑房屋各情形请核办见复文》，《警政月刊》第10期（1928年4月）。

[4]《福建省建设厅关于省会工务处送市路收用地价登记表的指令》，1935年，福建省档案馆藏民国福建省建设厅档案，36—6—526。

[5]《会同工务局布告各业主不得乘此筑路退店期间强制加租文》，《福州市公安局警政月刊》第21期（1929年3月）。

恐妨碍交通”，而且若市场依然存在，“则秽水污物势必沿街散掷，妨碍市街观瞻”。公安局因此呈准民政厅将市场全部拆除，并要求各摊贩另择地点重设市场，“以维生计，而杜纠纷”。[1]这引起了摊贩们的强烈反对，接连向民政厅、[2]建设厅[3]和省政府[4]呈文，请求“收回撤除原有市场成命，以维生业”，“俾免共同复业”。公安局以“利便交通”和“公共卫生”为由，明令拆除市场。[5]建设厅也批复摊贩，称“已妥筹”摊贩“救济办法”，并且“该市场既有各种窒碍，且奉明令取消，应请不准再设，以重官厅威信”。[6]

市路拓筑还激化了沿街铺户业主与租户之间的矛盾。铺户业主由于退地蒙受损失，纷纷向租户加租，以转嫁退地损失。但租户因改建店面、停止营业等已蒙受了损失，故对业主乘机加租极为不满。为此，1929年，省政府、建设厅明令严禁业主“强行加租，及借口收回自用，以图增租。倘有此情，准各店户呈请严究”。[7]公安局发出禁令限制业主加租行为，认为“因公退店，重行改建沿路商店，日前各有损失”，要求“各业主未便乘此时期，借端加租”。[8]

有些业主还试图通过向司法机关申请“假处分”，以达到主导铺屋产业，

---

[1]《令第一署督察处稽查处安泰桥市场奉令撤除文》，《福州市公安局警政月刊》第21期（1929年3月）。

[2]《呈民政厅安泰桥市场各商应令迁移营业文》，《福州市公安局警政月刊》第22期（1929年4月）；《呈民政厅复陈安泰桥市场应饬撤除理由文》，《福州市公安局警政月刊》第22期（1929年4月）。

[3]《呈民政厅复陈安泰桥市场应饬撤除理由文》，《福州市公安局警政月刊》第22期（1929年4月）。

[4]《呈省政府复陈安泰桥市场未便再准设立文》，《福州市公安局警政月刊》第23期（1929年5月）。

[5]《呈民政厅安泰桥市场各商应令迁移营业文》，《福州市公安局警政月刊》第22期（1929年4月）。

[6]《呈民政厅复陈安泰桥市场应饬撤除理由文》，《福州市公安局警政月刊》第22期（1929年4月）。

[7]《布告建设厅统筹修路退店善后办法文》，《福州市公安局警政月刊》第21期（1929年3月）。

[8]《会同工务局布告各业主不得乘此筑路退店期间强制加租文》，《福州市公安局警政月刊》第21期（1929年3月）。

进而加增租额的目的。建设厅在接到租户“横街鱼菜摊”谢嫩妹、“横街惠泉酒库”谢崇惠等关于业主利用“假处分”,“冀图妨害营业”“达其加租目的”的呈请后，开展调查，发现“南台筑路退店，各业主每向分庭声请假处分，而该庭未察租户之困难，往往即予决定，殊与路政、商情诸多妨碍”。有鉴于此，建设厅除“函请闽侯地方法院转饬该分庭查照办理，并请嗣后关于此等案件，务希审慎核办”[1]外，还紧急制定了“变通办法”，对业主、租户在筑路退地中的权利和义务做出规范，试图维护租户合法权利：

此次福州展筑市路，各店铺退地改建之时，往往发生纠纷，一经业主控准，法院执行假处分，建筑工程遂因之中止。而法院判决案件必经一定程序，动需时日，商民营业停顿既受损失。益以残椽败瓦露宿风餐，居住不宁，尤堪悯恻。本厅为维持路政，体恤商艰起见，兹特酌定变通办法。凡因筑路退地之际，业主租户发生租赁轇轕，曾经起诉法庭，尚未判决者，其改建工程准先由租户垫资修筑，于建造完竣时，综计需费若干，检同土木石油漆单据，呈由福州市工务局派员复估，属实即予备案。如将来法院判决，原有店屋应归业主修建时，则业主须依照建筑原价偿还租户，庶于路政商情两无妨害。[2]

在拓筑北直街段干线马路时，铺户业主与租户间更是“十有八九踵起纠纷”。双方争议集中于四点：

（甲）业主、租户争执拆卸，租户谓奉通知书，着令租户撤退。业主谓其所有权，出而阻止，以及拆卸木料砖瓦纠纷认属。亟应报告请示

[1]《令第三署建设厅办理谢嫩妹等与业主因退地纠纷情形仰知照文》,《福州市公安局警政月刊》第24期（1929年6月）。

[2]《布告业主租户因筑路退地发生轇轕涉讼者在未判决前酌定办法仰遵照文》,《福州市公安局警政月刊》第26期（1929年8月）。

者一。

（乙）北直街各铺户大半细微，不比东西南之雄厚，间有租户无力建筑，费用当由业主料理，应该加租若干两，争执不已。亟应报告请示者二。

（丙）业主方面利在加租，至加租不遂，而收房逐搬。际此市景困难之租户，间有游离失所，不止失业，嗷嗷家口，殊为悯恻。亟应请示者三。

（丁）至于租户前有他图告明业主，将店樸与他人照常租赁，值此樸限将满未满之时，倘由现开业者建筑，而樸限转瞬届满。或出樸者收回自用，不免踌躇。建筑费用如何着落，莫能解决。亟应报告者四。

由于“拆退店屋多由租户出资建筑”，建设厅规定“不准业主乘机加租，及借口收回自用，令行公安、工务两局布告遵行在案”。另外，对于租户无力建筑及商店转樸他人等情况，建设厅也明确规定：

如租户无力担任建筑费，而由业主出资改造者，兹特由厅酌中核定，准其按照实用工料数目，以一分计息起租，仍不得于此时收回自用。其拆下材料除贴用于工程外，所余者应归原建者收回，彼此不得觊觎。至于商店营业，已经转樸他人，而租店之租约尚未改立者，此系特别情形，应由业主租户及承樸者三方，邀同公亲妥商出资改筑办法。如不能解决，准予呈请本厅核示。[1]

拓筑市路和拆屋退地，也影响到以公共场所为会所的公益组织的利益。1928年修筑市路总干线，拆除了鼓泰救火会的会所狮子楼。不仅使该救火

[1]《布告北直街退地建筑业主租户纠纷酌定办法文》，《福州市公安局警政月刊》第29期（1929年11月）。

会“所有水龙器具均已散置，无从出勤”[1]，而且使该会“附设之商事研究所，亦有莫容之叹”。不得已，鼓泰救火会只好将会址“移设于左近之关帝庙，并将附设之商事研究所移设于锦巷赵真君庙”。[2]但赵真君庙、关帝庙、通贤境等公共场所，已被官方“召商投标竞买”，鼓泰救火会竟致无处可安。为此，鼓泰救火会要求将赵真君庙和通贤境，指定为救火会和商事研究所的会所，免收官有：

兹闻各处庙宇将归官有，果成事实，则关帝庙及赵真君亦在官有之列，而敝会及附设之商事研究所均苦无所栖止。且鼓泰地段，舍此之外，并无相当场所可供移设。若不早为之所，势必陷于危亡而后已，当亦非钧长之所忍闻也。不已，沥情仰恳钧长察鉴，转请省政府乞将赵真君庙指定为敝会会址，并将该庙隔壁之通贤境指定为商事研究所会址。关此两项庙宇，均免收归官有，以维永远，而免沦亡。[3]

建设厅允许救火会和商事研究所在上述两庙宇“未经召售以前”，可以“暂行迁入办事”。

榕南救火会随后也发现其会所将被拆除，该救火会立刻向福州救火联合会求援。火联会迅速致函建设厅，请求暂缓拆卸该会所：

顷准鼓泰救火会到会声称，该会双门前狮子楼会所现经工务局折卸，所有水龙器具均已散置，无从出勤。又准榕南救火会声称，该会官贤境会所闻工务局亦定（民国十七年）十二月一日拆卸等由。查鼓楼

[1]《福建省建设厅关于达明里、文儒坊及南街邮局等处筑路、退地拨地的指令》，1928—1929年，福建省档案馆藏民国福建省建设厅档案，36—1—81（8）。

[2]《福建省建设厅关于古太救火会请拨赵真君庙宇及通贤境为会所的训令》，1929年，福建省档案馆藏民国福建省建设厅档案，36—1—82。

[3]《福建省建设厅关于古太救火会请拨赵真君庙宇及通贤境为会所的训令》，1929年，福建省档案馆藏民国福建省建设厅档案，36—1—82。

前至南门一带地点辽阔，仅设鼓泰、榕南两救火会借为防患火警。现鼓泰会会所业经福州市工务局拆卸，尚待整顿方能出勤。倘榕南救火会再为拆卸，不能应援，设遇发生火警，必至不可收拾。敝会为维持火政，保全人民生命财产计，亟应函请贵厅察照，务希迅饬福州市工务局，对于官贤境榕南救火会会所地点暂缓拆卸，以全公益。[1]

建设厅不允其请，认为榕南救火会会所适处“下南街转入侯官县前市路弯度所经之点”，必须拆退，要求榕南救火会另觅会所迁移。[2]

在拓筑市路的过程中，各种地方“公产”被认定为“官产”，随之又发生官产被广泛“招售”，这就使救火会等公益组织失去了原先的“公产”会所。正如救火联合会所述，“城台各救火会多系于乡内庙宇及公共场所作为储存水龙器具，并办公处所，以便遇有火警，便于施救。近因城台地方建筑公路，展拓市街，对于各救火会会所亦当一律照退。或有竟行拆卸致水龙器具无处安置，停止出勤者。自应预为筹划，以免妨碍火政”。救火联合会要求当局能在拆卸或缩退救火会会所时，先行函知，并另外指定“乡内公共场所或庙宇，拨给一处，以便迁移”。[3]

以劝葬、敬节、育婴为主要内容的大型慈善机构育婴堂，也被筑路退地所波及。1935 年，为了“改建光禄坊小菜场，拆让马路”，市政当局通知育婴堂拆卸门面。育婴堂向省政府、建设厅和工务处呈文，请求停止拆卸：

查本堂屋宇外有门禁，内有堂阶。后进则列乳妇婴孩之住屋（分房制），左墙外所有附属厅事，则为三堂局办事场所，仿佛公署形式。

[1]《福建省建设厅关于达明里、文儒坊及南街邮局等处筑路、退地拨地的指令》，1928—1929 年，福建省档案馆藏民国福建省建设厅档案，36—1—81（8）。

[2]《福建省建设厅关于达明里、文儒坊及南街邮局等处筑路、退地拨地的指令》，1928—1929 年，福建省档案馆藏民国福建省建设厅档案，36—1—81（8）。

[3]《福建省建设厅关于达明里、文儒坊及南街邮局等处筑路、退地拨地的指令》，1928—1929 年，福建省档案馆藏民国福建省建设厅档案，36—1—81（8）。

盖虽为公立慈善事业，亦无一非救恤行政之机关。兹准贵处通知书，以改建光禄坊小菜场，拆让马路，应拆至育婴堂前止。查建筑菜场，原所以应阛阓需要与小民营业，法良意美，曷胜钦佩。惟是处地方，如必需拆至本堂门面止，而后始克成场，此为公益起见，本堂曷敢异议。第官厅行政，在求有利而无害，若利害相权，是又当计其孰轻孰重之程度，而一为之比较者，理也。按光禄坊旧财政厅对面一块空地，面积颇广。若从该空地横阔平面坐照对方场地之尺寸，核阅工务处调查图表，亦仅至本堂附设劝葬局之隔壁鼎日有肉绒店止。左右对照，横阔悉均拆为市场，绰有余裕。则本堂门墙之地尽可仍诸旧贯，勿庸改作，此亦就该处地点上之观察。若是众目共睹……固非本堂之私见。设必拆至本堂门面止，在表面上究不过使小菜场加长而已，于实体上有何得丧之关系。且目今闽景萧条，十室九空，本堂局前此存放各商生息之款，非倒即停，每月支持已陷于成分竭蹶，正无可设法。倘更益以门位之缩退，而此高大门墙一拆一建，动非数百元不办。试问本堂值此喘息仅属之际，除非官厅代为建筑，委无能力及此。倘必责以自修，则剜肉医疮，顾此失彼，三机关势必停办。影响所及，纵枯骨不为劝葬，敬节不为按发，而现在收哺堂内之婴孩，与将来投堂之赤子，将何所托其生乎？想贵处造福桑梓，熟权利害，亦当恻然弗忍也。[1]

育婴堂希望当局能出于公益考虑，“停止拆让，以免拆卸”。但建设厅以“该处路幅过窄，展宽建筑，事在必行”为由，驳回了其要求。[2]

综上所述，作为旧城改造的基础性工程，筑路退地波及社会的各个层面，

[1]《福建省建设厅对育婴堂刘菁城、卢诗如等呈请在城中保护古井、古墓等的批、指令和拓筑杨桥巷马路工程投标情形的呈文、指令》，1935—1936 年，福建省档案馆藏民国福建省建设厅档案，36—17—186。

[2]《福建省建设厅对育婴堂刘菁城、卢诗如等呈请在城中保护古井、古墓等的批、指令和拓筑杨桥巷马路工程投标情形的呈文、指令》，1935—1936 年，福建省档案馆藏民国福建省建设厅档案，36—17—186。

不啻一场全盘的社会改造。它不仅给铺户造成了极大的经济损失，也打乱了普通市民日常的生活与生计。每当一街道被列入拓筑计划时，市街沿线及附近地区总是人心惶惶，谣言四起，普通市民对拓筑退地充满了恐惧，避之唯恐不及。广大市民对筑路退地采取了各种方式抵制：有的消极对抗；有的频繁向主管部门上书，讨价还价；有的藐视当局退地执法，甚至公然扯去告示，对执法人员"恶言阻挠，势将行凶"；有的集会请愿，罢市要挟。拓筑市路和改造市街由此遭到了巨大的社会阻力。

尽管抵制活动层出不穷，但当局却顶住了种种压力，力图将市路拓筑"进行到底"。特别是1928—1929年，当局拓筑市路的态度非常坚决，进度也相当快速。1928年许显时任建设厅长时，除继续拓筑仓前山、梅坞及观音井一带马路以外，还将大岭顶一带拓筑为12米宽的洋灰马路。同时还将城内鼓楼前起、经南门兜到万寿桥长达4356米的南北直街，拓宽为15米的总干线土沥青马路。将鼓楼前的狮子楼拆除，筑成一段土沥青马路，"以为标准，借以昭示民众，使知新旧市街宽狭之利弊，俾其了解政府之措施实为市民谋幸福也"。据称，"自是以后，拓筑之举措裕如"。1929年1月，筑成了15米宽的土沥青马路4000余米，12米宽的洋灰马路近1万米，10米宽的洋灰马路700余米，并拆卸城垣5千多米，所花费的建设费达到40万余元。[1]"为过去十余年中福州市政建设之极盛时代。"[2]

经过此番市路拓筑，福州的城市交通更加便利，1933年的《福州便览》统计，福州城市城区、桥北区和桥南区的市路总干线达到1737丈，干线达到14597丈，支线达到6546丈，桥南区"24尺支线"达到1541丈。[3]大大超出了1927年计划拓筑总干线1600丈、干线约6000丈、支线6000丈的计划。[4]形成了致密完备的市路系统。在此基础上，福州城市的交通方式也得

[1]《福州市市政计划大纲》，《福建建设厅月刊》第5卷第7号（1931年8月）。
[2]《福州市市政计划大纲》，《福建建设厅月刊》第5卷第7号（1931年8月）。
[3] 郑宗楷编《福州便览》，环球印书馆，1933年，第57—60页。
[4]《本厅新计划（续前期）》，《福建建设厅月刊》第2卷第10号（1928年10月）。

到更新，成立了三个公交公司，经营着遍布全市的公交路线。[1]

福州的市容市貌也得到了很大改观，虽然“与各省通商大埠相比拟，则又不免瞠乎其后矣”，但“较之数年前街道迫窄，行人拥塞，沿街蔬菜鱼肉陈列叫卖，臭秽难闻者”，则“今日房舍划一，道路宽敞之成绩，而市民亦渐知享受公共卫生与安全之幸福”，实有“天壤之别”。[2] 1936年，郁达夫重游福州，称赞福州市路市貌较十年前“情形大不相同了”：

从前是只能从马尾坐小火轮去南台的一段路，现在竟沿闽江东岸筑起了一条坦坦的汽车大道，大道上还有前面装置着一辆脚踏车，五六年前在上海的法界以及郊外也还看得见的三轮人力车在飞跑。汽车驶过鼓山的西麓……到了南台，样子更不同了。从前那些坍败的木头房屋，都变成了钢骨水泥的高楼，马路纵横，白牌子、黑牌子的汽车也穿梭似的在鸣警笛。那一条驾在闽江江上的长桥——万寿桥——拆去了环洞，改成了平面。仓前山上住着的中外豪绅，都可以从门口直登汽车，直上城里去了。十年的岁月，在这里总算也留下了成绩……只觉得福州是打了一针返老还童的壮针。[3]

[1] 三个公交公司为复兴、闽西、福峡，其中复兴公共汽车公司经营西洪路至南台台江路一线，共10站；闽西长途公共汽车公司则经营西洪路至洪山桥一线；福峡公共汽车公司经营南台仓前桥至峡北站及仓前桥至湾边角两线。（郑宗楷编《福州便览》，第60页）

[2]《福州市市政计划大纲》，《福建建设厅月刊》第5卷第7号（1931年8月）。

[3] 郁达夫：《闽游滴沥之一》，《郁达夫文集》第4卷，花城出版社，1982年，第100—101页。

第三节 公共空间管理

拓筑市路的推进，为市政当局加强对沿街建筑和马路空间的管理准备了条件。普通市民的街头活动不再“放任自由”，而是被置于政府无所不在的干预之下。“街头生活不再由市民自主管理，而是逐渐受到各种政策和法规的控制，这种控制是前所未有的。因此，国家已经开始将它的力量延伸到街道、邻里和社区。”[1]当然，国家对公共空间的管理效果仍值得进一步探讨，在马路空间管理方面，当局的“控制”期望尽管十分明显，但来自社会的“反控制”也常常防不胜防，难以应对。

一、沿街建筑管理

福州的城市建筑长期缺乏统一规划，“全城内外除外人住宅外，楼屋甚尠，普通店铺住宅皆系平房。土地潮湿，蚊蚋繁衍，光线空气均感不足，殊非卫生之宜”。[2]无序建筑不仅有碍观瞻、妨碍公共卫生，还常常引发火灾。为了配合这一时期的市路拓筑工作，市政当局规定了较为严格的沿街建筑审批与管理制度。沿街铺户除配合筑路缩让外，还需“翻盖房屋的前后左右，均应建筑防火墙，以避危险。并拆除沿街伸出之瓦檐，以免火警时之延烧”。并且“屋内建筑至少须二屋楼房，不特外表华壮，而内容亦清洁轩爽焉”。只有那些“资产微薄，无力起盖楼屋者”，才能稍加变通，允许“暂用木材为掩板”，但五年之内“皆应一律改造”。至于在市内新建房屋的，则“须

[1] 王笛:《街头文化：成都公共空间、下层民众与地方政治，1870—1930》，李德英等译，中国人民大学出版社，2006年，第352页。

[2]《福州市市政计划大纲》,《福建建设厅月刊》第5卷第7号（1931年8月）。

先将建筑设计图具呈审核，方准给照兴工。其地基墙扇之构造，空气光线之调剂，均在注意之列”。1929 年 4 月，市政当局还公布了《建筑取缔规程》，规范市民在翻修、建筑方面的行为，将市政、安全、卫生、美观等理念灌输到了城市日常生活中。[1]

当局还对城市建筑的附属物加以规范，以期改善市容、减少火患。例如公安局曾多次责令市民拆除易引起火灾的竹篷。1927 年 9 月，公安局查得“城台各铺户往往于夏令临街高搭竹篷，借以蔽日”，而时已入秋，“风高物燥，火患在在堪虞。此项竹篷又最易于引火，偶或附近人家失慎，每因竹篷未拆，遂致延烧”。于是明令民间搭盖竹篷者“从速拆卸”，“免贻后患”。[2] 1928 年 4 月，针对临街铺户“扭于故常”“高搭竹篷”的情况，公安局要求铺户将竹篷“代以布幔”，以消弭火患：

> 查城台各铺户每届夏令，往往临街高搭竹篷，借以蔽日，叠经示禁在案。目下夏令瞬届，若不预为禁止，诚恐各铺户扭于故常，或有复行搭盖情事。除分令各警署严行制止外，合行布告各铺户一体知悉。须知竹篷最易引火，设遇火警，拆卸綦难，尔等身家财产关系匪轻，勿得任意搭盖。如须遮蔽日光，不妨代以布幔，舒卷较见自如。其余临街空旷之处，果有搭盖竹篷之必要，亦须体察对于邻右屋宇是否毗连，有无危险，报明该管警署审核办理。[3]

竹篷改成布幔后，又有很多店铺放任布幔垂边“累累下垂”，影响到市容与交通。公安局又发出布告，要求各铺户迅速改正：

[1]《福州市市政计划大纲》，《福建建设厅月刊》第 5 卷第 7 号（1931 年 8 月）。
[2]《布告民居搭盖竹篷从速拆卸免生危险文》，《警政月刊》第 3 期（1927 年 9 月）。
[3]《布告禁止城台各铺户临时搭盖竹篷文》，《警政月刊》第 10 期（1928 年 4 月）。

查各店铺所用布幔，只准悬挂店内，或用绳紧系于对邻檐下，两旁不得使用垂边，前经通行遵照有案。近来各繁盛街市，所有布幔仍复累累下垂，且有破烂不堪者，殊属诸多妨碍。兹事本局长到任后，业经三令五申，而各店铺之任意故违者如故，各长警之放任不理者亦如故，均属非是。除令各署限期饬令改良外，合行布告各商店一体遵照，如再违延，定即严行取缔，决不稍宽。[1]

烟突、炉灶等“细物”，因事关消防，也被纳入当局的管理中。当局曾专门制定《取缔各铺户烟突及炉灶规则》，规范了烟突和炉灶设置。公安局特地要求下属，严谕铺户按期“洗涤烟突”，以防火灾：

《取缔各铺户烟突及炉灶规则》前经重行修正，正颁发各署遵行有案。兹查近日各铺户常有烟突发火情事，虽经邻里登时扑灭，幸未成灾。然际此天气严寒，朔风凛冽，偶有不慎，异常危险。应再通令各署对于《取缔烟突及炉灶规则》均须切实遵行，以期息患澹灾。至洗涤烟突一项，尤当饬警严谕各铺户按期办理，勿任疏忽。[2]

二、马路空间管理

长期以来，福州摊贩习惯在市街摆摊维持生计，使得本已狭窄的市街更加拥挤不堪。市路拓筑后，马路、人行道摆摊现象仍时时遍布城市各处。例如，1927 年 8、9 月，西门城下经常有小摊贩摆摊售卖草鞋、面巾等物，“有

[1]《布告取缔各商店布幔文》，《警政月刊》第 10 期（1928 年 4 月）。
[2]《令各署对于取缔烟突及炉灶规则应切实遵行文》，《福州市公安局警政月刊》第 19 期（1929 年 1 月）。

碍交通”；[1] 1927年9月4日，海防前一带“市摊、市担两旁罗列，道途狭窄，车马往来非常拥挤”；[2] 同月，透龙街54号、仓霞洲38号、安乐桥19号各店铺前，“均有菜摊侵占街道，妨碍交通”；[3] 1930年1月，“近日各马路人行道上，每有陈列小摊售卖儿童玩具及花炮等，闲人聚观，殊属有碍交通”。[4]

临街铺户更是惯于占用人行道的行家里手，他们经常将货物排在店外人行道上招徕顾客，往往导使交通拥挤。如：1927年4月，月爿池马路一带“店铺之卖品随地皆是，拥挤不堪”；[5] 1927年9月，后洋里一带祥发粿铺将“物品突出人行道排列”，后洲一带“星懋春粿铺及和春、森春、协源、协记等家鸡鸭店均突出柱外排列，均违警规”；[6] 1930年1月，洪山桥街一带“人行道陈列各种摊担，异常繁多，甚至如竹店、席店、柴店亦皆排出人行道范围，于交通上大有妨碍”。[7]

由于道路被摊贩和店铺大肆侵占，福州市街拥挤不堪，严重影响了交通。1928年12月18日，某督察人员曾目睹因道路过于拥挤而致人力车翻车的事件，认为“似此有碍交通”，应当“严行取缔”：

本十八日值班巡一署，路经夹道坊，见有人力车一辆翻倒。车上系

[1]《令第一区署取缔西门城下排列物品售卖有碍交通文》，《警政月刊》第2期（1927年8月）；《令第三区署取缔西门城下排列草鞋面巾售卖妨碍交通文》，《警政月刊》第3期（1927年9月）。

[2]《令第三区署取缔海防前一带市担罗列文》，《警政月刊》第3期（1927年9月）。

[3]《令第四区署取缔透龙街等处菜摊突出街道文》，《警政月刊》第3期（1927年9月）。

[4]《令各署取缔人行道上排列小摊文》，《福州市公安局警政月刊》第31期（1930年1月）。

[5]《令第三区署撤除南门外人行道小摊及店铺排列售品文》，《警政月刊》第2期（1927年8月）。

[6]《令第四区署取缔后洋里等处商店物品突出街道排列文》，《警政月刊》第3期（1927年9月）。

[7]《令第一署取缔洪山桥街人行道排列摊担文》，《福州市公安局警政月刊》第31期（1930年1月）。

> 坐一妇女，并四五龄小孩一口，幸无跌伤。查其翻车原因，系该处市场前所有菜担及小贩任意排列于人行道或于道路拥挤地点。[1]

对摊贩而言，摆摊是其谋生方式，人行道则是其谋生场所，公安局一味驱逐，虽“叠经通令切实取缔在案”，但始终效果不彰。[2] 1930年7月，公安局虽“三令五申”“人行道上不准排列各种障碍物，以及帐棚须照章悬挂”，但巡查时却发现“自鼓楼至中亭街止”，“所有两旁人行道多有小贩排列摊担，及空车任意横列帐棚，离地太近，阻碍行人”。[3] 随后，公安局将自鼓楼到中亭街所有占用人行道的摊担列表报告，所列各项摊担以第一、第二两署所在的旧城区“尤占多数”。[4] 9月，某督察员巡视各署时，发现新拓筑的马路两旁也是摊担林立，“一署辖西门兜至新马路口及鼓楼前等处，二署辖南门兜至安泰桥及澳门桥、旗汛口等处，三署辖横街、海防前等处，四署辖安乐桥，五署辖观音井、梅坞口、十锦祠等处，每早马路两旁排列菜担、藕担、鱼担等类，甚形拥挤”。[5]

摊贩在应对公安局驱逐过程中，也发展出了“此驱彼窜，随地逗留”的游击战术。据1932年年观察：

> 本市人烟稠密，车马殷阗。交通繁盛之区，每日早晨八九时多有菜挑停歇路旁，招徕生意。警察此驱彼窜，随地逗留，殊于路政、观瞻诸

[1]《令第一署取缔夹道坊市场前菜担任意排列文》，《福州市公安局警政月刊》第18期（1928年12）。
[2]《令第一署取缔夹道坊市场前菜担任意排列文》，《福州市公安局警政月刊》第18期（1928年12）。
[3]《令各区署认真取缔鼓楼至大桥头人行道文》，《福州市公安局警政月刊》第37期（1930年7月）。
[4]《令第一二三四署取缔人行道上摊担文》，《福州市公安局警政月刊》第37期（1930年7月）。
[5]《令各署切实制止马路旁排列摊担文》，《福州市公安局警政月刊》第39期（1930年9月）。

多妨碍……现查本市道路建造已成大观，而于业挑之纵横……曾不加以取缔，实足为道路文明之污点。[1]

为了擦去这个“文明之污点”，公安局希望在“交通繁盛之区，择要设立菜亭”，以达到“整齐有序”的目标。省政府要求公安局“迅即体察全市情形”，拟具设立菜亭的详细计划。[2]但因财政限制，一直到1937年，福州计划建设的10处菜市场，仅开工先建4所，而实际完成的只有南门菜市场1所：

省会以缺乏菜市场之故，通衢街道，摊担排列售卖，菜蔬鱼肉，腥膻丛杂。既碍交通，且损市容。事关住民日常食用，无法取缔，因有分期择地建筑菜市场之议。业经择定十处，以无款停止进行，经择要先建四处。兹计已完成者为南门菜市场，重加修理者为解藩路菜市场，又光禄坊初设临时菜市场现已着手设法改建，光复路菜市场则已兴工建筑。其余亦正在计划中。其已成立各场，附近沿街摊担，均令迁入营业。并拟订本局菜市场管理规则，呈奉核准后令饬遵照办理。[3]

摊贩们即使不与之正面冲突，但口头上的非议、“游击式”的摆摊也不可能停止。市政当局尽管有心“严加取缔”，但马路上仍然日常上演着“弱者的反抗”。

---

[1]《福建省建设厅转省府关于市公安局请于交通繁盛区择要设立菜亭及停车场等情给福州市工务局长的训令》，1932年，福建省档案馆藏民国福建省建设厅档案，36—3—219。

[2]《福建省建设厅转省府关于市公安局请于交通繁盛区择要设立菜亭及停车场等情给福州市工务局长的训令》，1932年，福建省档案馆藏民国福建省建设厅档案，36—3—219。

[3] 福建省会公安局编《福建省会公安局业务纪要·行政》（中华民国二十三年2月15日至二十六年2月14日），福建省会公安局，1937年，第41页。

第五章　电气事业与私人投资

现代城市的高效、便捷和有序，是以公用事业的正常运转为基础的。但经营公共事业需要投入巨额资金，福州地方当局长期为财政所困，根本无力经营公用事业；同时，公用事业的运营需要专业技术支持，也非行政当局所擅长。公用事业的私人投资和商办化运营，恰好解决了这一问题。本章考察近代福州电灯业的市场化运营，探讨市政当局在其中所扮演的角色，评估公用事业商办化对近代中国市政进步的作用和意义。

第一节　近代电灯业发展

一、“电光刘”与电灯业

福州电灯业的发展，肇始于1910年“耀华公司”和“文明公司”两家私人企业。“文明公司”建有一个发电站，装有一台发电机，并铺设了一些电灯。两家电灯公司在开办不久迅速倒闭。[1]同年，福州豪族刘崇伟、刘崇伦兄弟集资8000元，收购了耀华电灯公司，改为福州电气公司，资本12万元，其中刘家出资4万元，占全部股本的三分之一，是公司的主要经营者。福州

[1] 福州海关编《近代福州及闽东地区社会经济概况》，华艺出版社，1992年，第280页。

电气公司1911年开始向全市供电。[1]公司在刘氏家族的经营下，业务蒸蒸日上。1912年，福州电气公司“继续兴盛，发电厂开足马力发电”。1913年，公司业务“显觉畅达”。[2]此后，随着福州城市的近代发展，社会的电力需求不断增长，福州电气公司的供电能力持续扩张，经营股本迅速增长，收益十分丰厚，成为近代福州首屈一指的工业企业。

发电容量和发电总度数的迅速增长，显示出公司在这一时期的业务的迅速发展。1912年公司发电量和总度数分别只有300千瓦、40余万度，1915年则提升到500千瓦、120余万度，1917年时又增至1500千瓦、200多万度，1921年时更达到2500千瓦、430多万度。[3]公司业务的快速增长，与福州市区的电气使用不断普及是相适应的。公司的用户数和电灯盏数，在1911年分别只有200余户、2900余盏；到1912年，用户数和电灯盏数开始大幅增长，分别为900余户、8000余盏；到1917年又增至7000余户、35000余盏；到1924年，更达到11000余户、64000余盏。[4]

电灯事业迅速发展，给电气公司带来了丰厚的利润回报。1911年10月至1916年3月，公司“纯益”从每年1万银圆增加到10万余银圆。1916年4月至1925年3月，公司的“纯益”收入多在每年15万元左右。[5]扣除支出后，每年收益均占刘家企业总收入的20%以上。具体情况如表5—1所示。

---

[1] 王能超编《福州刘家企业兴衰史》，《福州文史资料选辑》第13辑，1994年。

[2] 福州海关编《近代福州及闽东地区社会经济概况》，华艺出版社，1992年，第296页。

[3] “福州电气公司发电容量及发电总度数（1912—1934年）”表，王能超编《福州刘家企业兴衰史》，《福州文史资料选辑》第13辑。

[4] “福州电气公司历年用户数及电灯盏数”表，王能超编《福州刘家企业兴衰史》，《福州文史资料选辑》第13辑。

[5] “福州电气公司历年收入、支出及纯益情况（1911年10—1936年12月）”表，王能超编《福州刘家企业兴衰史》，《福州文史资料选辑》第13辑。

表5—1　1911—1925年福州电气公司历年收入、支出及纯益情况　单位：银圆

时期	总收入	支出		纯益	
		实数	占总收入比重	实数	占总收入比重
1911.10.—1912.3.	14632.59	4654.78	31.8%	9977.81	68.1%
1912.4.—1913.3.	113216.64	73061.33	64.5%	40155.31	35.5%
1913.4.—1914.3.	132403.15	85057.52	64.2%	47345.63	35.8%
1914.4.—1915.3.	177842.01	101902.51	57.3%	75939.5	42.7%
1915.4.—1916.3.	238060.81	135845.22	57.1%	102215.59	42.9%
1916.4.—1917.3.	334915.75	182128.54	54.4%	152787.21	45.6%
1917.4.—1918.3.	380282.96	221094.43	58.1%	159188.53	41.9%
1918.4.—1919.3.	404707.95	266737.01	65.9%	137970.94	34.1%
1919.4.—1920.3.	437670.49	273391.59	62.5%	164278.9	37.5%
1920.4.—1921.3.	503126.63	378703.25	75.3%	124423.38	24.7%
1921.4.—1922.3.	585401.31	434125.86	74.2%	151275.45	25.8%
1922.4.—1923.3.	620631.29	470166.72	75.8%	150464.57	24.2%
1923.4.—1924.3.	631929.99	495627.02	78.4%	136302.97	21.6%
1924.4.—1925.3.	732795.29	580258.77	79.2%	152536.52	20.8%

资料来源：王能超编《福州刘家企业兴衰史》，《福州文史资料选辑》第 13 辑，1994 年。

由于刘氏家族对电气公司经营得法和控制有力，福州人习惯称之为“电光刘”，以区别于海军司令刘冠雄的“海军刘”家族。

二、“不完全”的发展

1926 年以后，福州电气公司业务规模继续扩张。在原有装机容量 2500 千瓦的基础上，公司又在排尾开设了装机容量为 3000 千瓦的新厂。1934 年 3 月，新厂开始供电。这样，福州电气公司的总装机容量达到了 5500 千瓦，是当时福建全省规模最大的电厂。[1] 1926—1934 年的 9 年间，公司每年的发电量从 600 余万度，迅速增长到 1000 余万度。（表 5—2）

表5—2　1926—1934年福州电气公司每年发电总度数　单位：度（千瓦时）

年份	发电总度数	年份	发电总度数
1926	6674790	1931	10723885
1927	7656710	1932	9742611
1928	7767020	1933	9514025
1929	9041050	1934	10331655
1930	10679408		

资料来源：王能超编《福州刘家企业兴衰史》，《福州文史资料选辑》第 13 辑，1994 年。

尽管从电气公司这一时期的供电能力来看，公司的发展速度呈现出大幅度的提高，但比照公司的历届电费收入，即会发现公司的收入并未相应地呈现激增的态势，反而陷于“有增长，无发展”的怪局中。资料显示，公司在第 16 届到第 26 届（1926 年 4 月—1936 年 12 月）十年间，电费收入仅从六七千元增长到八千余元。（表 5—3）

[1] 福建省地方志编纂委员会编《福建省志·电力工业志》，方志出版社，1998 年，第 298 页。

表5—3 1913—1936年福州电气公司历届电费收入 单位：银圆

时期	电费收入	时期	电费收入
第 3 届（1913.4—1914.3.）	105948.31	第 15 届（1925.4.—1926.3.）	
第 4 届（1914.4.—1915.3.）	145260.98	第 16 届（1926.4.—1927.3.）	719369.53
第 5 届（1915.4.—1916.3.）	189559.28	第 17 届（1927.4.—1928.3.）	647359.6
第 6 届（1916.4.—1917.3.）	274693.36	第 18 届（1928.4.—1929.3.）	655831.06
第 7 届（1917.4.—1918.3.）	325765.29	第 19 届（1929.4.—1930.3.）	749968.42
第 8 届（1918.4.—1919.3.）	349761.19	第 20 届（1930.4.—1931.3.）	822929.3
第 9 届（1919.4.—1920.3.）	377796.92	第 21 届（1931.4.—1931.12.）	685453.89
第 10 届（1920.4.—1921.3.）	443505.11	第 22 届（1932.1.—1932.12.）	781750.06
第 11 届（1921.4.—1922.3.）	502037.17	第 23 届（1933.1.—1933.12.）	883507.69
第 12 届（1922.4.—1923.3.）	526853.06	第 24 届（1934.1.—1934.12.）	780995.65
第 13 届（1923.4.—1924.3.）	526618.32	第 25 届（1935.1.—1935.12.）	810537.48
第 14 届（1924.4.—1925.3.）	632668.92	第 26 届（1936.1.—1936.12.）	826001.27

按：电费收入未扣除用户欠款数。
资料来源：王能超编《福州刘家企业兴衰史》,《福州文史资料选辑》第 13 辑，1994 年。

此外，在公司各年度的“总收入”中，“支出”部分占比越来越大，而“纯益”每年度却仅占 10% 以下，远低于 1925 年以前的至少 20%。1931 年 4—12 月，支出部分甚至显示为 100%，收益部分则无记载。（表 5—4）

表5—4　1926—1936年福州电气公司收入、支出及纯益情况　单位：银圆

时期	总收入	支出		纯益	
		实数	占总收入比重	实数	占总收入比重
1926.4.—1927.3.	789947.29	682936.44	86.5%	107010.85	13.5%
1927.4.—1928.3.	696073.21	619796.08	89%	76277.13	11%
1928.4.—1929.3.	783050.23	704886.48	90%	78163.75	10%
1929.4.—1930.3.	987399.8	908451.04	92%	78948.76	8%
1930.4.—1931.3.	976949.3	913769.73	93.5%	63176.57	6.5%
1931.4.—1931.12.	779336.64	779336.64	100%		
1932.1.—1932.12.	973082.22	898177.44	92.3%	74904.78	7.7%
1933.1.—1933.12.	976148.19	893467.34	91.5%	82680.85	8.5%
1934.1.—1934.12.	907993.46	853164.65	94%	54828.81	6%
1935.1.—1935.12.	962618.58	897959.6	93.3%	64654.98	6.7%
1936.1.—1936.12.	934263.93	872408.75	93.4%	61855.18	6.6%

资料来源：王能超编《福州刘家企业兴衰史》，《福州文史资料选辑》第13辑，1994年。

收入增长在这一时期陷于停滞，也反映在电气用户数量上。1924年，福州电气用户达11000余户，安设电灯64000余盏。[1] 1933年，福州电灯用户有12611户。[2] 十年间，福州电灯用户仅增加1000余户，并未因公司供电能力剧增而显著增加。

[1]“福州电气公司历年用户数及电灯盏数”表，王能超编《福州刘家企业兴衰史》，《福州文史资料选辑》第13辑。

[2]《1933年福州电气股份有限公司电气事业年报》，1934年4月15日，福建省档案馆藏民国福建省建设厅档案，36—17—113。

从电灯杆线铺设情况来看，这一时期电气公司的“营业区域”共有 8 万户、40 万人，而“杆线达到区域”也已达到 6 万户、30 万人。[1] 也就是说，电气公司有能力为福州全市近 3/4 的居民提供电灯服务。但实际的情况却是，仅有 1 万余用户挂表用灯，向公司缴纳电费。

这些分析表明，1926 年至 1936 年间，福州的电灯事业处于奇怪的“不完全”发展，或“有增长，无发展”的状态中：公司的供电能力足以覆盖全市 3/4 的市民，发电“支出”也呈现出大幅度的增长，但实际却只有 1/8 的市民与公司签订用电协议并缴纳电费。那么，电气公司大幅增长的用电量流向了哪里？公司的巨额的“支出”损失是如何造成的？

第二节 电气用户与市场环境

据福州电气公司 1933 年全年业务报告记载，“处理窃电稍为困难”是公司发展的主要障碍之一。在该年公司的电灯电费收入中，“应收”一栏填写了具体金额，而“实收”则未填写。[2] 公司报表中的“实收”与“应收”的巨大差异，是由于大量“窃电”和广泛欠费造成的，它们构成了福州近工电灯业发展的基本市场环境。

一、窃电与欠费

窃电现象在当时极是常见，它不仅经常发生，而且方式繁多，令人防不胜防。最常见的窃电方式，是私上电杆搭线。1929 年 7 月，警察人员出巡

[1] 《1933 年福州电气股份有限公司电气事业年报》，1934 年 4 月 15 日，福建省档案馆藏民国福建省建设厅档案，36—17—113。

[2] 《1933 年福州电气股份有限公司电气事业年报》，1934 年 4 月 15 日，福建省档案馆藏民国福建省建设厅档案，36—17—113。

南后街一带，抓获一起窃电案件：

本（七）月二十五夕二时许，据巡长陈铨报称，带探陈绍莱等出勤，巡防到南后街丰井营口地方，适在该地遇见一人缘在电杆之上，希图盗电。经即追近，呼其下杆查询。据称郑斌，其家系住该处第二号门牌等语。并由斌手上检搜出盗电证据，计布提包一个、铁捏一把、铁螺丝绞一把、洋铁钉三十余条、铁线一捆。[1]

窃电者搭线一般是为了私点电灯。1929年9月，周伊庆因“擅用铅线搭于小古楼二十六号电杆上路灯，拉入该宅偷电点灯”，被公安局缉拿。经勘查，周伊庆住宅内“私点三十二光电光两盏”。[2]

有些窃电方式还颇有技术含量。1928年5月，苍霞洲公祥和商店借助电杆上安设的两架电表，“私解两表之线路，互相钩搭，以实行其盗电之计”。具体做法为，“甲表之第一入线，搭乙表之第二入线；乙表之第一入线，搭甲表之第二入线。再将两表各搭出线一条点灯”。通过这样的手法，“两表俱不能行”，从而达到窃电目的。电气公司稽查人员认为这一做法“不特于敝公司营业大受损失，实且扰乱线路，影响所至，危及公安”。[3]

有时甚至发生整个街区通同窃电的情况。1929年5月，下南街一带森兴苏广店、祥利点心店、天成钱店、大茂箔店、森记豆干店、丰利鱼货店、洪森记箔店、新德兴伞店等8家“灯户”，被发现都有“私拉入线通电点灯”的窃电行为。[4]

---

[1]《函地方检察处送盗电郑斌一名文》，《福州市公安局警政月刊》第25期（1929年7月）。

[2]《函闽侯地方法院移送盗电周伊庆并证物等件查收讯办文》，《福州市公安局警政月刊》第27期（1929年9月）。

[3]《函闽侯地方法院移送公祥和盗电一案文》，《警政月刊》第11期（1928年5月）。

[4]《令第二署会同电气公司取缔下南街私拉电灯店铺文》，《福州市公安局警政月刊》第23期（1929年5月）。

窃电甚至还成了一种“职业”。有“一般游民，专以代人盗电及以盗电为业”。被电气公司辞退的工匠，也常靠代人偷电增加收入。[1]更有甚者，有些掌握窃电技术之徒不仅“代人安灯偷电”，还“私收电费”，以此牟取利益。1930年5月，“永安里门牌二十三号住户邱振华，前充公司工匠，因事革退，竟敢私拉线路盗电，经当场破获。且代人安灯偷电，私收电费，是振华不啻第二电灯公司。似此胆敢妄为，殊属不法”。据邱振华供称，永安里几处搭线都由其“经手”，但认为“所收数元之款，系属材料费用”。当局认为这是在“刁狡”诡辩，因为“该处公司并未安表，而竟能开光，显系偷电”。[2]

窃电行为频繁发生，常常因此引起各种安全问题。1930年9月，大墙根纸房里3号何宅内，“因手触电灯开关电线，被电击伤者长幼五人”，经查“系大墙根十五号余宅私接高压电线点灯所致”。另有大同浦育华学校，因“私接高压电线于校内”，以致“城外电灯全灭，变成黑暗世界”。电气公司稽查人员指出，“高压电线系输送全城电力，关系甚重，如果擅自私搭，危险万分……此种举动，足使毁伤人命，发生火患。且全市灯火攸关，于治安极有妨碍”。[3]

窃电之风的盛行，使电气公司蒙受了巨大损失。1928年1月，电气公司曾就窃电现象的严重性，向当局呈请查禁：

> 窃公司发电所设备锅炉及发电机有三千五百匹马力之总容量，足供十光电灯二十万盏之用。查福州城台各处向公司立约点灯者，以十光计算，不及十万盏，而机器已用至满量。设若机器中有一部发生故

[1]《令侦缉队准整理电委会函送严缉盗电名册一份文》，《福州市公安局警政月刊》第53期（1931年11月）。

[2]《函地检处移送偷电人犯邱振华一名文》，《福州市公安局警政月刊》第35期（1930年5月）。

[3]《令第二四署分别惩办大墙根大同浦私接电线文》，《福州市公安局警政月刊》第40期（1930年10月）。

障，则无机替代，极为危险。推原其故，偷电者肆无忌惮，畅所欲为。立约之灯户既有加光而大偷特偷，其不立约者亦有自拉火线以偷电，甚有私登电杆损坏电表及制电表情事。技术范围悉被打破，而公司损失之巨更难以计数矣。年关在迩，闽中习惯，家宅商店无不多用电灯，则增加电量更无止极。公司又无法劝其少用，诚恐用电超过机器能量，驯致焚烧不能发光，弄成全城黑暗，影响公安，殊非浅鲜。现值戒严期内，公司责任所在，实不敢自安缄默，致干咎戾。不已，沥情呈恳钧部鉴核，迅予分令省防司令部、市公安局设法救济，切实办理，以保治安，而维营业。[1]

由此可知，窃电已消耗了公司近一半的供电，这一情况在此后仍在延续。公司 1930 年 4 月至 1931 年 3 月的年度资料显示，该年度窃电度数占发电总度数的 42%，若将倒账损失度数也计算在内，更高达 48%。[2]

除窃电成风外，电费欠缴情况也相当严重。欠费的不仅有个人，还包括各种社会公益组织。1929 年省政府核定的《取缔偷电、欠费办法》第一条，就是针对各机关、学校和社会组织的。《办法》要求“各机关、学校以及各社团欠费在四月以前者，应由公司呈请官厅转饬限期清理。自五月起应按月照度缴费。如有违约，得由公司告知灯户，限期照缴。逾期，即将入线截断，停止交易，并呈追欠款”。[3]

1926 年以前，欠缴电费的用户占全体用户的 10% 左右，情况尚不严重。但进入 1930 年以后，电费欠缴的情况猛增，达到每年一二十万元。1931 年和 1932 年，欠缴电费更是占到总收入的 20% 以上。情况如表 5—5 所示。

---

[1]《令各区署查究民间盗用电流文》，《警政月刊》第 7 期（1928 年 1 月）。
[2] 王能超编《福州刘家企业兴衰史》，《福州文史资料选辑》第 13 辑。
[3]《布告电费既经核减不得再有偷电欠费文》，《福州市公安局警政月刊》第 25 期（1929 年 7 月）。

表5—5　1913—1936年福州电气公司历年用户欠款情况

年月	用户欠款数（银圆）	用户欠款占总收入的百分比（%）
1927 年 3 月	46848.13	5.9
1928 年 3 月	62091.11	8.9
1929 年 3 月	55516.59	7.1
1930 年 3 月	112554.27	11.4
1931 年 3 月	169073.64	17.3
1931 年 12 月	202146.74	25.9
1932 年 12 月	173669.83	22.5
1933 年 12 月	156266.73	16
1934 年 12 月	93394.73	10.3
1935 年 12 月	85400.25	5
1936 年 12 月	64842.97	6.9

资料来源：王能超编《福州刘家企业兴衰史》,《福州文史资料选辑》第 13 辑，1994 年。

在人人皆视电气公司为“利薮”的情况下，已公然形成电气之利人皆可沾的风气，尤其在事关公益活动或公益组织的场合，电气公司甚至被要求无偿供电。1934 年 1 月，公安局为了安定地方秩序，要求各处恢复“联甲”，而维持联甲的“夜间巡防”，需要在“重要地方”安设电灯，“以免宵小藏匿”。电气公司由于拒绝为此无偿安设电灯，这迅速被舆论指责为“不顾地方公益”。[1] 福州的各救火会“历来所用电灯，多未安装电表”，“即已安表而未付费者尤复不少”。电气公司虽因此蒙受了损失，但却因救火会社会基

[1]《电气公司拒绝各处联甲安放电灯，不顾地方公益》,《闽报》1934 年 1 月 14 日。

础深厚，恐遭“不顾地方公益”之指责，而不敢贸然向其停止供电。电气公司于1934年求助于建设厅和省政府，要求“各救火会立约装表，照章付费”。经“婉辞劝导”后，大多救火会才同意“立约装表”，按使用度数缴纳电费。但由于救火会是“地方公益”组织，电气公司必须兼顾省政府的规定，电费“优待半价，以助公益团体之推行”。[1]

除了窃电、欠费等痼疾外，还存在窃取电表、盗割电线等破坏用电规则的行为。电表被窃在当时非常常见。自1929年10月份起，电气公司安设在电杆上的电表“屡被窃盗”，虽然“叠经呈恳追缉”，但经过数月，仍“迄未破获一案，以致该匪徒等食髓知味，视为利途，近益鸱张，逞其惯技”。1930年3月，九曲亭、南霞山馆、于山九仙观、龙津巷等4处，均发生了电表被盗事件。数月之间，全市被盗电表竟达38架之多。公司认为，“公司之电表有限，而彼盗之欲壑无厌”，若不认真追缉严惩，必将“破坏敝公司之营业，扰乱地方之公安不止”。[2] 1931年10月又在宫巷、小王府一带，11月又在兴化埕、八角楼等处，接连发生电表被盗事件。公司认为，“似此毫无忌惮，任意上杆，擅动线路，盗窃电表，殊属妨害公安”，要求当局限期缉获，从严惩办。[3]

电气公司铺设的电线也经常成为偷窃的目标。例如，1929年4月，电气公司在大桥头一带撤线时，曾将4号线13条约共750尺存放在台分所前院，随即被盗。[4]1931年4月，在西湖公园也发生一起盗割“电光线”的事件，被园丁发现并报警，当场人赃俱获。[5] 1935年9月，螺洲一带第一号至第五

---

［1］《救火会点用电灯照章应给半价》，《新福建日报》1934年11月18日。

［2］《令侦缉队查追电气公司被盗之电表具报文》，《福州市公安局警政月刊》第33期（1930年3月）。

［3］《令各署队准整理电委会函查缉各住宅电表失窃文》，《福州市公安局警政月刊》第53期（1931年11月）。

［4］《函地检处据侦缉队呈报查获窃取电线人犯赵剃头六等三名请讯办文》，《福州市公安局警政月刊》第26期（1929年8月）。

［5］《令第一署巡察西公园电光线文》，《福州市公安局警政月刊》第46期（1931年4月）。

号电杆上铺设的“低压线路”，被人盗割达800余尺，致使当地供电中断，“以致全乡黑暗”。[1]

有些破坏用电规则的行为甚至明目张胆地进行。1930年5月，发生了上渡联乡救火会会员叶其礼公然滥砍电杆的事件，反映了社会普遍的对电气公司的不满情绪。据上渡派出所报称：

本月十八日夜一时三十分，据值班巡长彭炳光报告，顷梅坞顶地方回禄，上渡联乡救火会出队救援时，沿途用斧砍坏电杆十余根。经医馆前岗警沈孝钦向前干涉，该会临警员叶其礼不但不服制止，反敢扬言：“我是救火会员叶其礼，尽可回所报告。”言毕悻悻而去等语。当经巡官亲往查勘，计被砍十六根。理合报请察办等情。旋据本署驻所报告，该救火会经过仓前山一带，电柱亦被砍坏二十六根。[2]

电气公司也称，“当该员丁等回会之时，胆将沿途由公益社第三号电杆起，顺至上渡第十电杆止，计共砍坏电杆四十四根”。该救火会会员会滥砍电杆并非救火需要，因为这些电杆“距离火场三里有余”，且为救火会“回会之时”，即完成救火后砍断的。而其滥砍电杆却是在“岗警及邻里在场眼见”的情况下进行的。公司断定事情起因，是“该会临警员丁挟迭次偷电被阻之嫌”。[3]

窃电、欠费及破坏电气设备的行为，使电气公司蒙受了巨大的经济损失。用户在不谙用电技术的情况下，自行修理电线或攀爬电杆乱搭电线窃电，还引发了诸多安全事故。1927年12月，曾发生一起故意“将高压电流引入军

---

[1]《螺洲乡电线被割，全乡黑暗请缉窃徒》，《福建民报》1935年9月29日。

[2]《函闽侯地检处移送砍坏电杆叶其礼之保结文》，《福州市公安局警政月刊》第35期（1930年5月）。

[3]《函闽侯地检处移送砍坏电杆叶其礼之保结文》，《福州市公安局警政月刊》第35期（1930年5月）。

用电话线及电灯线”，企图危害治安的恶性事件。据电气公司“按杆按线”的严密巡查，发现某一电杆上架设的高压电线，“被人用铁线引下，搭于该杆避电线之上端，其下端则接于寄托本杆之公用电话线上”。在另一电杆则由“该军用电话线后接入二杆之避电线下端，又将其上端接于二次线上”。这导致“高压电分布该地段全部之二次线区域及军用电话线之两尽头”，一旦出事，后果十分危险。当时就有数家因“触电打伤者”，所幸该军用话线两端“均无搭挂，电话尚未伤人”。电气公司认为，这“显系有人图谋不轨，将高压电流引入军用电话线及电灯线，其罪较放火杀人尤重”，若此事未经及时发现，电气公司将面临严重的纠纷。电气公司曾评估过当时面临的这种市场环境，称“际此公司风潮澎湃，内患外忧纷至沓来”，[1]可谓十分恰当。

窃电现象的泛滥使公司面临相当严峻的处境。由于窃电成风，电气公司电力被大量无端消耗，以至于供电马力出现严重不足。1928年1月，就出现了“市间滥用电力”，而极大消耗公司供电马力的情况：

> 窃查公司现在发电机马力每点钟至多只能送电两千度，实际征诸与公司正式立约之灯数一千度即已足用，今竟达至一千九百度有奇，其为市间滥用电力已可证明。瞬届阴历年关，依闽中习惯，除夕用电增至二三成。如再漫无限制，则机力不足，必至黑暗，且有烧坏机器之虞。[2]

公司为此“遍发传单预告灯户，对于用电方面力求节省”，但根本无人理会，窃电现象仍然持续增长，最终出现了公司所担心的一幕。当月，“有一部一千基罗发电机内中调速机关之齿轮，即因送电过度，致损坏不能运转，电灯光亮亦因之低降”。电气公司只好“用一千基罗一架与五百基罗一架合

---

［1］《令各署队严密查拿引放电流文》，《警政月刊》第6期（1927年12月）。

［2］《令各区署电气公司发电机马力不足仰劝谕各用户力求节省文》，《警政月刊》第7期（1928年1月）。

并送电，每点钟中只能送电一千五百度供给，全市电灯恐不能十分光亮”。公司指出，“如市间用电不肯大事节减，再有意外之障碍，则公司束手矣”。[1]无限制的窃电行为，不仅极大地损害了公司经济利益，而且也导致供电能力下降，并最终给广大市民带来极大的不便。

电气公司“风潮澎湃”的处境，还体现在变压器屡遭破坏。由于窃电现象严重，供电压力大，各处变压器的保险丝也常常被烧断。市民不仅未因此减少窃电，反而擅用铜丝替代保险丝，以致变压器因用电过度而屡屡被烧坏。1930年1月，外洲11号电杆的变压器就“因该区域偷电过量”，导致“二次保险丝”被烧断。当地救火会竟然无视用电规则，擅自以“六号铜线”替代保险丝，以至于最后“以电流过量，磁条之接头被其烧坏”。而该处变压器已因此被烧坏过几次。面对这种“既以理喻之而不可，又以事禁之而不能”的情况，电气公司有意将该处变压器“撤回”，但又担心因此导致当地“无电可用”，只能请求当局“赐予根本解决之法，俾偷电事实不再发生，而地方营业亦得两受其赐。否则变压器屡受损害，技术亦穷于应付矣”。[2]

据统计，1929年年底“最近数月”，电气公司安设在各处的变压器“因偷电过重之故”被烧坏达20余个，公司为此蒙受损失达数千元。公司指责市民肆意偷电，无视公司的用电规则，导致变压器被烧坏，以至于各处停电，请求市政当局加强管理，以减少损失：

> 敝公司为公众安全计，特于每变压器增设保险盒，配置保险丝，遇有过量之时，保险丝自断，不至影响全局。乃各处偷电者竟擅自上杆改换保险丝，于本月三日义洲地方竟发觉以六号铜线代替保险丝，以致电

---

[1]《布告电气公司发电机已烧坏一架各户务力求节省文》，《警政月刊》第7期（1928年1月）。

[2]《令第三署义洲十一号电杆变压器被人偷电烧坏磁条仰查明办理文》，《福州市公安局警政月刊》第31期（1930年1月）。

力逾量，将瓷条变压器烧坏，致该段灯光失明……敝公司所用保险丝系按照该区域变压器容量装配，不能擅换大号者。该区域灯光屡暗，实因偷电过重之故，致公司屡修屡不能光。因公司既不能违技术规定，妄将保险丝换大，致烧坏变压器。而私拉私搭之风若不从严制止，私搭既多，电自逾量，变压器被烧，危险损失在在堪虞。[1]

公安局随后派人调查，“将私拉之线随时撤除”，但“警足甫离该地，而私拉之线又搭于杆”。以至于“随撤随搭，防不胜防，明目张胆，毫无忌惮”。公安局无奈地指出，对于社会普遍的破坏用电规则的行为，“法律失其保障，技术更难为力”。[2]电气公司面临着极为恶劣的市场环境。

二、规则与执法

面对恶劣的市场环境，电气公司一再要求当局严格执法，市政当局也表示要对窃电等破坏电政的行为加以取缔。1927年9月，公安局鉴于“城台各处仍不时有电气伤人情事，揣其原因，显系民间私搭电线，不谙技术，致强电下流，伤及人命，毫无疑义”，表示“本局有保护公安责任”，要求各署应“即便遵照饬属认真禁止”。积极配合电气公司稽查电政。[3]全市日益严重的偷电和欠缴电费情况也得到省政当局的高度重视。建设厅因此制定了《取缔偷电、欠费办法》，经省政府核定，于1929年7月公布施行。《办法》共4条：

一、各机关学校以及各社团欠费在四月以前者，应由公司呈请官厅转饬限期清理，自五月起应按月照度缴费。如有违约，得由公司告知灯

[1]《令第三署查禁义洲各户盗电文》，《福州市公安局警政月刊》第31期（1930年1月）。
[2]《令第三署查禁义洲各户盗电文》，《福州市公安局警政月刊》第31期（1930年1月）。
[3]《令各区署禁止私上电杆搭线盗电文》，《警政月刊》第3期（1927年9月）。

户，限期照缴。逾期即将入线截断，停止交易，并呈追欠款。

二、凡因欠费被公司截电者，倘有私行接电，由公司呈报公安局按律处理。

三、灯户盗电及自拉电线强点者，经公司会警查明后，应由公安局按律处理。

四、凡私上电杆代人偷电及盗取电表者，应由公安局从严惩办。[1]

同年10月，公安局在此基础上又制定了《修正各区警察署调查盗电办法》，规定了警察人员稽查盗电行为的严格步骤。[2]

当局又专门针对窃电等行为制定了各种法规。省政府于1933年2月公布《电气事业人处理窃电规则》。[3]同年6月，又公布了《管理福州市电气用户装线电匠及学徒规则》《管理福州市电料店及电器承装人规则》《办理福州市电气用户装线电匠及学徒注册办法》《办理福州市电料店及电器承装人注册办法》等一系列规范线路承装、防止用户窃电的办法。[4]

尽管取缔办法规定得很严密，但警察在执法时常常不严格。1928年4月，电气公司就向公安局呈报警察徇私，将屡犯电禁之徒随意释放：

窃据公司城分所报称：诸古岭打铁衕叶宅屡行私搭，在调查报告单未行之前已撤两次，彼反诬蔑工匠借查电之名抢去金钿、金手〔戒〕指等语。自会警查电，实行调查报告单后，又于十六年（1927）十二月四夜，同一署叶勋巡长破获一度，即时将二次线收回一节。此次调查，公司、一署均存案。至十七年（1928）三月二十二夜，又同叶勋巡长往查，

[1]《布告电费既经核减不得再有偷电、欠费文》，《福州市公安局警政月刊》第25期（1929年7月）。

[2]《修正各区警察署调查盗电办法》，《福州市公安局警政月刊》第28期（1929年10月）。

[3]《电气事业人处理窃电规则》，《福建省政府公报》1933年2月6日第288期。

[4]《福建省政府公报》1933年6月22日第327期。

发现该户因二次线撤去，遂用软线由地引入屋内点灯。其接法于最近之电杆用铁线搭二次，此铁线沿电杆之隙引至地面，与地面下所埋之软线（约二丈余）相接而至其屋。计撤五十光二灯，该物由叶巡长存署，调查报告单亦已送署备案矣。是晚十时，盗电事实发觉后，该户人犹言来抢，遂会同华林坊分驻所，至次早送往一署拘留一天。昨查彼有托人求情，署长判罚二元即与放释矣。特此报知。[1]

电气公司提出异议，认为该犯屡次偷电，“似非拘留一天判罚二元足以蔽辜”。公安局长也根据《取缔盗电办法》，认为“既主从严，尤不能稍涉轻纵”，要求对该犯依律惩办。[2]

执法不严助长了社会上窃电之风，窃电者往往无视禁令，一犯再犯。更有甚者，竟有窃电者在前案未息之时，又再犯案：

河西街赵德健宅内偷电一案，前蒙第二署派巡长陈则逵会同公司职员前往破获，经蒙传案讯明，转送法院惩办在案。兹于本（六）月十四夜八时许，复蒙第二署分驻所派陈则逵巡长带同敝公司领班林永传等，前往灯户赵德健宅内检查，又发现有盗用电力私拉电线情事。当场撤回灯头三个、八十磅十光灯球二粒、插入一个，带至公司，并具报告前来。查赵德健前次盗电，业经敝公司起诉，竟不静候法律解决，胆敢于本案尚未了结之先，复行拉线盗电，显系构成刑律累犯之罪。似此目无法纪，若非从严惩治，则将群起效尤，在敝公司营业损失不堪设想，而于国法之尊严，亦直等诸弁毛矣！[3]

---

[1]《令第一署查复叶筱香偷电一案情形文》，《警政月刊》第10期（1928年4月）。
[2]《令第一署查复叶筱香偷电一案情形文》，《警政月刊》第10期（1928年4月）。
[3]《函闽侯地方法院传究赵德健盗电一案文》，《警政月刊》第12期（1928年6月）。

窃电现象的盛行，又反过来阻碍了电政执法的实施。1930 年 1 月，有市民以“六号铜线”替代保险丝接入变压器，以致变压器烧坏，虽经公安局“派警调查，将私拉之线随时撤除”，但“警足甫离该地，而私拉之线又搭于杆矣”，“随撤随搭，防不胜防”。这种“明目张胆，毫无忌惮”和“法律失其保障”的情况，足以说明当局在电政稽查方面的软弱无力。[1]

由于打击违规用电不力，电气公司蒙受了巨大损失。电气公司不得不一再呼吁警察更积极地参与到电政稽查行动中，甚至不惜为此付出酬劳。1931 年 1 月，电气公司曾向公安局提出 4 项“取缔偷电办法”：

（一）请各署尽量协助公司调查偷电各户。

（二）偷电各户如查有证据，请各署代为追偿电费。

（三）追偿电费项下拟提成，充赏执行长警。

（四）各警署拟专设巡警两名，办理查电事宜，月饷由公司支付。[2]

“协助公司调查偷电各户”本为警察应尽的义务，此时却要追偿电费作为赏金、甚至提供月饷以专门设立查电巡警，体现出电气公司查禁偷电行为的迫切需要，也进一步证明了窃电现象的严重与警察在取缔窃电方面的执法不力。

普通市民的窃电和欠费行为尚有望通过正常的司法程序解决，当军警机关也涉及窃电、欠费，问题就变得更加复杂。军警机关地位本自特殊，加上军、警分立，这必将导致电政稽查难以执行。而实际上，参与执法的军警机关自身也常窃电和欠费，这就使电政执法更加困难。1931 年 9 月，曾发生一起军人不服电政稽查而出现严重争执的事件，起因是省防军某团副官苏世芳控诉住宅被 30 余名“暴徒”闯入骚扰，据称：

[1]《令第三署查禁义洲各户盗电文》,《福州市公安局警政月刊》第 31 期(1930 年 1 月)。

[2]《令各署会议取缔偷电办法文》,《福州市公安局警政月刊》第 43 期（1931 年 1 月)。

职住居水部琯后街门牌三十七号。昨晚回家，据家人声称，本日下午三时许，突有身穿黄色军服者三人站立厅前，并便衣暴徒计三十余猛，来势汹汹，闯入宅中，遍向各房舍大施搜索。问其何为，竟不置答，且复破口肆骂。旋将房内所有电灯材料抢夺而去，并将房内器具任意摔毁。举室妇孺，惊惶万状。时内子怀孕临月，适在房内休养，该暴徒狂奔入房，内子躲避不及，致腹部被撞击昏绝。[1]

文中“穿黄色军服者”是警察，所谓“暴徒”系电气公司电政稽查人员。他们为何闯入军人住宅闹事？还是这位苏副官道出些许原委：

窃职旬日前因欲安设电灯，曾一再催请电气公司到家安设电表。该公司均置若罔闻，不已，自购材料，雇匠先于室内安设。一面饬人再向电气公司接洽，按照该公司章程来家接线安表。讵电气公司尚未到家接线安表时，竟有昨日突被暴徒闯入宅内，抢夺电灯材料等情事发生。[2]

如此看来，“暴徒”闯宅“抢夺”“电灯材料”，是为了稽查电路。无论该副官事先是否已与公司接洽，他还是承认了自购材料和雇匠安灯未得电气公司允许。电政稽查人员没收电灯材料，显然是合法的。

据公安局调查，所谓“闯宅”“骚扰”其实是按正常手续办理的稽查窃电的行动。而且，当日参与稽查的，并非所谓“穿黄色军服者”3人和“暴徒”30余猛，而只有巡官黄澄波、巡警李启标、电气公司职员陈作霖及4名工匠。由于该副官住宅安设线路“盗引路灯电流”，稽查人员才“由电匠将

[1]《令第四署查明苏副官住宅被扰情形文》，《福州市公安局警政月刊》第51期（1931年9月）。

[2]《令第四署查明苏副官住宅被扰情形文》，《福州市公安局警政月刊》第51期（1931年9月）。

其屋内所安电灯四盏并软线电头剪下，由公司职员陈作霖自行带去”，且“并无发生丝毫冲突，以及其他事故”。并据“乡邻佥称，是日并未闻有纷争情事”。[1]这说明，电政稽查人员的行为合理合法。

但军事当局对军人窃电行为并不严格约束，有时反而加以袒护。省防军第二混成旅司令部在1931年曾特地致函公安局，承认“官佐住宅”因与电气公司“屡起纠纷”，“间有向未安设电灯亦受检查处分者”，但仍然要求对军人住宅稽查电政时，“务希通知本旅派员会同前往”。[2]军方参与电政稽查的要求，显然对处理军人窃电问题很不利。

由于军人窃电盛行并随意阻挠稽查行动，公安局的稽查窃电行为几乎完全失效。1935年前后，由于“近日偷电者多为军人”，窃电已“非公安局所能取缔”。鉴于此，省政府下令从1935年5月开始，将“讯办”窃电案件的职责移交省保安处。[3]但军人窃电之风并未得到有效遏制。1937年6月份，福州“军界擅自接电”者仍有124户，窃电者分属于保安处（60户）、宪兵（26户）、八十师（31户）、第三陆军医院（7户），许多都是“军界”中有地位的人物，例如其中有48户是以“某公馆”为户名登记的。有些军户还一犯再犯。如居住于河东路28号的保安处巩公馆，曾3次被电气公司“会同宪兵检察”，却又再次窃电。又如北大路62号的保安处熊飞云、医官庙6号的保安处俞召谟、14号的保安处张国光、尚方顶9号的保安处汪镇华、妙巷14号的保安处王刚等，都曾2次被电气公司“会同宪兵检察”，但接着又被查出窃电。此外，得贵巷20号的保安处沈介雄、陈志得、邓希文3户，还通

[1]《函省防军二旅查明电灯公司员工到苏副官住宅查电情形文》，《福州市公安局警政月刊》第51期（1931年9月）。

[2]《令各署现在省防军各官佐住宅均经安设电灯文》，《福州市公安局警政月刊》第51期（1931年9月）。

[3]《军人偷电，公安局无法办理，省令移归保安处讯办》，《闽报》1935年5月10日。

同窃电，屡查屡窃。[1]。

警方窃电也是常有之事。1937 年 6 月 14 日，闽侯县政府派驻东门外麻风院警兵江澄、梁大接等，擅自将铅线搭附在路灯线路上，接入院内点灯。不料恰逢军训生在附近练习野战经过此地，“此线忽然坠落学生陈躬錞身上，立时触电毙命”。经调查，该警兵之前已有数次擅接线路进行窃电，电气公司在当年 2 月 10 日、2 月 25 日、4 月 28 日、5 月 7 日，曾 4 次派人将其窃电装置“撤除”。但警兵根本无视稽查严令，“旋撤旋接”，以致发生命案。据电气公司统计，当时“警界擅自接电”的还有另外 17 户，其中不乏很有地位的人物，如余府巷 17 号的毛主任、花园衕 1 号的余督察员等。电气公司对此颇感无奈：

> 查军警界擅自接电，仍所在多有，叠经敝公司随时派员会同宪兵或警察协助剪除，劝令照章装表，均置不理。且宪警去后，仍接线强用电流如故。现此种擅自接电，既已叠次发生人命重案，若不遵照同规则同条规定，请求认真协助，实属穷于应付！[2]

军警作为公权力机关，本应负起稽查之责，以保障电气公司正常营业，但其监守自盗的行径，却不仅未负担起维护市场环境之责，而且还是电气市场环境的破坏性因素。

---

[1]《福建省政府关于取缔军警各界擅自接电给保安处、省会公安局等的训令》，1937 年，福建省档案馆藏民国福建省建设厅档案，36—8—911。

[2]《福建省政府关于取缔军警各界擅自接电给保安处、省会公安局等的训令》，1937 年，福建省档案馆藏民国福建省建设厅档案，36—8—911。

第三节　商办电气与公用事业

福州电气业由商人投资经营，为了保障商办公用事业的社会公共性，市政当局有义务限制商办企业的“生利心理”，防止“垄断操纵”之弊的过度发展。[1]从保证电灯业的准公共性出发，市政当局有责任对电气公司的服务质量和企业运营方面进行了必要的监管和指导。

一、商办与公用

福州的电灯事业一直由商办化电气公司独家经营，长期处于垄断发展状态。1930 年，曾有某“电气店”自购油机，“将所发电力售卖与邻近大新舞台等数家”，被电气公司指责违反《电气事业取缔条例》，要求“饬令停止营业，以彰国法，而保商业”。[2]独家经营意味着排斥竞争，很容易出现“垄断操纵”之弊。

广受抱怨的“垄断操纵”之弊，首先表现为电价过高、电气材料收费不合理。据上节的分析可知，窃电、欠费的普遍存在给电气公司造成了严重损失，电气公司又将损失转嫁到一般电灯用户身上，订立了许多不合理的规定，包括灯泡专卖、屋内设备收取保险费、用电缴付保证金等，甚至安装一个插头也要按 50 支光计算收费。[3]这些规定加重了普通消费者的负担，电灯用户纷纷表示不满。

---

[1]《陈委员兼建设厅长体诚工作报告（二十三年 11 月 5 日在福建省政府党政联合总理纪念周）》，《福建省政府公报》1934 年 11 月 17 日第 442 期。

[2]《令第四署谕令永光号不得再将电气转卖邻近店铺文》，《福州市公安局警政月刊》第 31 期（1930 年 1 月）。

[3] 王能超编《福州刘家企业兴衰史》，《福州文史资料选辑》第 13 辑。

建设厅为此制定了《暂定福州电气公司点灯契约书》，要求电气公司自1929年7月1日开始，分别降低电价和电表租金。高电价、高表租与偷电、欠费一样都是不合理的，当局居间负有不可推卸的监管之责。“核减电费及表租限度，原为人民公共利益起见；而偷电、欠费违反法律行为，亦不得不有相当取缔办法。”省政府在限令公司降低电价和电表租金的同时，还核发了《取缔偷电、欠费办法》4条，打击偷电和欠费现象。[1]显然，当局希望通过同时降低电价和限制非法用电，缓和电灯用户与电气公司之间的紧张关系。

1929年7月1日开始，电气公司遵令“实行减价”，但并未消除电灯用户的严重不满。9月，暴发了电灯用户抵制点灯的事件。当时有人在市间将《鼓泰电气消费合作社宣言书》《福州市政讨论会议决案》《市民公议标条》等印刷品，“到处粘贴”，[2]抗议电气公司将电表“安于杆上”，和强迫“点盏之商店”安装电表。[3]

电气公司将电表安设于电杆上，主要是为了防止用户窃电。因为电表高居于电杆之上，就不易通过电表接线窃电。但这显然有碍用户对电气公司抄表和收费的监督，因此，广大用户强烈要求将电表装于“店内明显易见之处”。至于电灯用户指责电气公司强迫“点盏之商店”安装电表，要求“点盏之商店不得强迫安表”，“电费自应按月照缴”，可能是认为按盏数计费（点盏）无须交纳电表租金（表租）和电表押金，当然，也“便利”于用户窃电而不易稽查。[4]公司认为抗议行动既不合理且非法：

[1]《布告电费既经核减不得再有偷电欠费文》，《福州市公安局警政月刊》第25期（1929年7月）。

[2]《令第二署电气公司呈请饬鼓泰各灯户照约交费仰查明具复文》，《福州市公安局警政月刊》第27期（1929年9月）。

[3]《呈省政府复陈鼓泰各灯户缓缴电费情形文》，《福州市公安局警政月刊》第28期（1929年10月）。

[4]《呈省政府复陈鼓泰各灯户缓缴电费情形文》，《福州市公安局警政月刊》第28期（1929年10月）。

“鼓泰电气合作社”系奉国民政府建设委员会依法批驳，查与公司毫不相涉，自可毋庸置辩。但《市民公议标条》内载明“计月点灯，公司不得强迫换表”，又“遵照厅令，电表即日移置户内”各字样。查鼓泰计月点灯现今仅有一户，公司仍系照约办理，并无强迫换表之事实。至电表安在电杆上，建设厅修改《点灯契约书》第十五条，早经明白规定。此外，并无电表移置户内之明令。[1]

电气公司进一步控诉罢灯运动对“政府明令”的“危害”及对公司营业的“妨碍”：

查其内容，无非少数人挟鼓泰电气消费合作社未能成立之嫌，乘抵抗马路补助费之便，借端牵入，图妨害公司营业。又恐鼓泰安分商民照交电费，竟敢以私人资格擅定罚金。此种变举，上则显抗政府之明令，下则非法科人以重罚，殊于公司营业大有妨碍。幸赖全市灯户明达事理，屹不为动，如期交费固多。但鼓泰范围以内灯户受其胁迫，惧其滥罚，未能如期交费者亦属不少。[2]

“少数人”竟能以“私人资格擅定罚金”，并“胁迫”鼓泰范围以内的电灯用户共同参与罢灯行动，足见“少数人”对社区掌控有力。当时，有此控制能力的社会组织，除了各社区商事研究所，还有各社区的救火会。根据各区警察署的报告，除“本市鼓泰直街各商店因与电气公司互起纠纷，相率停止点灯，以为抵制”外，中亭、冯泛高、东井津等社区“亦受影响”。[3]因此，在这些社区组织“抵制”活动的“少数人”，很可能就是各社区的商事研究

[1]《令第二署电气公司呈请饬鼓泰各灯户照约交费仰查明具复文》，《福州市公安局警政月刊》第27期（1929年9月）。

[2]《令第二署电气公司呈请饬鼓泰各灯户照约交费仰查明具复文》，《福州市公安局警政月刊》第27期（1929年9月）。

[3]《呈省政府调停各灯户与公司纠纷办法文》，《福州市公安局警政月刊》第28期（1929年10月）。

所或救火会的领导人。电气公司遭到如此广泛的抵制，足见社会对公司服务的普遍不满。

面对社会的普遍抵制，尽管“公司经营商业，原可照约办理，对此少数人违法之行为自有依法诉追，及遵令剪线之余地”，但出于“宁人息事起见”，电气公司仍希望当局能介入，以缓和双方激烈的矛盾。电气公司声称，自从遵令将电费“减价”以后，公司收入已经“锐减”，希望公安局能“通告鼓泰未交费各灯户照约交费，以维商业”。[1]

当局在其间的责任是双重的，“一方面制止电气用户非法之举动，以杜纷扰，而维电业；另一方面取缔电气事业人不合法理之营利，以利公用，而裕民生”。[2]也就是说，当局应维持用户与公司关系的良性发展。经公安局局长“函邀”，“各社团”在福州总商会连日开会，终于达成3项调停办法：

（一）电气公司应将电表移置门前离地十英尺左右（门楣或檐下），惟本市地方辽阔，须予以相当期限。

（二）原系计月灯户，公司不得强其改为计量，惟自愿改为计量者，第三者不得加以干涉。

（三）点灯契约由政府派员同商会、各社团商议修改。[3]

调停办法在双方都做出了让步的基础上，基本解决了电表安装位置、计月收费等方面的争执，还决定“点灯契约”由各方共同商议修改。

---

[1]《令第二署电气公司呈请饬鼓泰各灯户照约交费仰查明具复文》，《福州市公安局警政月刊》第27期（1929年9月）。

[2] 奉行政院令，以准建设委员会函请通令各省市政府转饬所属遇有电气用户假借团体力量，为非法之行为，严予取缔一案，仰遵照等因仰遵照（建丙字第39605号）》，《福建省政府公报》1937年6月2日第707期。

[3]《呈省政府调停各灯户与公司纠纷办法文》，《福州市公安局警政月刊》第28期（1929年10月）。

尽管如此，此后在电灯用户与电气公司之间的“契约书”，仍然规定了较高的收费标准。直到1933年，用户在安装电表时还要交纳一定数量的“电表保证金”“表租”和“按线费”等费用。安设3恩和5恩的电表须交纳保证金15元，安设10恩以上的电表须交纳保证金20元。“表租”则每月收取5角。用户在安设完电灯、电表后，还要交纳2元的“按线费”才能送电。[1]

因电气设备装置不周而导致多起安全事故，也使电气公司屡遭非议。1928年9月，仓前山对湖、东门外安亭等地，就曾发生电钴起火、电线漏电、电杆倾倒，以致触电毙命的事故：

据第五署报称：本（九月）六夕六时半，仓前山对湖地方电杆电钴突然发火，声震如雷，火星下坠，延长数丈之电线均各延烧，居民惶恐异常。经派长警驰往救护，一面电达电气公司派匠将线路剪断，方得无事。当电气爆发时，有对湖十六号未雨庭汪宅佣人林玉昇，见厨房电球着火，用手取球触电毙命。坊下五号陈宅佣人秦文礼，亦被电流触毙等语。又据侦缉队报称：本六日一时，职局辖外东门外安亭下地方，电杆倾倒，有横屿庄姓乡妇路过该处，被电触毙。[2]

公安局认为“近来电气伤人之事层出不穷”，是由于“公司技术之不良、防护之不周”所致，要求电气公司“迅将全市电杆、电钴、电线各项切实改良，以免危险”。[3]不料在1929年5月，朱紫坊一带又发生了箝杆铅线漏电，致人触电毙命的事件：

---

[1] 郑宗楷：《福州便览》，环球印书馆，1933年，第114页

[2]《呈省政府、民政厅对湖等处电气伤人乞察核文》，《福州市公安局警政月刊》第15期（1928年9月）。

[3]《呈省政府、民政厅对湖等处电气伤人乞察核文》，《福州市公安局警政月刊》第15期（1928年9月）。

窃本（五）月十六日，据第二区警察署报称，本日是上午十二时，朱紫坊河沿有住居朱履巷门牌九号林金聚之子来妹，年十二岁，在该处垂钓蟚蜞，手攀电杆铅线，触电坠河。值班岗警朱长辉喊同行人，设法将其扶上，业已毙命。当时有津门楼顺兴豆干店店伙杨元丰，谓箝杆铅线并无电流，何以丧命？亦以手试探铅线，果亦昏迷。幸以木板赶托足根，始得脱险。[1]

很明显，电气设备“防护之不周”，扶杆铅线漏电是致孩童毙命的主要原因，检察官的检验，也证实了该孩童“触电致命”的事实。但该孩童的父母要求电气公司发给“收埋费”却遭到拒绝，有电匠力辩“此等电流万不至毙命，当系溺水身亡”。于是，“民众大动公愤”，要求孩童之父“将尸身抬往宫巷刘宅与其谈判”。宫巷刘宅即福州电气公司主要投资人和经营人“电光刘”家族，刘宅迅速地成为民众“公愤”所聚之处。

此事引起了警察当局的极度紧张。公安局一边“强行制止”群众不得肆意活动，一边派警赶赴宫巷刘宅保护，同时还电请公安局局长“派队补助”，前往宫巷刘宅应付。另外，还由警察署给予该孩童家属“收埋费”，并安排了安放、检验和掩埋尸身，人众才逐渐散去，“幸未发生重大事故”。公安局事后严令电气公司“逐一巡视”各处电线，以免再次发生危险。[2]

孩童触电毙命事件中，扶杆铅线漏电是重要原因，闽侯县党部认为这应怪罪于电气公司“因延省费”，致使“电线腐败历久不修”，才造成“触电之事历见叠出”：

窃以电之伤人有立触立毙之速，故政府对于电气公司之安设电机，

[1]《呈省政府民政厅朱紫坊林来妹触电毙命情形文》，《福州市公安局警政月刊》第23期（1929年5月）。

[2]《呈省政府民政厅朱紫坊林来妹触电毙命情形文》，《福州市公安局警政月刊》第23期（1929年5月）。

布置电线，如何慎重而保固之。乃迩来福州电气公司不恤政府保护人民之意，因延省费，电线腐败历久不修，以致触电之事历见叠出。倘若循此以往，人民生命何堪设想！[1]

省党部也支持这一看法，认为“电线历久不修，影响人民生命，实非浅鲜”。指责电气公司“仅图私利，不顾公益，以致电流触毙人命常有所闻”。要求当局“严切取缔”。[2]

早在事件发生的当月，公安局就多次要求电气公司“迅将市内所有斜杆、腐线一律更换，以免危害”。[3]公安局认为，“朱紫坊林来妹触电毙命，系电气由牵拉电杆之铅线下流，致发生此种危险。经而嘱贵公司速将全市各电杆逐一巡视，其有牵拉电杆之铅线，一律设法包裹，免生意外”。特别是在当时“人言啧啧，殊属可畏”的情势下，更希望电气公司能克日办妥，“至其他预防危险各项，亦应随时注意改良，毋再稍有疏忽，以重人命”。[4]公安局再次要求电气公司，“迅将市面所有损坏电杆、电线派匠分别修整”。[5]但一直到9月，电气公司也未呈报修理情形，公安局指责公司“殊属玩延”。再次命令电气公司“限期迅将市内脱皮电线，又倾斜、电杆一律修理完竣，勿得再延”。而电气公司也有其苦衷：

敝公司开办至今垂二十载，所有安杆布线，一应依照学术规定设施，

[1]《呈建设厅造送倾斜电杆及脱皮电线一览表文》，《福州市公安局警政月刊》第27期（1929年9月）。

[2]《呈建设厅造送倾斜电杆及脱皮电线一览表文》，《福州市公安局警政月刊》第27期（1929年9月）。

[3]《呈建设厅造送倾斜电杆及脱皮电线一览表文》，《福州市公安局警政月刊》第27期（1929年9月）。

[4]《函电气公司速将牵拉电杆之铅线设法包裹文》，《福州市公安局警政月刊》第23期（1929年5月）。

[5]《函电气公司从速修理损坏电杆电线文》，《福州市公安局警政月刊》第23期（1929年5月）。

工程上应行改良修理之处，随时随地自当尽量整理，不敢稍懈。近因风台为灾，城内外杆线损害不少，业经饬匠迅速赶修，其杆线不堪用者已即更换。在技术范围之内敝公司巡视一周，尚费时日。且有此次修好而彼处又坏，此种工作只得随见随修，本属循环不已。总之，关于工程方面，敝公司惟有力加整理改良，以尽天职，务请不必限定时日，俾便设施。[1]

依电气公司的说法，“改良修理”在技术上只是“循环不已”的日常事务而已，不可能一次性完成。因此，广大市民和党政机关要求的电气设备迅速得到完全改良的要求显然不切实际。而出现这类电气事故，广大市民经常“侵犯技术范围”也难逃责任。正如1929年5月福州电气公司所列的，广大市民在诸多方面实际已“侵犯技术范围”，极易发生各种事故：

一、电杆转角必需吊线，有时无法支柱，不得已寄托系之墙根。其不愿意者往往不向公司声明，即将吊线剪断，致电杆欹斜，或吊线触电，发生危险。

一、建筑房屋碍及杆线，往往不向公司报告，擅将电线移位，致有时高压线接触，发生危险。

一、遇有经坛或普度之时，多将旛灯悬挂电杆之顶，致接触高压线发生危险。

一、临街晒曝，将竹竿支架电杆横木或电线之上，亦有时引起危险。

一、电灯失明时，将刀斧之类敲击电杆，冀可复光，打击太重，往往使杆上设备物脱落，或致电线脱节而断，发生危险。

一、擅行登杆私接电线，往往不辨认高低压线路，致高压电散布，

[1]《呈建设厅造送倾斜电杆及脱皮电线一览表文》，《福州市公安局警政月刊》第27期（1929年9月）。

危及多数灯户。

一、案不与公司立约点灯，至夜间则以竹竿托线，钩悬于电灯杆线之上，往往烧焦线，线条脱节而断。亦有时惹起高压散布，危及多数灯户。[1]

可见，电灯用户“侵犯技术范围”的行为，也常引发电气事故。但在“人言啧啧”的市场环境中，电气公司却不得不承担主要责任。

二、监管与指导

电灯业提供的是一种准公共产品，当局有义务承担起监督与指导的责任，以充分保障其社会公共性。当局首先对用户强烈不满的电灯服务质量进行监管，勒令电气公司改良。电价过高和电表租金过重，一直是广大市民抱怨的焦点，建设厅“为人民公共利益起见”，曾介入其事，修订了“点灯契约书”，将电费与表租“分别核减”。[2]

电气安全事故也饱受市民诟病，当局也一再要求电气公司加紧改良，以减少危险。[3]这些做法有助于电气公司勤于职务，提高电业业服务质量。此外，电气公司在稽查线路之时，“间有直接向各署请求派警协助调查灯户”，而未先期开列单据送交公安局核明，再饬署办理手续，公安局担心如此会导致“民众发生误会，酿成他项事端”，因此要求各署“嗣后关于调查灯户事宜，非奉本局命令，不得率行派警协助，以示限制”，用于规范电气公司的查

[1]《布告民间审慎预防电气危险情形文》，《福州市公安局警政月刊》第23期（1929年5月）。

[2]《布告电费既经核减不得再有偷电欠费文》，《福州市公安局警政月刊》第25期（1929年7月）。

[3]《函电气公司陈超然等请移置变压器应从速办理文》，《福州市公安局警政月刊》第20期（1929年2月）；《函电气公司速将牵拉电杆之铅线设法包裹文》《函电气公司从速修理损坏电杆电线文》，《福州市公安局警政月刊》第23期（1929年5月）；《呈建设厅造送倾斜电杆及脱皮电线一览表文》，《福州市公安局警政月刊》第27期（1929年9月）。

电行动，缓和电灯用户的抵触情绪。[1]

当局也极力促进电气公司改良电灯服务。公安局督查处注意到电气公司在一段时间内，“天未黎明”，电气公司即开始停电，给用户造成了不便。公安局为此特地函送电气公司，要求将“截电时间”延长至早晨6点半。[2]

对电气公司服务质量的监管相当繁杂，管理部门必须相互协调。但当时参与监管的主要是公安局、建设厅，两个机关并无明确的分工机制。因此，有必要成立事权统一的专门监管机构，以实现对电灯事业的全面监督与指导。1931年根据省政府令成立的“整理电气事业委员会”，就将公安局、建设厅的分立事权统合起来。根据当年8月省政府委员会第118次会议通过的组织大纲规定，[3]该会常设的办事员，调用自省政府秘书处、建设厅与公安局。[4]整理电气事业委员会的成立，为公安局、建设厅之间的协作提供了平台。

整理电气事业委员会成立后，将此前的一些有效做法形成制度。该会下设的检查处由处长及公安局选派专责警官若干人组成，电业稽查由检查处“督同”电气公司员工分段进行，这实际将公安局与电气公司会同检查的做法制度化。该会的技术处则由处长及电业主管官厅（建设厅）选派技术员若干人组成，如有必要，也可以“酌调全国民营电气联合会福建分会技术员若干人帮同办理”。技术处负责的事务，包括“考察电气事业人、用电人一切电气装置、应用材料，并检定电气工匠及安灯人资格”。这也延续了

[1]《令各区署调查电灯非奉本局命令不得率行派警协助文》，《警政月刊》第3期（1927年9月）。

[2]《令稽查处电气公司截电时间改为六时半文》，《福州市公安局警政月刊》第19期（1929年1月）。

[3]《福建省政府委员会第一一八次会议议事录》，《福建省政府公报》1931年8月17日第211期。

[4]《福建省政府整理电气事业委员会组织大纲》，《福州市公安局警政月刊》第51期（1931年9月）。

建设厅指导电气事业的成例。[1]

委员会成立仅数月，就因经费原因被提请撤销，“应办事务”移归建设厅办理。[2]电气事业的监管又重新回到由建设厅、公安局公立管理的状态。

尽管如此，当局对电灯业的监管与指导仍朝着制度化方向发展，最主要的表现就是相关法规的渐次制定与实施。1933年4月通过和公布了《建设厅监督指导福州电气公司暂行办法》，首次对电气事业的监督指导做出了全面规定。[3]《办法》指出，制定本办法目的，是加强建设厅对电气公司“营业及工程之设施”等方面的监督和指导。建设厅有权指派专人，对电气公司的“一切管理、行政、营业、收支及工程技术等设施”予以监督和指导，福州电气公司有义务定期汇报收支、工务、营业、工程等方面情况。[4]从电气公司向建设厅呈报的《电气事业年报》来看，电气公司的日常经营确实被置于建设厅的严密监管之下。以1933年的《电气事业年报》为例，年报分为“经济报告”“业务报告”“工务报告”等三部分。其中“经济报告”又包括“资产负债表”“损益计算书”和“盈余分配表”，详细汇报了电气公司在资产运营、工务进展等方面的情况。[5]电气公司经营信息的透明化，有利于限制商办企业的“生利心理”，保障公用事业的公共性。

《办法》还对电气公司经营中特殊问题的处理进行了具体的规定。例如，对当时电气公司因发电机烧坏而导致的电压过低、电量不足，《办法》要求公司“应即着手整理线路，设法恢复原定电压”。并要求公司在2个月内，“将

[1]《福建省政府整理电气事业委员会组织大纲》，《福州市公安局警政月刊》第51期（1931年9月）。

[2]《中华民国二十年十二月八日委员谈话会报告及议定事项》，《福建省政府公报》1931年12月21日第229期。

[3]《省令发〈监督指导福州电气公司暂行办法〉》，《福建省政府公报》1933年4月17日第308期。

[4]《福建省政府建设厅监督指导福州电气公司暂行办法》，《福建省政府公报》1933年4月17日第308期。

[5]《1933年福州电气股份有限公司电气事业年报》，1934年4月15日，福建省档案馆藏福建省建设厅档案，36—17—113。

现有发电厂内之五百启罗华特发电机一座修理完好，俾总发电量先行补足二千五百启罗华特。并应设法另置五百启罗华特发电机一座，俾旧厂总发电量亦可增至三千启罗华特，使与将来新电厂有相同之容量，得以互相联络供用”。同时，督促电气公司应在10个月内，将新电厂及新输电线路一律装置完毕。[1]这些规定基本为电气公司遵照实行。公司新电厂在次年3月开始供电，总装机容量达到5500千瓦，供电能力得到很大提高。[2]

关于争议已久的电表安装位置问题，《办法》也有详尽的规定。电气公司应分区、分期将电表“自杆上移下，装诸用户门内最易明了查察之处”。具体规定是：“第一期，将自鼓楼起沿南街至南台中亭街，及台江汎附近之商业繁盛区各商店用户电表先行迁移；第二期，迁移城台各其他用户；第三期，将城台内外一切用户电表均行迁移完毕”。为了便于对用户用电的稽查，《办法》还规定了电表迁移入户时，“应即开始装钉用户门牌编列号码，并另以纸牌载明用户灯数或马达数，悬挂于电表下，以便稽查”。[3]

关于用户与公司就电表是否准确的争议，《办法》也确定了相应的裁判机制。规定“为检定电表准确起见，建设厅即行设立电气校验处，举行定期及非定期校验用户电表，以昭公允”。25安培以内者，每3年应校验1次；超过25安培的，则2年校验1次。电表使用期间，用户如有疑义，也可申请再次校验。[4]这些规定使用户用电和公司收费都变得相对透明，有利于缓解双方的紧张关系。

综上，《办法》将电气公司的日常运营置于主管部门的密切监管之下，对运营中的一些重要问题进行了规范化处理，有益于保障公用事业的公共

---

[1]《福建省政府建设厅监督指导福州电气公司暂行办法》，《福建省政府公报》1933年4月17日第308期。

[2] 福建省地方志编纂委员会编《福建省志·电力工业志》，第298页。

[3]《福建省政府建设厅监督指导福州电气公司暂行办法》，《福建省政府公报》1933年4月17日第308期。

[4]《福建省政府建设厅监督指导福州电气公司暂行办法》，《福建省政府公报》1933年4月17日第308期。

性。但从电气公司业务经营的角度看，这些规定管制过于严密，很大程度上削弱了电气公司经营的自主权。电气公司在1933年7月抱怨，公司在“工力”“财力”方面实在“不敷支配”,要求“变通”改良办法。[1]同年11月，又请求将完成移表入屋的期限，放宽至1935年6月。省政府委员会驳回其请求，命令于1934年底之前必须完成。[2]

尽管主管部门要求电气公司详细上报各方面的情况，但公司呈送的年报可能难免流于形式，因而无法真实反映公司经营的全部情况。例如，“业务报告”中关于电灯电费的报告，就只记载了“用表制”“包灯制”和“路灯”的“全年应收电费”，而未记载“全年实收电费”。这可能与当时欠费、窃电现象严重，“处理窃电甚为困难”有关。[3]这也说明，在当局严密监控电气公司经营，并要求其“改良”的同时，并未同时解决窃电、欠费等问题，也就未能尽到保护电气公司市场环境的责任。因此，当局在监管商办公用事业和保障市场环境中发挥的作用是不对等的。在窃电、欠费问题仍普遍存在的市场环境下，主管部门试图通过单方面严密监管电气公司的营业，以期电气事业改良的目的，显然很难达到。

---

[1]《福建省政府委员会第二五七次会议议事录》,《福建省政府公报》1933年7月17日第334期。

[2]《福建省政府委员会第二七三次会议议事录》,《福建省政府公报》1933年11月9日第367期。

[3]《1933年福州电气股份有限公司电气事业年报》，1934年4月15日，福建省档案馆藏福建省建设厅档案，36—17—113。

第六章　消防事业与社会组织

福州有社会自治的传统，近代以来这一传统获得新的发展，并在社会公益事业领域发挥了重要作用。其中，源于行业和社区传统的救火会网络，甚至成为消防事业的主体，在市政当局无力充分提供消防服务的背景下，救火会的发展显得尤其重要。本章考察近代福州救火会的发展与消防事业进步的历程，探讨公益事业"公办化"对市政进步的重要作用，分析政府在其中扮演的积极角色。

第一节　火患频仍与官方对策

一、"纸裱福州城"

福州的传统建筑材料多为木质，且屋宇毗连、街道狭窄，火灾经常发生。一旦不慎，即成燎原，"多者百余家，少者数十家，人民财产付之一炬，言之情殊可悯"[1]。因此，一直有"纸裱福州城"的说法。清末，福州就发生了多起较大火灾：

[1892—1901年]福州则几乎在每年的秋季与冬季经常发生火灾，

[1]《令各区署调查各救火会有无遍设拆屋队文》，《警政月刊》第2期（1927年8月）。

估计财产损失大大超过 4 万元。

[1893 年] 9 月 2 日晚上，城里发生一场大火，烧毁民房 1000 家，死亡 40 人。

[1901 年] 1 月 18 日，福州市发生一场大火灾。第二场火灾发生在 7 月 6 日，这场大火的地点在对外贸易区。下午 1 时，火从一个油烛店里烧起并漫延到一个米店，当时风很大，很快就烧毁了那条街上所有其他店铺，连东边的太平洋行的仓库和西边的钱纸店也未能幸免于难。大火在下午 6 点熄灭，但财产损失巨大，不下于 30 万元。

[1901 年] 7 月 26 日南台一家店铺失火，大火迅速蔓延，烧毁 10 家外国商行和很多间民房，停在港内的几艘民船也被烧掉。

1910 年本地区又发生了几次大火灾。最大的一次是在 6 月 24 日，烧毁了约 300 间房子，物质损失达 10000 元，被烧毁的东西都没有保过险。[1]

进入民国以后，福州城内依然火患频仍，每年大约发生火灾 40 次左右。[2]《福建公报》的记载也印证了这一说法。1916 年 11—12 月，省会警察厅向省长公署呈报的大火灾就达 6 起。其中发生于义洲的火灾，延烧至 70 余间，并有“焚棺”情事；发生于南大街宫巷口的火灾，延烧店屋 30 余家。而发生于洋中亭的大火灾，损失极为惨重，当日“下午七时起，福州南台洋中亭地方失火，至夜一时始熄，延烧并拆毁铺屋庙宇计九百五十余家，其中附住小户尚多，统计约在二千家以上，并烧毙人口五名。是日，火势猛烈，分路延烧。虽经严督城台消防、保安、警察等队分头扑救，终因风力甚大，途径分歧，实难立时扑灭。灾民相望于道，啼饥号寒，流离失所”。[3]

[1] 福州海关编《近代福州及闽东地区社会经济概况》，第 360、395、238、397、284 页。
[2] 台湾总督府外事部编《福州事情》，台北印刷株式会社，1941 年，第 167 页。
[3]《训令会同筹备洋中亭火灾施赈事宜由》，《福建公报》民国五年 12 月 7 日第 282 号。

二、官办消防队

近代福州火灾危害巨大，但限于财政压力，当局维持的消防队始终能力不足。1914 年，省会警察厅遵照部颁官制增设了消防科，是为福州官方专门消防队之始。[1] 但人数极少，长期维持数十人的规模，对于三四十万人的中等城市来说，这显然微不足道。1927 年 8 月，公安局所属的官办消防队虽包括“城本队”和“台分队”两队，但人数明显不足，仅设 1 名队长、1 名副队长兼教练、1 名巡官、5 名巡长和 54 名巡警。[2] 福州官办消防力量在十年间，能力始终未得到明显改善。直至 1936 年，消防队人数仍仅有 77 人，若除去伙夫（4 人）、书记（1 人）和勤务（3 人）外，直接参与救火的仅有 69 人。[3]

消防队的经费也极为紧张，无法配置精良设备。公安局虽有扩充整理消防队的计划，但因经费问题一直无法实现。1931 年 4 月，公安局再次向民政厅请款，要求整理消防队：

> 职局所属消防队应行整顿事项，曾于十八年（1929）八月间由局拟定设施具体办法，呈蒙钧厅转呈奉内政部指令，以所呈尚多可行，应以财力所能及之范围内，暂行尽力扩充。俟本部汇齐□省市所拟办法，通盘筹划，再行令遵各等因在案。迄今因经费支绌之故，未能扩充，只得仍旧维持。唯以该队所用之器械及抽水机等件，多属旧式，以之应付近年来已改良之市政，实难尽善。兹据该队队长刘镇仓呈请择要分别设置前来，职局详核所请各项，如添购新式抽水龙，增补拆屋器械，改建高度瞭望台等等，均属必要。当经指派庶务科员袁玮、督察员姚海珊，

[1] 福建省会公安局编《福建省会公安局业务纪要·本局沿革史》（中华民国二十三年 2 月 15 日至二十六年 2 月 14 日），福建省会公安局，1937 年，第 2 页。

[2]《福州市公安局所属各署队员官长警姓名额数一览表》，《警政月刊》第 2 期（1927 年 8 月）。

[3] 福建省会公安局编《福建省会公安局业务纪要·总务》，第 24—25 页。

会同该队长切实估计，录单具报，全部设置约须六千零元。[1]

公安局估计无法如数拨来6000元，因此退而求其次，“倘以经费无着，暂时局部修置，亦须三百五十一元，更加补钉各户井牌约一千五百面须四十零元，合计共需四百元左右”。希望借此“将望台楼梯损坏先行改换，以免危险，并制发井牌，分区补钉外”[2]。可见，即便400元能如数拨发，也只能是将旧损的楼梯更换并制发井牌而已。至于添置花费甚巨的新式抽水龙和拆屋器械，更是难以实现了。

由于长期得不到足额的拨款，公安局不得不从“年度节余”中拨出经费用以购买新式救火设备。至1933年以后，才购置了1辆来伦帮浦车、1辆震旦牌帮浦车、1辆道奇曳引汽车，以及扯梯、折梯、皮带、分水管、洋斧、洋锯等附件。1934年又用节余经费加高了鼓楼和梅坞口两处瞭望台，并改为水泥钢筋。至此，消防设备才有所改善。[3]但对于整个福州城所需的消防服务来说，这种改善并无实质性意义。

三、“七星八斗十六斛”

近代福州，出于卫生用水和消弭火患的考虑，曾一度有人提议建设自来水。但限于财力，当局一直未将此事纳入议事范围。直至1934年，省建设厅才设立省会自来水筹备处，1936年完成初步计划，预计1939年春间可以供水，无奈抗战军兴，计划被迫中断。[4]因此直至民国灭亡，福州也没有建成完备的自来水系统。在这种情况下，当局只能转而维护传统的消防水源——“七星八斗十六斛”。1916年12月1日，督军兼署省长李厚基训令

[1]《呈民政厅报请核拨整理消防队经费文》，《福州市公安局警政月刊》第46期（1931年4月）。

[2]《呈民政厅报请核拨整理消防队经费文》，《福州市公安局警政月刊》第46期（1931年4月）。

[3] 福建省会公安局编《福建省会公安局业务纪要·总务》，第160—161页。

[4] 陈文涛：《福州市上下古今谈》卷1《三十年来福州市政之革新》，传抄本。

财政厅长、闽海道尹、省会警察厅长、清理官产处长、市政局委员长、闽侯县知事等，要求保存城内旧有的“七星八斗十六斛”：

查御火患，理应凿井蓄水，以备不虞。城内各井旧有“七星八斗十六斛”之号，或云开于王审知，或云开于蔡襄，事不可考，惟圆者为星，方者为斗，方而小者为斛。则古迹犹在可考，而知七星井一在双门外，余俱在宣政街左右；八斗、十六斛散见于南门、东门、西门各大街，及宫、黄、厂、塔等巷。前人倡凿于前，后人续修于后，其所以防患甚严，而用意甚善。迩者［有］毁于马路者，有卖于官产者，有被民居铺屋侵占而官厅收其月租者。今为思患预防之计，急应逐一规复。已毁者应择就近官地，改凿土井安设抽水机；已卖者设法收回，其卖后而被毁者则如前法办理；已租者如果包藏民居铺屋，一时未便拆退，亦应减收租金，与该租户约明时须蓄水，以备临时公用。兹事关系重要，应由福建财政厅、闽海道、省会警察厅、市政局、清理官产处、闽侯县，会商规复办法，并由省会警察厅、闽侯县妥为点修保存，并随时由省会警察厅督饬消防队检查蓄水，以备不虞。再由财政厅、闽海道、官产处、闽侯县立案，永远不得再卖，以存古迹，而重消防。[1]

不久，省长公署又训令水利分局，与上述各员会同办理此事。[2]同时布告不得随意购买七星八斗十八斛，已经租用水井的住户，要尽快向主管官厅请求减租，并且要保持水井蓄水充足，“以备临时公用，受省会警察厅检查。”[3]

---

［1］《训令保存城内旧有七星八斗十六斛各井由》，《福建公报》民国五年12月3日第279号。

［2］《训令水利分局会同各机关筹办凿井蓄水以御火患由》，《福建公报》民国五年12月9日第284号。

［3］《布告保存城内旧有七星八斗十六斛各井由》，《福建公报》民国五年12月7日第282号。

清查"七星八斗十六斛"的要点，在于"逐一规复"毁于马路、卖于官产和被民居侵占的各井。这些做法也为后来历届政府所继承。1927 年以前，福建省会警察厅下令对城内带有水井的铺户民居钉上井牌，以方便救火人员及时找到水井，取水救火。1927 年后，福州市公安局鉴于井牌用时已久，有很多已损坏丢失，而水井对救火关系重大，决定从当年 9 月 1 日起，由城台消防队各派一名巡长、一名巡警，与该管署巡警一起挨家挨户调查井牌。凡井牌有损坏失落者，都要统计上报，补充安置。[1]

"七星八斗十六斛"是传统时期的消防设施，代表了旧有的消防方式，但直至近代，当局仍无法提供更有效的现代消防水源，而只能求助于这种传统的消防水源。可见，无论是清末北洋时期，还是国民政府时期，官办消防力量都十分有限，无力向整个城市提供消防服务。随着城市的发展，消防需求与日俱增。救火会这类社会公益组织的出现，恰恰弥补了官方在消防服务上的不足，成为支持福州消防事业进步的主要力量。

第二节 行业、社区与救火会

一、从行业到社区

"木帮彬社救火会"是福州最早的救火会，由木材商人组建。近代福州的木材业很发达，木材业主要聚集在义洲一带，木材大量堆置于白马河沿岸。19 世纪 80 年代，木材失火曾经造成巨大损失，木材商因此组建"木帮彬社救火会"，以期防患于未然，一旦出现火警，即可"群起救援"。[2]

---

[1]《布告调查井牌以备火警便于取水文》，《警政月刊》第 2 期（1927 年 8 月）。

[2] 陈鸿铿：《福州救火团体的组织和活动》，《福建文史资料》第 16 辑，1987 年。

这种由行业组织救火会的做法，适应了“防患未然的迫切需要”，具有很好的消防效果，各行业与社区纷纷仿效，福州的救火会由此大量出现。到1937年，救火会的数量已达37个。各会的创立时间与分布情况如表6—1所示：

表6—1　福州各救火会的成立时间与分布区域（1937年）

分布区域	救火会名称	成立时间
第一分局辖区	芝西	1923年
	榕西	1927年
	榕北	1927年
第二分局辖区	鼓泰	1911年
	榕南	1923年
	东井津	1924年
	钟玉	1924年
	仓育车	1931年
第三分局辖区	嘉崇	道光年
	纸帮	1903年
	斗南洗马茶亭	1903年
	油帮	1906年
	龙潭	1907年
	竹林	1911年
	龙台	1914年
	双杭	1914年
	锡销	1917年
	醴泉	1922年
	帮洲	1923年
	达道	1925年
	义洲	1926年
	独山	1928年
	银湘	1929年
	沙合中惠	1929年
	横山铺前	1929年

(续表)

分布区域	救火会名称	成立时间
年第四分局辖区	安乐	1894 年
	万寿	1906 年
	瀛洲	1917 年
	琼水	1922 年
	路通	1924 年
	胜兴	1925 年
	苍霞	1925 年
	沧洲	1926 年
年第五分局辖区	闽南	19081 年
	籐山	1912 年
	冯泛高	1926 年
	上渡联乡	1926 年

资料来源：福建省会公安局编《福建省会公安局业务纪要·行政》(中华民国二十三年 2 月 15 日至二十六年 2 月 14 日)，福建省会公安局，1937 年，第 13—15 页；郑宗楷等编《福州便览》，环球印书馆，1933 年，第 97—98 页。

社区也是救火会发展的重要组织基础。传统时期，福州城区一直存在着以社、境等为基本单位的社区系统，其中“境”必有庙，奉祀“娘奶”或“大王”；“社”又称为分境，有的有庙，有的无庙[1]。它们是社区的传统认同标志。福州的救火会，多数在原有社区(社、境、铺)的基础上组织起来。例如，鼓泰救火会由宣政铺、肃政铺、清河社、市心社、聚英社、通贤一社、通贤二社、通贤三社、通贤四社、安泰铺等 10 社(铺)，于 1911 年共同筹组。[2] 榕南救火会于 1926 年成立，由万寿福社、万寿禄社、万寿寿社、官贤福社、官贤禄社、官贤寿社、兴贤上社、兴贤大街社、兴贤首社、月城铺、朱紫坊、军门前抚院前、侯官县前、闽县前圣人殿、一甲铺瓮城、城边街等传统社区共

[1] 野上英一:《福州考》，徐吾行译，福建师范大学图书馆藏 1962 年抄本，第 161 页。
[2] 鼓泰救火会编《鼓泰救火会第十四届(1924)征信录》，铅印本，第 2A—12B 页。

同筹组。[1] 多数救火会以传统的社、境庙作为会所，如东井津救火会的会址在竹林境，上渡联乡救火会设址于檀越境，[2] 籐山救火会以十境祠为会所，[3] 等等。

随着救火业务的扩展，行业性救火会逐渐转化为社区性救火会。福州最早成立的救火会——木帮彬社救火会，“成立之初只在防护木材，后邻近地区房屋发生火警，也出而救援”。该会已由成立之初只在木帮内部的行业性救助，逐渐演变为社区性的消防服务。该会名称也从“木帮彬社救火会”改为“嘉崇八铺救火会”。布帮救火会，后来也并入沙合中惠救火会，完成了由行业组织向社区组织的转化。[4] 但油帮、纸帮等救火会，直至20世纪40年代仍至少在名称上保留着行业组织特征，这可能与油、纸两业对救火服务有特殊的需求有关。

救火会的经费通过“当地乡人劝募”获得，职员和临警员都是“纯尽义务，即援丁亦只于出勤时，酌给些微点费”而已。[5] 这说明，商绅的资助是救火会发展的持续动力。这种境社分类与商绅资助传统其实早已孕育于明清以来福州社会之中，这表明，救火会产生于福州既有的土壤之中，并非完全“新式”的社会组织。正由于救火会扎根于日常的社区关系与行业关系中，每逢火警时，救火会总能迅速动员起来，迅速赶往火场救火。社区与行业基础，为救火会的发展提供了不竭的人事与资金源泉。

二、福州救火联合会

1912年以前，福州成立了11个救火会，1917年增至15个，到1929年

---

[1] 榕南救火会编《福州榕南救火会民国丙寅年（1926）第一届印发信征录》，福州城内下南街德记印刷所，1927年，第5—8页。

[2] 建省会公安局编《福建省会公安局业务纪要·行政》，第13—15页。

[3]《福州救火联合会会员会现况表》，福州救火联合会重编《福州救火联合会创始历略报告书》，1945年。

[4] 陈鸿铿:《福州救火团体的组织和活动》，《福建文史资料》第16辑。

[5]《福州救火会之组织》，福州救火联合会重编《福州救火联合会创始历略报告书》。

进一步发展至36个，呈现出加速增长的势头。[1]随着消防业务的发展，各救火会面临的问题日益增多，迫切需要一个联合机构的产生，以解决单个救火会无力处理的公共问题。

1919年，福州救火联合会（火联会）在布帮救火会会长王纲等人的倡议下，参照上海救火联合会之例成立，并经省会警察厅批准，在三山会馆设址办公。火联会成立之初，就致力于协调各救火会的火场秩序，解决各会每遇火警“各怀急公好义之心，以捷足先登为快”，“遇警争先，拥挤不无可虑”的问题。火联会职员由各会举荐代表组成，发生火警时派定人员维持火场秩序。[2]火联会的成立，标志着福州救火会培育出自生的公共问题解决机制，摆脱了早先自由发展的状态。

随着救火会数量的快速增长，新旧救火会常因划分管辖区域出现纠纷。为解决这一矛盾，1929年3月25日，火联会就新设救火会可否准予成立问题形成决议：“凡新立救火会须于分组地点之外，经审查与定章符合者，得准其设立。原以组织救火会事属善举，但因抽租地点关系，每多发生争执，所以议决各会区域内不得再行设立，即为防止纠纷起见。”[3]此决议实行后，福州的救火会数量不再如此前数年那样剧增，而仅增加了仓育车（或称仓儒车）1所。这表明火联会的协调与规范，减少了新旧救火会之间的恶性竞争。

福州的火灾报警业务原先由官办消防队负责，“消防队有些人出于对地方救火会的嫉妒”，发生火警时先通知本队人员出动，其后才通知救火会，令救火会历次驰援均落在消防队之后。有鉴于此，1921年冬，火联会发动各会筹建瞭望台（亦称钟楼），先在台江南岸的烟台山建筑钟楼一所，后又将其与驻扎在台江北岸大庙山的官办台消防队换防。1924年10月又在大

[1] 福建省会公安局编《福建省会公安局业务纪要·行政》，第13—15页。参见表6—1。

[2] 徐建禧：《福州的救火会》，《福建文史资料》第16辑，1987年；又参见《福州救火联合会设立缘起》，福州救火联合会重编《福州救火联合会创始历略报告书》。

[3]《令第二区署准救火联合会函复仓儒车救火会与钟玉救火会区域抵触仰查复文》，《福州市公安局警政月刊》第31期（1930年1月）。

庙山兴工建筑新钟楼，1926 年 10 月落成。此后如遇有火患，可以分区域鸣炮撞钟报警，日间分别悬挂红旗，夜间则分别开放红灯，以便各救火会认识方向，驰往救援。此后发生火警，各会均能及时驰援灾区，再不受官方消防队的控制。[1] 火联会在钟楼建设上的努力，打破了官办消防队在消防信息上的垄断，推动了各救火会消防业务的正常开展。

救火事务充满危险，救火援丁常有因公负伤甚至为此牺牲，所以，合理抚恤伤亡援丁是救火会无法回避的任务。火联会成立前，救火会虽也对伤亡援丁的家属给予些许抚恤，但多为一事一议，并未形成保障援丁利益的抚恤制度。救火会常因此与伤亡援丁家属发生矛盾。1908 年，闽南救火会就曾请求当局会衔给示，禁止伤亡援丁的家属“婪索”恤款：

援丁冒险，并力扑灭，缘椽上瓦，满望皆获无恙。如猝遇倾倒，该援丁身无挽搭，轻者跌伤，重者毙命。伤则就为医治，毙则［救火］会中贮有恤款，付该属领回，以作棺殓殡葬等费。除此恤款外，不得婪索。[2]

各救火会援丁多来自商铺店员等下层工商业者，平日勤劳节俭，以赡身家。一旦伤亡，家属生活立见节绌。所谓“婪索”，乃是伤亡援丁家属的一种生存策略。

火联会的成立，为抚恤伤亡援丁问题的解决提供了契机。火联会下辖 30 多个救火会，各会下辖临警员丁、征收员、办事员等高达数千人。火联会成立后，常通过向各救火会大范围的小额募款筹集抚恤经费，成功地分摊了伤亡援丁的抚恤成本。1928 年 5 月 12 日，苍霞洲美打道一带失火。因土墙崩塌，参与救援的沧洲救火会临警员丁 7 人因公牺牲。事后，火联

［1］《本会募建警钟楼会所经过》，福州救火联合会重编《福州救火联合会创始历略报告书》；陈鸿铿：《福州救火团体的组织和活动》，《福建文史资料》第 16 辑。

［2］《救火会禀请存案官准会衔给示》，闽南救火会编《福州英领事混争天安寺纪实》，第 1B—2A 页。

会立即派员与沧洲救火会一起备具衣棺收殓，并召集各救火会临时会议，推举人员前往慰问各家属。同时别报知各机关，由福州市公安局会同办理善后，举行追悼会。所需费用3000余元，由政府补助半数，其余在各救火会中分摊。火联会还筹款购得西湖附近某地建“五一二罹难七同志公墓”。安葬当天，全市各机关社团均派员参加送葬。“七同志”除一人无亲属外，其余六人家中或有老母，或做小本生意，或家景萧条，经会长王纲劝募筹款后，各家属均得恤金500元，无子嗣者另得螟蛉费200元，有老母者得加赡养费200元。经过火联会的高效运作，“死生均得安慰”。[1] 1933年11月2日，义洲发生火灾，由于该处房屋多属木料结构，火势猛烈，帮洲救火会援丁林阙歌奋不顾身，努力扑救，不幸被木梁压毙。火联会与帮洲救火会将其尸体妥为棺殓，按规定举行追悼，公葬于五一二公墓。该援丁未婚，由其侄承嗣，“家景极为萧条，因公罹难，情殊可悯”，火联会当即筹给家属抚恤金500元。1936年2月24日，东街口失火，东井津救火会援丁救火时用力过度，晕倒火场，顷之牺牲。火联会按照成例举行追悼、公葬，并筹给家属抚恤金。[2]

火联会能够高效处理抚恤伤亡援丁事务，主要缘于其拥有为数众多的救火会成员，以分派摊款。各救火会成员也因摊款分散，负担不重，而乐于缴捐。火联会这种“规模优势”也有效地用于贫寒临警员丁“身故”的抚恤上。1936年，鉴于“救火会临警员援丁中遇有身故家景贫寒者，棺殓出葬需款，每感困难”的情况，徐建禧等人组织成立“临警员丁互善会”，各救火会临警员丁、征收坐办等均加入成为会员。每一会员报故时，由互善会即日发给家属100元互助金，同时向全体会员每人征收互助金1角归垫。[3]

[1]《本会办理救火罹难各同志善后经过》，福州救火联合会重编《福州救火联合会创始历略报告书》。

[2]《本会办理救火罹难各同志善后经过》，福州救火联合会重编《福州救火联合会创始历略报告书》。

[3]《临警员丁互善会之设立》，福州救火联合会重编《福州救火联合会创始历略报告书》。

火联会的“规模优势”正是互善会成功运营的基础。

火联会不仅在火场协调、办理抚恤等事务中发挥了重要作用，该会还于1933年提出“改良消防方案”，试图从经费、人才、设备、器械、训练、救护、水源等多方面，对福州的救火会进行全面整顿：

一、统一经费。本市救火会始于逊清末叶，或由商帮，或由地方募款设立，其办法等于善堂，由少数人董而已。及民国纪元，始由地方救火会，呈准政府，抽收商店租金，以充经费，并组织联合会，共策进行。于是继起者，达于全市。各设会所，各举主席，其所设施，已由慈善性质，进于政治化矣。惟地方情形不同，所办成绩各异。今拟照官抽房铺捐租额，由联会统一征收五成。除按照各会原有收入支配外，所余之款，即以整理各项经费。庶无偏枯向隅之弊，俾成整个火政机关。

二、集中人才。各会成立以来，萃多数之人才，成硕大之团体。当此改良之际，尤须通力合作，今拟设立群德部，遍邀各会历任会长、现任主席，以及现任办事人员，或崇□名义以备咨询，或予以职务以资进行，庶驾轻就熟，以收群策群力之效。

三、择要设备。本市救火会，以第三、第四两分局区最为多数，虽厌骈枝，究属市场繁盛所致。今拟就省会分段六区，桥南一区，水上一区，共计八区。先就人居稠密之处置备新式器械，设立三区，余俟陆续进行。

四、改良器械。救火以保全生命财产为前提，器械改良尤为当务之急。查上海救火联合会自分区办理实行后，换用帮浦、扶梯、皮带等救火车，迅速达于极点，成绩甲于全国，每区置各种救火车□架，五分钟可达于灾区。同人等于器械改良早具决心，只以交通阻碍，经费难筹，水源未便，遂使力与心违。今则马路日辟，交通非不便利矣；铺捐整理，经费数倍往昔矣；自来水筹备，见诸报章矣。若不急起直追，□图改良，其何以对闾阎谈火政耶？今拟召集代表大会，确定改良器械方□，并编成文字，向各地商店民居宣传，劝其照□抽租金，缴定五成，置备最新式器械，以备火患，庶事半功倍，保全愈多矣。

五、维持各会。省会地方辽阔，人烟稠密，建筑材料木质居多，遇燎原均借拆屋队以断火线。且原有国制救火器具，如逢曲街委巷亦不适用，况为全部谋改善，应集全部之人力以为之，庶集思广益，乃克有成。今当一方维持各会原状，一方逐渐改善，俟全部达到改善目的，再由全部解决去留。

六、训练警员。临警、施救于烈焰之中，无异赴汤蹈火，其志孔嘉，其事甚险，若非训练有素，岂可率尔从事。现在各会临警员或临警二百余次，或临百余次，经验之富，令人崇拜。惜或□事□高于近代救火科学智识，实须预为研究，以临事应用。今拟聘请消防专家，设立训练所，凡有志救火者，须经训练所按期练习，给予证书，方得出勤。

七、设救护队。祸害酷烈，莫如火灾，生命危险，亦莫如火灾。问人不问马，圣人固重视在命矣。是则火灾救护队之设立，尤不可须臾缓。今拟遍请各医院院长，组织火灾救护队，由其院长各举医师一人，或数人为队员。置备药品、绷布、担架，每区指定□处，以便火警时集队出发，施救受伤灾民警员。其经费由本会开支。

八、计划水源。水为救火要素，新式帮浦出水，每分钟或三百加仑，或□百加仑，非自来水不足供给。查本市自来水前经本会发起，并举[王]纲等九人筹备，呈准政府备案。并编就计划书，宣传卫生、消防之关系，故社会已认为必要。只以时局多故，进行迟缓。近省政府改组，委任自来水筹备员发表后，当即呈请官民合办，蒙蒋主席批令建厅拟办，迄今未奉命令。派阅报章，政府已聘请专家，及大资本家为委员，则筹备定易就绪。今拟再行呈请省政府提前开办，庶改良救火，易于实行。[1]

上述计划的实施，关键在两点：一是“财”，一是“人”。无论是“择要

[1] 福州救火联合会:《改良消防方案之提出》,《福建警友》第6、7期合刊。

设备”“改良器械”，还是“维持各会”“训练警员”，无不需要巨额的财力保障。因此，“统一经费”实为方案的核心内容。但火联会提出的“拟照官抽房铺捐租额，由联会统一征收五成，除按照各会原有收入支配外，所余之款，即以整理各项经费”，实际并不能做到。火联会 1927 年议决，每年抽收各铺户 1 个月之 5 成租金，其中以 4 成作为当地各救火会救火经费，1 成拨充火联会经费。几经劝导，到 1929 年才开始征收。“但本会系慈善团体，不能按照官抽房铺捐如数收足”。1929 年至 1940 年，所抽租金年均约 3000 元，支出则年均约 5000 元，收支相抵后，每年不敷 2000 元左右，均由各理监事募集垫支。[1] 在这种财政困扰下，通盘改良实为一种空想。

改良议案的第二个核心“人”就更为复杂。“集中人才”尚可通过救火会内部协调实现。但“设救护队”一项，要求各医院院长、医师参加，已非救火会内部协调所能达到。此外，“计划水源”因工程巨大，难以实施，虽经火联会多次请求筹建，一直未能实现。

第三节 消防事业中的政府干预

救火会从成立起，常因“权威”不足，而影响到业务开展。早在 1908 年，闽南救火会曾通过福州商务总会，向福州府、福防厅、闽县、侯官县，请求示禁三条：

> 援丁出队，有认旗，有号锣，无不闻知。兼之火械森列，行走又须趱捷，旁人理当趋避。倘荡倚冲冒，误伤在所不免。设或有此情事，不得到会肆闹要求。所宜请准者，此其一也。

[1]《本会经济状况》，福州救火联合会重编《福州救火联合会创始历略报告书》。

> 援丁闻警，前赴救扑，凡失慎处所前后左右有未被焚者，无论墙屋板屋，相距三间之远，屋宇听该援丁持械向前拆毁，以杜蔓延。设既拆毁，而火势便熄，则此已被拆毁之房屋主人不得以该屋现未延烧为借口，责其妄行拆卸，到会索赔屋款。非依此办法，防虞从何下手……所宜请准者，亦其一也。
>
> 援丁冒险并力扑灭，缘椽上瓦，满望皆获无恙。如猝遇倾倒，该援丁身无挽搭，轻者跌伤，重者毙命。伤则就为医治，毙则会贮有恤款，付该属领回，以作棺殓殡葬等费。除此恤款外，不得婪索，所宜请准者。又其一也。[1]

闽南救火会要求商会照会官府，“出示晓谕”。福州府、福防厅、闽县和侯官县也俯准所请，要求“商民诸色人等一体遵照毋违”。[2]

三项请求反映了救火会在开展消防业务中获得政府“授权”的迫切需要，而政府也在必要的“授权”之外，还强化了消防设施维护、火场秩序维持、防火法规的贯彻实施，并基于救火会发展的需要，对救火会征收捐款等提供保障。例如消防水源的保护，福州长期未建成自来水系统，政府很重视消防水井的保护。民国初年，福州严重的火灾惊动了远在北京的大总统，民国最高当局要求福建地方“加意讲求火政”，督军兼省长李厚基遂命令清理“七星八斗十六斛”。由于清理水井等事务牵涉甚广，作为民间团体的救火会无力完成，而国家的介入则为此提供了保障。

当局还积极维持火场秩序，以确保救火业务正常进行。1927 年，福州市公安局命令各区署，遇到火警，救火会队员到民户取水救火时，务必派一

---

[1]《救火会禀请存案官准会衔给示》，闽南救火会编《福州英领事混争天安寺纪实》，第 1B—2A 页。

[2]《救火会禀请存案官准会衔给示》，闽南救火会编《福州英领事混争天安寺纪实》，第 2A 页。

名巡警在门口稽查，确保救火人员能正常取水，防止歹徒借机抢劫和盗窃。[1]又命令各区署对起火区域进行封禁，保障火场治安，以方便救火会的救火器械搬运，及队员挑水出入。同时防止“匪徒乘机抢劫，或攫取财物”，并保护居民的财产和人身安全。[2]火灾发生时出现“匪徒乘机抢劫，或攫取财物”情况，在福州长期存在，一直被视为痼疾。据日本人野上英一《福州考》的记载，福州居民有一种发生火灾时仍关闭门户的“怪俗”。野上解释，“在火灾时，把大门紧闭，不让外面的人闯进，所以有的于到了火熄后，门还是照样关着。这并不完全因家里人多，能自行抢救，亦与防止‘火鹞’之闯进有关”。[3]1930年1月12日，同源苏广店伙张依三抓住一名“火鹞”严依金。“隔邻华大旅社失慎，此人面不相识，入店搬去衣袜等件。诘其言语支吾，知系乘火抢夺。货物散失颇多。请求追究”。经审讯，严依金“平日游荡，不事正业，难保无意图乘机非法之行为”。并有赃证“卫生衣三件、杂色线袜一盒”等。[4]显然，火场秩序的维护有赖政府强力介入，否则救火业务必受诸多干扰，民众财产安全也无法保障。

当局还制定了相关防火规则，强化消防安全。例如，公安局要求戏园等公共娱乐场所购置防火器具，注意防火。并一再要求各警察署严行执法，尽到监督防火的责任。1927年8月，公安局告诫下属：

查城台各戏园系公共娱乐场所，每遇开演时，游人纷至沓来，非常拥挤，夜间尤甚。对于火患一节，不可不特别注意，倘有疏虞，危险情形不堪设想。本局长为保护人民生命财产起见，凛临渴掘井之戒，具未

[1]《令各区署调查井牌规定及火警时取水办法文》，《警政月刊》第2期（1927年8月）。
[2]《令各署嗣后火场防火线由督察长、稽查长及本管署长支配并指挥文》，《福州市公安局警政月刊》第34期（1930年4月）。
[3] 野上英一：《福州考》，第150—151页。
[4]《函闽侯地方法院移送乘火搬物之严依金一名请收讯办文》，《福州市公安局警政月刊》第31期（1930年1月）。

雨补户之怀，亟应先事预防，以期消患无形。嗣后该署所派戏园监视巡警，应着其认真稽查，轮流梭巡。并由署饬传各园东到署，责令设置防火器具，以备不虞。[1]

当局还加强了对火灾保险业务的监管。福州因火患频仍，火险业务十分兴盛，"讵迩来人心奸险，商家投保火险或于所保金额超过该房屋货物价额之上，而公司只求营业发达，不计保额是否相当。致一股奸商借有溢额投保，纵火图赔情弊，甚至延烧不已。贻害靡轻，言之深堪痛恨"。针对这种情况，1927年，福州市公安局重新修订《投保火险规则》中的审核规定："嗣后凡有投保火险者，须先期呈报到局，候查明所保金额与货物价格果属相当，经批准后始得向公司立约，再行呈局备查。至已投保之房屋货物，如有变更，须报局复查核夺，每届月终，应由各区署清查辖内投保铺户及各公司，双方较对列表达核，借期周密。倘敢故违，一经查出，定即从重究罚，勿稍玩忽。"[2]试图规范火险业务，杜绝故意纵火以图赔偿的事情发生。但这些规则似乎很难严格执行，报章杂志随处可见纵火图赔之事。1932年8月31日就有一例：

今晨一时四十五分，南台后洲街后洲巷门牌十八号大懋春酒店对面福源箔店突告失慎，火光烛天，来势甚猛。计由后洲巷口烧至百宝街中截，转入百宝街，共烧去六十余间。幸经城台各救火会先后赶到，努力灌救，并将百宝街店屋拆卸二间。至二时五十分止，火势始渐平息。火主福箔店店东陈旺弟于起火时即逃匿无踪。据邻里云，该箔店曾保有火险六百元，且当起火时店门紧闭，似有放火嫌疑。言时甚为愤慨。

[1]《令第二、四区署责令各戏园购置防火器具文》，《警政月刊》第2期（1927年8月）。
[2]《布告各铺户投保火险须先期呈局核准文》，《警政月刊》第2期（1927年8月）。

又当延烧之时，市公安局局长王懋及督察长沈觐康均亲自到场，维持秩序。[1]

1934年3月23日又出现了类似事例：

昨（二十二）日上午二时左右，福州城内南门兜魁里巷口万顺发酒库发火，附近居民均于梦中惊醒，纷纷搬移物具以防延烧。各救火会、消防队相继赶至时，已延烧启信枕头店、兴记线面店、体居柜、钟表店合计四家，顷刻变为焦土。幸其他店屋均有墙壁保障，得免危险。闻万顺发酒库因投保火险，店东杨伊九故意放火图赔，已被捕禁公安局讯办云。[2]

1937年，省会公安局回顾其对火险投保的监管时也承认，1933年7月以前"本局对于投保火险，本有规定，但察其实际，未尝执行。往往不经呈报，私行投保。而查其投保金额，往往超过实物价格，殊不足以杜纵火图赔之奸"。公安局在1933年7月以后，再申前令，"自经订定是项办法布告周知后，尚鲜发觉私自投保情事。间有逾额者，无不严予限制"。[3]

除了从外在环境方面保障救火会的业务开展外，政府还基于救火会内在发展的需要，在经费征收等方面给予多方协助。救火会和火联会长期苦于经费难以征求，一方面，各种"自愿性"捐款往往有限，并呈现不稳定的特点；另一方面，许多商铺又大量欠缴"义务性"捐款。这与救火会只是社会组织，缺乏"强制力"不无关系。1908—1909年，闽南救火会的账目中就有多处欠缴捐款的记录。情况如表6—2所示。

[1]《今晨南台后洲巷火警，福源箔店起火共烧六十余间，火主事前逃匿似有放火嫌疑》，《福建民国日报》1932年8月31日

[2]《昨日福州南门兜发生火警，万顺发号投保火险，店东放火图赔已被拘》，《闽报》1934年3月23日。

[3] 福建省会公安局编《福建省会公安局业务纪要·行政》，第16页。

表6—2 闽南救火会1908、1909年欠缴记录

1908 年		1909 年	
姓名	欠缴金额（元）	姓名	欠缴金额（元）
段子端	2	段子端	2
卢枚珂	2	卢枚珂	2
陈子平	2	陈子平	2
王可星	2	王可星	1
李志诚	2	李志诚	2
刘炎弟	1	刘炎弟	1
王拱星	1	林振南	2
江绍祺	2		
许文明	2		
李灿如	1		
共计 10 人	17	共计 7 人	12

资料来源:《光绪戊申年（1908）闽南救火会报告书》，城内利福公司活版，第 6A—6B 页;《宣统己酉年（1909）闽南救火会报告书》，福州启明印刷公司活版，第 1A 页。

上述欠缴捐款虽然为数甚少，但却暴露出救火会在征收经费过程中的尴尬局面。早在清末，闽侯城自治机关就已注意到救火会的筹费问题，并于1910 年 6 月，由议事会提出当地商店共同承担救火会经费的办法，可以视为由公权力出面帮助救火会解决筹资问题的早期努力。[1]但当时官府并未向救火会提供征费上的切实保障，此后，征费难仍是救火会的经常性困扰之一。

国民政府时期，政府在救火会的征费保障方面力度有所加强。1927 年，福州救火联合会向民政厅呈文，请求协助征收捐款：

[1] 闽侯城议事会编《闽侯城议事会第一次会议速记录》，第 55A—55B 页。

福州市地方辽阔，人烟稠密，而建筑法，木屋居多，火患堪虞。各救火会遇有火警，竭力营救，人民生命财产赖以保全者，诚非浅鲜。但近来凡百动耗，倍贵于昔，所抽租金均见入不敷出。至于敝会大庙山警钟楼守望经费，亦属无着。当经开会，集议补救方法。并承福州市党部特派指导员李君文滨、林君文煊公同讨论，佥谓救火会为消除火患，保护房产，原抽租金既不敷用，亟应统筹办法，俾免竭厥之虞。议决各救火会经费，定为一律向业主抽收每［年］一个月之五成租金，以一成归入救火联合会警钟楼经费，四成拨归各区救火会，借资挹注。概由救火联合会制给收据，交由租户代纳抵扣业主租金，业经全体赞成通过。并经函报福州市党部、福州市公安局备案。现在业已开始征收，理合具文呈请钧长察鉴，俯赐转令福州市公安局出示布告，并分令各区警察署酌量派警补助征收，以维公益。[1]

民政厅认为，救火会原先的经费是向“该救火会各区域内之业主每年抽收一个月之三成租金以资维持，历办以来成为习惯”。现在既然由于“各救火会需费浩大，原抽租金入不敷出”，并且新办法又“经公同议决”，因此，救火会征收捐款“如遇征收困难，请警补助”时，公安局应派警相助。尽管“所辖各署警额有限，城台救火会计有三十会之谱，本难照派”，但“惟事关公益，自应变通办理。如遇各铺户有借词抗纳，必要派警补助时，可由各救火会将该铺户牌号姓名住址函知本局，以便令行该管署饬警协同征收”。[2] 由此可见，当局对救火会征收捐款是持支持态度的。

1930 年 7 月，各救火会在征收巡防费时，因“刁顽之辈”阻挠而遇到困难，福州救火联合会致函公安局，要求公安局派警帮助：

---

［1］《呈民政厅办理补助救火会征收租金情形文》，《警政月刊》第 3 期（1927 年 9 月）。
［2］《呈民政厅办理补助救火会征收租金情形文》，《警政月刊》第 3 期（1927 年 9 月）。

> 敝会前以际此戒严期间，一遇火警，居民仓皇无措，地方秩序必受影响。经议决，由各救火会办理巡防，于夜间多派临警员丁就地梭巡，遇有火警，立时扑灭，以弭火患，而维治安。办理以来，地方尚称安谧。近闻各会闻有因巡防费用无着，办理停顿者，或因乡中一二刁顽之辈出而抵抗，劝募致阻碍迭生，办理棘手。兹经敝会七月二十日第八次常务委员会议决，各救火会巡防仍应继续办理，切勿间断。至于各会办理巡防，系为保护地方生命财产而设，所需费用自应由乡中各铺户捐助，如有抵抗劝募，应请区署派警协助等议。除分函各救火会查照办理外，相应函请贵局察照，希即出示布告，并分饬各警署遇有各救火会劝募巡防费征收困难，请警补助时，务希照派协助办理，以全公益。[1]

由于救火会经费长期征收困难，公安局“派警协助征收”就成了捐款征收的常态。《闽报》1934 年 6 月 6 日记载，福州各救火会成立后，向各商铺居民征收一成租金作为经费。但近来市景萧条，经费征收困难，各救火会难以维持。公安局决定，从 6 月 1 日起，“仍照官抽办法抽收以三成租金”，并派警协助征收费用。[2]派警协助征收可能并不总是有效，在经济不景气的大环境下，福州各救火会的资金长期处于入不敷出的境况。据救火会 20 世纪 40 年代的文件统计，1929—1940 年，该会每年支出约 5000 元，而所抽租金仅 3000 元，每年不敷达 2000 元左右。[3]

---

[1]《令各署救火会劝募巡防费遇有困难应量予派警补助文》《福州市公安局警政月刊》第 37 期（1930 年 7 月）。

[2]《福州救火联合会抽收租金维持经费，公安局晓谕各户缴纳》，《闽报》1934 年 6 月 6 日。

[3]《本会经济状况》，福州救火联合会重编《福州救火联合会创始历略报告书》。

第七章　社会救济与官民合办

公共事业的官办化、商办化与公办化三种方式，在许多场合可以互相结合和转化。社会救济事业因其自身的复杂性，也需要更加灵活的举办方式。近代福州社会救济事务，就由官民合办，展现了国家与社会的互动关系。

第一节　传统时期的救济事业

传统时期福州的社会救济事业，其举办方式包括个人“善行”、善社“善举”和官办“惠政”三种。

个人“善行”是指“善士”从果报与“施善”的立场出发，或地方精英基于某种社会责任感而从事的救济行为。福州地方史籍对此有大量记载。例如：

（陈鹏飞）生平豪爽，见义勇为。道光二十六年（1846）往泉州责偿，途经海屿，见枯骨垒垒。罄所收橐金，设瓦棺，构穴而瘗之。咸丰四年（1854），土匪扰上游，尸蔽江，鹏飞倡义拾而措之。[1]

（郑文久）为人排难解纷，遇荒露枯骸，必捐赀掩埋之。[2]

---

[1] 民国《闽侯县志》卷87《孝义上》，欧阳英修，陈衍纂，1933年刻本。

[2]《闽侯县志》卷87《孝义上》。

（林桂）善举如义山给贫寒葬地，采访贞孝节烈。[1]

（则达）平日善举如施粥、敬节外，创设蒙塾者八，掩埋露髊者累千。[2]

个人“善行”为贫弱者提供了大量的救济服务。个人“善行”能灵活开展，但其出发点是自愿“施善”，具有随意性，且对个人而言耗资巨大，常常无法持续开展。清代以“好施”闻名的丁錞，在福州某次大水灾期间，曾“特设粥厂七处，以赈穷饿”，又“赠棺、施药，前后十稔”。但花销太大，致“縻金钱七万贯，家业因而锐减”[3]。单靠个人“善行”无法维持社会救济事业的持续开展。

福州著名乡绅郭柏苍的《豹头山收骸记》，记载了道光年间他与友人在城南豹头山（乌石山南麓）“每岁三月约为收骸之会”，“身瘁于宿莽，梦繁于残灯”，积极从事棺骸掩葬之事。但由于“城根积柩相望，洞之左右瓦棺重叠”，数量太多，因而感叹：“助葬则财不足，劝葬则力不逮。”[4]郭柏苍与友人每年一次的“收骸之会”属于小型的暂时集会，同样具有局限性。

持久结社的出现，标志着个人“善行”发展为制度化的“善举”。光绪元年（1875），福州南台铺前顶林观国等人邀集各“善士”成立“惟善社”，“广集众缘，咸襄义举”。其救济项目包括“宣圣训，送善书、恤嫠妇、拯岁窘、给产粮、赠寒衣、设义塾、惜字纸、赠棺椁、送医药、葬贫柩、掩露骸、种洋痘、点夜灯、施茶水”等，内容很广泛。至光绪三十三年（1907），各项善举已“次第奉行三十余载，得人为理，收效良多”[5]。善社有组织地开展救济，比个人的随意性善行更能满足大量的、持续的救济需求。

善社能够提供持续的、广泛的救济服务，在于“绅商”阶层为其提供了

---

[1] 民国《闽侯县志》卷88《孝义下》。

[2] 民国《闽侯县志》卷87《孝义上》。

[3] 民国《闽侯县志》卷87《孝义上》。

[4] [清]郭柏苍：《葭柎草堂集》卷上，“郭氏丛刻”，光绪间刻本，第3A—3B页。

[5]《福州惟善社征信录》（1910—1911年），福州启明印刷有限公司1910—1911年排印本，第7A—7B页。

组织基础与财政支持。以惟善社为例，在人事组织方面，17名“董事”中有10人拥有诸如“商务同知”“某某衔”或“职员”身份，有5人拥有“附贡生”“学堂学生”功名或“直隶铁路监督”经历，[1]多具备管理经验与才能。他们的共同参与，保证了社会救济事业的有序开展。在资金方面，实力商人的捐款为善社的发展提供了主要的支持。例如宣统二年（1910），惟善社的3项主要收入是行帮捐款（溪行长远堂乐捐月缘）、大商人捐款（各善士到社乐捐缘款）和各商铺捐款（各善士年捐缘款），全部来源于商人，其中尤以大商人捐款数额居多。[2]宣统三年（1911），其主要收入仍然包括行帮捐款（溪行长远堂乐捐月缘）、大商人捐款（各善士到社乐捐缘款［甲］）和各商铺捐款（各善士到社乐捐缘款［乙、丙、丁］）三部分，也以大商人捐款数额最大。[3]

福州在传统时期还有不少类似的慈善组织。在惟善社的助葬业务记录中，可以看到如心社、述善社等参与活动的记载。而根据1928年福州市公安局的调查，较早成立的述善社（道光年间成立）、冶山善社（咸丰十年成立）、保育慈善会（光绪三十二年成立）[4]等善社，仍然在发挥作用。

官方在传统时期也是重要的救济力量。儒家政治理论认为，向贫弱群体提供救济是国家职责所在，正如《礼记》所说，“使老有所终，壮有所用，幼有所长，矜寡孤独废疾者，皆有所养”。但限于条件，传统国家并不能提供全面的救济服务，能够维持有限的官办救济机构的运行，就已算是行“惠政”了。清代福州，官办救济机构主要有普济堂、育婴堂和养济院。

普济堂由福州府附郭闽县、侯官县于雍正二年（1724）共同设立，主要

[1]《福州惟善社征信录》(1910—1911)，第7A页。

[2]《福州惟善社征信录》(1910—1911年)，第15B—18B页。

[3]《福州惟善社征信录》(1910—1911年)，第29A—30B页。

[4]《福州市第一区社团一览表》(1928年4月调查)，《福州市公安局警政月刊》第14期(1928年8月)；《福州市第二署社团一览表》(1928年4月调查)、《福州市第三区社团一览表》(1928年4月调查)，《福州市公安局警政月刊》第15期（1928年9月）。

从事救济“孤贫”事业,有堂房139间。[1]由藩库每月拨款600余两以供开支。受济名额包括“堂内”500名,“堂外”500名。后因财政紧张,规定“堂内之500名缺额照补,堂外之500名缺额免补”。时人认为,该院提供的救济“对于无告穷民,立制颇称完善”。[2]育婴堂也由闽县、侯官县于雍正二年共同设立,主要收养弃婴。该堂经费主要源于官置田产500余亩,开支不足时则以“盐课羡金”补充。[3]养济院共有两处,分别位于闽县、侯官两个附郭县。明初,养济院主要用于收容“老弱废疾及孤独不能自存者”,后来逐渐专门用于隔离传染病人。例如,闽县养济院在正德十三年(1518),改建于东门外,“以处恶疾”。清代以后,进一步变成了麻风病人收容所,“以处有疯疾者”。[4]

在一些救济事务中,个人、善社和官府往往互相配合,常出现官督绅办或官办绅助等形式。例如,专门对“省城内清白士族嫠妇之穷者”进行救济的恤嫠会(敬节堂),由官方主导,由官绅共同捐资。该会(堂)的经费主要有三部分:一是道光五年(1825)总督赵慎畛倡捐银1000两;二是陈若霖、林则徐等20多位乡绅陆续捐助的银番折钱13557千;三是巡抚魏元烺筹拨的闲款10000两。这些巨额资金赋予该会(堂)较强的救济能力。道光七年(1827),该会每月救济嫠妇170名,后渐增至400名。[5]

个人、善社和官府的救济方式,都有明显的“施善与教化”追求,这是传统社会救济事业的显著特点之一。而三种救济手段互相配合,共同推动了传统时期社会救济事业的发展。

---

[1] 民国《闽侯县志》卷61《善举》,“清”。
[2] 民国《闽侯城议事会第一次会议速记录》,宣统二年(1910)铅印本,第7A—8B页。
[3] 民国《闽侯县志》卷61《善举》,“清”。
[4] 民国《闽侯县志》卷61《善举》,“明”。
[5] 民国《闽侯县志》卷61《善举》,“清”。

第二节　地方自治与救济事业

进入 20 世纪，地方自治成为普遍流行的政治思潮与社会运动。1908 年，清政府宣布实行地方自治，标志着地方自治运动得到自上而下的推动。1914 年，地方自治曾以有碍地方行政而被废止，1919 年重新恢复。地方自治的兴废，深刻影响了近代地方政府的行政方式及地方精英对社会救济的参与。

一、重组社会救济的尝试

1910 年，福州成立闽侯城议事会。作为议事机关，城议事会的成立方便了官、绅之间关于社会救济等“地方公益”事务的交流。该会曾就救济事业提出改革意见。

首先是清查官办救济机构。宣统二年（1910）六月，城议事会议员刘其琛等发现，普济堂可能存在滥充名额的现象，管理人员的花销也太大，导致“穷民纵小惠均霑，究无以赡其生活”。因此，主张加强监督官办救济事业，彻底清查各种簿册和款项，以消除“冒充”和“滥报滥发”等弊端。[1]。

其次是整顿公款公产。宣统二年（1910）六月，有议员提议对“本地方公款公产”“请官给示”，由“经理公款公产”的各绅董自行申报，要求官办救济机构及社会公益组织将被侵占的公款公产，“援据章程迫令缴出”。[2]

再其次是提出全新的救济理念。城议事会提议将普济堂的房屋改作工场，教“稍健而有力者”学做浅近的手工艺品，售卖获利后，“酌给工作费

[1]《闽侯城议事会第一次会议速记录》，第 1A、7A 页。
[2]《闽侯城议事会第一次会议速记录》，第 45B—47A 页。

若干以助生活”。[1]侯官知县也提出要“推广工艺以殖游民”。城议事会申复建议，将“地方应抽之捐”中的戏园捐和戏捐拨作游民习艺所经费，以达到“推广工艺厂,勒令游民入厂学习”的目的。[2]而开办栖流所的目的则更明确:“栖流所之中，非必由我筹款养之，亦是令其自谋生计。”[3]

这些意见反映了官方与绅商群体试图在政府“监督”下的“地方自治”框架中，整合地方救济事业的早期设想。但随着清朝的灭亡，推行自治的闽侯城议事会也迅速消失，而其提出的重组社会救济事业计划大多落空。官方和民间两套救济系统依旧走在各自独立发展的道路上。官方仍然维持着普济堂、官立敬节堂等救济机构，而心社施诊所、善社敬节堂等善社组织则仍由民间维持。值得注意的是，官方仍然支持民间救济事业的发展，1925 年 6 月财政厅的支出项目中，就包含了补助善社敬节堂、心社施诊所等支出。[4]

二、全国化、全城化与社区化

地方自治从制度层面上虽时兴时废，但“地方人士兴办地方公益”的观念却在实践层面上走向深入，促成了广泛的社会动员，推动了福州社会救济事业的发展。民间救济力量除了维持既有的救济机构外，还实现了三个方向的发展：

一是社会救济的“全国化”，即地方精英能动地将全国性的救济网络引入福州。最著名的当属红十字会。光绪三十二年（1906），在中国红十字会创始 2 周年之际，地方自治的活跃人物林雨时就将它引入福州，创办了闽侯红十字会（后改为红十字会福州分会）。该会进入福州后，凭借其庞大的全国性网络与战时中立的特殊性质，解决了一般慈善救济组织无法解决的兵

[1]《闽侯城议事会第一次会议速记录》，第 8B 页。

[2]《闽侯城议事会第一次会议速记录》，第 35A—36A、55B—56B 页。

[3]《闽侯城议事会第一次会议速记录》，第 23A 页。

[4]《财政厅中华民国十四年 6 月份收入支出数目支出项下》（未完），《福建公报》民国十四年 8 月 20 日第 788 号。

灾救济，特别是战区救济的难题，因此成为战时救济的主导力量。1918 年 9 月，粤军进攻福州时，红十字会福州分会立即致电上海总办事处，迅速调运物资开展救护。1922 年第一次直奉战争期间，该分会又开展了对福建兵灾的救护。[1]

二是社会救济的“全城化”，即各慈善救济组织从各自分立走向一定程度的联合，继而形成制度化的联合组织。随着社会救济事业的发展，分立的慈善救济组织之间或多或少会发生一定的业务联系。例如，1910 年惟善社在开展助葬业务时，曾两次邀请述善社和如心社“评议”义山。[2]随着业务交流的增加，慈善救济组织间的协作关系日益密切。1920 年 5 月，“福州七善团防灾联合会”成立，之后，又出现了“福州慈善团”等联合组织。慈善联合组织的出现，标志着慈善救济组织走向了制度化联合，它们在一些重要救济场合中发挥了重要作用。[3]如“七善团联合会”参加了 1926 年 12 月福州各界对南港兵灾的赈济活动。[4]“福州慈善团”在 1927 年 1 月，向“福州市贫儿教养院”捐款 200 元。[5]

三是社会救济的“社区化”，即慈善组织与具体社区相互结合，依托社区的财政与人事支持，开展持久的社会救济活动。传统慈善组织的资金主要来源于“善士”的自愿捐款，来源不稳定，且数额常有较大波动，常常影响业务的正常开展。而慈善组织与社区相结合，依托社区开展救济，则改变了原有的筹资方式，为救济活动提供了稳定的资金保障。

1922 年以后，福州城台各社区普遍设立“商事研究所”，依托于社区，

[1] 参见周秋光：《民国北京政府时期中国红十字会的慈善救护与赈济活动》，《近代史研究》2000 年第 6 期；池子华：《“军阀时期”中国红十字会的兵灾救护》，《上海师范大学学报》（哲学社会科学版）2004 年第 5 期。

[2] 福州惟善社编《福州惟善社征信录》（1910—1911），第 20B 页。

[3] 《福州市第三区社团一览表》（十七年四月调查），《福州市公安局警政月刊》第 15 期（1928 年 9 月）。

[4] 《福州南港灾民请惩张毅，携旗入城请愿者九千余人》，《申报》1926 年 12 月 26 日。

[5] 福州市贫儿教养院编《福州市贫儿教养院第一届征信录》，1927 年铅印本，第 1 页。

举办各种慈善救济事业。例如，1923年，宣政铺、肃政铺、清河铺、市心社、聚英社、通贤一社、通贤二社、通贤三社、通贤四社、安泰社等10个传统社区组成了“皷泰十社商事研究所”，开展多项传统慈善救济事务。[1]

商事研究所与传统慈善组织不同，它拥有特定的辖区，有稳定的组织与财政基础。例如，1923—1924年，皷泰十社商事研究所的40名“职员”，全部来自所辖“十社”各商铺。[2]而其资金主要来源于“十社”各商铺按一定标准摊派的“义务性”捐款。[3]，这使商事研究所获得了较为稳定的资金来源，而摆脱了传统慈善组织因完全依赖“自愿性”捐款而出现的收入不稳定状况。因此，商事研究所的社会救济事业得以持续开展。如皷泰十社商事研究所“除研究商业学识外，兼办慈善事业，举凡济产粮、惜字纸、施医诊、送药品、赠棺木、助贫葬、给棉衣、敬茶水诸善举，靡不竭其绵力，次第进行”。[4]到20世纪30年代中期，福州共有此类商事研究所20个左右。[5]分布于福州城区各处，实实在在地开展社会救济，得到了官绅各界的普遍赞誉。1924年，时任福建省长的萨镇冰评价皷泰商事研究所，“深明社会互助发展之义，以慈善事业为己任，凡所举办，不可殚述”。并认为其“善与人同，虽在阛阓之中，能为群众谋救恤，实足以辅政府之不及”。[6]

“全国化”“全城化”和“社区化”发展，代表了社会救济事业发展的新动向，而这些新发展是建立在最大限度地利用传统资源和社会网络的基础之上的。例如，红十字会代表的“全国化”的救济网络，是由地方精英引入的；“七善团联合会”等“全城化”救济组织的出现，是以慈善组织间既有的业务协作为关系基础；商事研究所代表的“社区化”发展，依托的更是日常的社

[1] 福州皷泰十社商事研究所编《福州皷泰十社商事研究所征信丛录》，1924年铅印本，第7—10页、43—60页。

[2] 福州皷泰十社商事研究所编《福州皷泰十社商事研究所征信丛录》，第39—42页。

[3] 福州皷泰十社商事研究所编《福州皷泰十社商事研究所征信丛录》，第43—60页。

[4] 福州皷泰十社商事研究所编《福州皷泰十社商事研究所征信丛录》，第3—4页。

[5] 郑拔驾：《福州旅行指南》，商务印书馆，1934年，第93—94页。

[6] 福州皷泰十社商事研究所编《福州皷泰十社商事研究所征信丛录》，第1页。

区关系和众多中小商铺间的行业联系。慈善救济事务中的制度创新，是以传统资源的创造性利用和转化为基础的。

第三节　整体性应对机制的发展

1926 年 12 月，北伐军进入福州，福州开始置于国民政府治下。新政权标榜“民生主义”，试图积极改造官办救济机构，以期对社会救济等“民生”事业做出更积极的贡献。虽然这一改造计划因财政状况不良而遇到挫折，但由于民间救济传统仍在延续，并实现了救济机制的新突破，福州社会救济事业仍不断向纵深发展。

一、官办救济事业改造

鉴于官办救济长期以来效果不彰，党治当局早期提出了积极的改造设想。1927 年，福州市公安局将救济从良妓女的官办“济良所”更名为“妇女教养院”。公安局认为，“济良所名称，原为救济堕落妓女从良而设，其范围似太狭隘。际兹党治肇基，而有养无教，直使恶习难移，振拔无望”。为实现“教养兼施”的积极救济主张，达到“所内收容妇女资以生活，施以训练，使受相当知识技能，俾出所之后可独立生活，服务社会”。[1]但由于财政和人员所限，这些救济计划实际并未实施。据记载，1934—1936 年，妇女教养院每月经费仅有 300—400 元。[2]编制人员在 1936 年包括院长、管理

[1]《布告济良所改称妇女教养院文》，《警政月刊》第 2 期（1927 年 8 月）。

[2]《福建省会公安局民国二十二年度(二十三年 2 月下半月至 6 月份)支出经费统计表》《福建省会公安局民国二十三年度支出经费统计表》《福建省会公安局二十四年度支出经费统计表》，福建省会公安局编《福建省会公安局业务纪要・总务》（中华民国二十三年 2 月 15 日至二十六年 2 月 14 日），福建省会公安局，1937 年。

员、办事员、教员、警士、夫役等，一共只有11人。[1]因此，不仅“唯徒收养，不使略教授及缝纫等职业，实亦缺憾”，而且“场所简陋，不合卫生，院女衣服亦多破敝不完”，连基本的救济条件也无法保障。[2]

同样的情况也见于游民习艺所。早在清末，闽侯城议事会就提出开办“工艺厂”，向游民教授手艺，使之能“自谋生计”。然而限于资金，虽设立了“游民习艺所”，却未能将积极的救济理念付诸实践。1937年，省会公安局“附设游民习艺所，可由消极的成为积极的作用，关系极巨。只因限于预算，收容人数不多，并消极的作用，亦不甚明显”。[3]

实际上，当局收容“游民”的目的，治安考虑多于积极救济。当局视“游民”为治安威胁，往往将游民习艺所等同于“游民拘留所”。当局曾三令五申，要求将乞丐、难民等送往游民习艺所或贫民工艺厂拘押。[4]1930年，“久病逗留路上”的“无业游民”李道根，就被公安局以“际此戒严期间，未便任其散处”为由，拘往游民习艺所收容。[5]又有“难民”陈仲民，因“向各店铺强乞，稍不遂意，即顿足舞手，敲人店柜”，也被公安局以“际兹戒严期间，此项无业游民难保不无轨外行动”为由，拘往游民习艺所收容。[6]“不务正业”的叶务俤也被解送游民习艺所“拘束”。[7]可见，在财政与治安的双重

[1] 福建省会公安局编《福建省会公安局业务纪要·业务纪要》(中华民国二十三年2月15日至二十六年2月14日)，第32页。

[2] 福建省会公安局编《福建省会公安局业务纪要·业务纪要》(中华民国二十三年2月15日至二十六年2月14日)，第7—8页。

[3] 福建省会公安局编《福建省会公安局业务纪要·业务纪要》(中华民国二十三年2月15日至二十六年2月14日)，第6页。

[4]《令各区署禁止乞丐难民麻风行乞文》，《警政月刊》第1期(1927年7月)；《令各区署严行取缔难民麻风沿街行乞文》，《警政月刊》第5期(1927年11月)；《令各区署取缔外省游民文》，《警政月刊》第6期(1927年12月)。

[5]《令游民习艺所发去游民李道根一名暂予收容文》，《福州市公安局警政月刊》第36期(1930年6月)。

[6]《令游民习艺所发去难民陈仲民一名暂予收养文》，《福州市公安局警政月刊》第36期(1930年6月)。

[7]《令游民习艺所发去游民叶务俤一名应予拘束文》，《福州市公安局警政月刊》第36期(1930年6月)。

压力下，官办社会救济的初衷已然改变。

国民政府初期，由于财政制约，当局不仅无法实施“积极”的救济计划，连最基本的“消极”救济职能也无法履行。例如，专门收容麻风病人的东西两麻风院，因“困于经费，致麻风口粮为数既微，且常遭积欠，麻风病者不得不出而求食”。[1]造成福州城市秩序混乱，“城台各街坊多有拘手攀足之麻风者，三五成群，沿街叫化，或擅入店铺，强行求乞，不特有碍卫生，对于市政秩序亦有关系”。[2]市政当局一再禁止麻风病人离院行乞，[3]但由于口粮积欠问题未能解决，麻风病人入市行乞之习也难以根除。据观察，“每遇废历初一、十六两天，城内直街一带，乞丐接踵于途，烂脚臭头或折臂、盲目，奇形怪状百出，向店铺乞钱，叫嚣隳突，殊令人厌苦”。[4]这充分说明，社会救济问题如不能有效解决，必将转变成严重的社会问题。而当局在财政举步维艰的情况下，只能寄希望于民间慈善组织的积极参与。

二、“整体性应对”机制

与当局开展社会救济效果不彰相比，民间的社会救济事业却发展得如火如荼，甚至在一些重要救济活动中发挥了主导作用。其原因主要有两方面：第一，社会救济事业的发展不断走向全国化、全城化和社区化；第二，慈善组织和其他社会组织实现了整合，形成了以民间力量为主导、社会组织和官方部门普遍参与的“整体性应对”机制。

20 世纪 20—30 年代，福建政局混乱，省会福州就受到北伐战争（1926—1927 年）、刘卢战争（1930 年中央军刘和鼎讨伐卢兴邦）、“福建事变”

[1]《禁绝乞丐整理市容》，《福建民报》1935 年 8 月 18 日。

[2]《公安局禁麻风行乞，即拘送东西院收容》，《新福建日报》1934 年 4 月 10 日。

[3]《令各区署禁止乞丐难民麻风行乞文》，《警政月刊》第 1 期；《函闽侯县请饬麻风院约束麻风毋任外出文》，《警政月刊》第 6 期；《公安局禁麻风行乞，即拘送东西院收容》，《新福建日报》1934 年 4 月 10 日；《公安局局务会议，取缔麻风残疾行乞，认真办理烟民登记》，《福建民报》1935 年 8 月 18 日。

[4]《禁绝乞丐整理市容》，《福建民报》1935 年 8 月 18 日。

（1933—1934 年）等战事波及。战争时期，救济难民和掩埋露尸事务尤为复杂繁重，一般的救济组织难以胜任，而拥有全国性网络的红十字会则发挥了重要作用。1926 年底，北伐战火波及福州南港时，百姓大量流离失所，“临时红十字会”开展了“散发急赈”活动。[1]“刘卢战争”和“福建事变”期间，红十字会又在战区内积极开展救护和掩埋活动，成为战时救济的主体。[2]

另一个拥有全国性网络的慈善救济组织红卍字会，也被引入福州，成为战时救济的重要力量。1926 年底，北洋败兵洗劫福州南港，造成该地“南北各乡惨遭兵祸，被灾百余乡，难民二三万人”的惨剧。“福州红万字会”联合善社，组成“福州兵灾临时救济会”，办理救护、收容和善后工作。[3]刘卢战争期间，红卍字会也积极参与福州西北郊的露尸掩埋。[4]“福建事变”期间，“红万字会福州分会”特派救济队赶赴灾区，开展救护、医疗、掩埋等事务。[5]1934 年 6 月、10 月，又分别在福州南郊各处开设施诊处（所），为贫民和战争难民免费施诊。[6]红十字会和红卍字会等全国性组织，推动了福州社会救济事业“全国化”趋势的进一步发展。

社会救济的“全城化”动向也得到继续深化。1926 年底，在参与南港兵灾“散发急赈”的行动中，出现了“七善团联合会”等善社联合体的身

[1]《福州南港灾民请惩张毅，携旗入城请愿者九千余人》，《申报》1926 年 12 月 26 日。

[2]《掩埋战场枯骨　连日红十会出发西北郊》，《闽报》1930 年 10 月 25 日；《中华东南主会上海总办事处派救护队来闽，福州红十字分会救护掩埋队已出发》，《闽报》1934 年 1 月 13 日；《中国红十字会福州分会将出发救护前，与总会往来电文》，《闽报》1934 年 1 月 16 日；《中国红十字分会派员出发募捐，有主张由商会筹款》，《闽报》1934 年 1 月 17 日；《福州红十字分会设立临时医院救护病伤兵士》，《闽报》1934 年 1 月 18 日；《世界红十字会福州分会组织救护掩埋两队前赴白沙水口工作》，《闽报》1934 年 1 月 20 日；《红十字会设伤兵、贫民治疗所，计有两处开始治疗》，《闽报》1934 年 1 月 30 日；《福州红十字会函请陆海军政长官保护救济队工作，华北、东南队均来闽》，《闽报》1934 年 2 月 1 日；《本省红十字会将商请票友表演筹赈义务戏，地点在东街文艺剧场名票俞廉冠等参加》，《闽报》1934 年 11 月 4 日。

[3]《福州来电》，《申报》1926 年 12 月 12 日。

[4]《掩埋战场枯骨　连日红十会出发西北郊》，《闽报》1930 年 10 月 25 日。

[5]《世界红万字会福州分会发表宣言，对于救护掩埋死伤一视同仁不分畛域》，《闽报》1934 年 1 月 16 日。

[6]《红万字会设贫民施诊所，在南台下渡十锦祠》，《闽报》1934 年 11 月 3 日。

影。[1] 1931 年，义洲白马桥一带发生大火，“火后难民，多属赤贫下户，虽有残褡篷寮板屋借以栖身，而目下冬令已届，风霜口厉，若辈短褐不完，为状备极瑟缩可怜。遇此残歼，穷年老弱，势必僵死冻毙”。“某社善长”王某提议，联合“七社团”，筹款赶制寒衣 500 件，分给御寒。[2] 同样反映出各善社由分立走向了联合。1934 年“福建事变”之后，地方维持会会长萨镇冰和海军司令陈季良共同商议，将部分军米拨给“省会十二善团”，用于赈济贫民。[3] 从“七善团”到“十二善团”，体现了慈善联合组织规模的日益扩大，官方对此也给予了大力支持。

“社区化”发展也取得了更多成果。1926 年 12 月，南港“九十六乡”遭北洋败军蹂躏，九千余灾民入省请愿，各社会公益组织积极救济，商事研究所和救火会等表现尤为积极：

> 闽江南岸各乡，此次被张毅所部蹂躏，非常惨酷。及张部改编开拔后，乡民逃难归来，大抵家破粮绝，无地栖依。虽经兵灾，救济会、临时红十字会、七善团联合会暨各商帮、各界散发急赈，而灾扩大，难望普及。各乡民衔恨张毅，殆与武昌人民怨恨刘玉春同一心理。比闻何应钦已将张毅带省，遂由瓜山、东厝、古城、郭宅、泽苗、汶山、马墘、苏岐、陈厝等九十六乡灾民，发起进省请愿。昨二十日早七时，竟由峡兜渡江，湾边角登岸，沿仓前桥、观音井、台江汎马路，于上午十一时进入南城，约九千余人，手携白纸旗，上书“十室九空，妻离子散，纵兵殃民，请诛张贼”各字样。灾民中多白发龙钟之老叟，与襁负乳孩之村妇，单衣瑟缩，面容枯槁，沿途鱼贯而行，至晚七时始毕。

[1]《福州来电》，《申报》1926 年 12 月 12 日；《福州南港灾民请惩张毅，携旗入城请愿者九千余人》，《申报》1926 年 12 月 26 日。

[2]《七善团议制棉衣五百件赈济义洲火后灾民》，《福建民国日报》1931 年 12 月 4 日。

[3]《省会十二善团派代表谒见财政特派员，请求放行所扣赈米》，《闽报》1934 年 2 月 1 日。

先到福建国民党省党部，声诉张毅军队在南港一带焚掠奸淫各罪状，及目下饥寒交迫、束手待毙之惨况。省党部派代表林尧阶接见，允将各情请丁立夫主任转达何军长。各灾民续到东路总指挥政治部，亦派代表林某出来抚慰，并允代表呈总指挥部核办。复到何军长行署，分集东西两辕门，万头攒动，哭声腾沸，何应钦偕主任江董琴、参谋李庚矱，亲出大堂抚慰。由李参谋以闽语传达，略谓何军长率师入闽，即为解除吾闽父老受万恶军阀之压迫束缚起见，唯因莆仙永泰一路收编民军，行程稍缓，致我南乡人民受张毅一场荼毒，何军长深为抱歉。兹后自当力筹良策，使吾乡民得以回复原状。各灾民又请求将张毅绑赴瓜山枪决，以平众愤。李参谋答以抚恤难民，与惩办祸首，将来定有正当办法，请大家即便回乡。众以无乡可回，又到省长公署，由政务厅长蔡凤玑率各科长出见，令举年长者十人在办公厅谈话，各人要求主旨与上述相同。蔡厅长答称，萨省长对南乡战事，极为系念，所以首先组织兵灾救济会，现虽决心下野，但谊关桑梓，仍当继续进行。至惩办张毅，候请省长转商何总指挥，予以严格制裁等语。各乡民颇表满意。时已冷月当空，万家灯火矣。健壮男丁多散往城内小客栈过夜，老弱妇稚则聚集于省署大堂席地而卧，尚有四五千人。蔡厅长赶赴朱紫坊私寓报告萨镇冰后，旋即购买馒头散给。上杭街总商会及城外双杭、桥南各商事研究所，城内鼓泰、芝西各救火会，亦皆赶备面包饼饵各食品，陆续送往。本早（二十一日）七时，榕北救火会复煮稀粥三十余担，挑往省署，以供灾民早餐，食毕出署。中洲海军分所已派浅水舰三艘、小火轮二艘、民船二十余艘，专任护送各灾民渡江回乡。警察队、陆战队均在码头照料。[1]

救火会、商事研究所迅速送粥送饼的行动，虽然微小，却具体而实在，显示出社区化公益组织的积极与务实。

[1]《福州南港灾民请惩张毅，携旗入城请愿者九千余人》，《申报》1926年12月26日。

在全国化、全城化与社区化深入发展的基础上，福州各种救济力量实现了有机整合，形成了官民各种力量普遍参与的“整体性应对”机制。“整体性应对”机制的形成，首先体现在福州各慈善公益组织在人事上的互相交叉。例如著名乡绅萨镇冰，既是惟善社的领导人，又积极发起“福州兵灾临时救济会”，致力于南港兵灾的救济。[1]又如王纲，曾担任三山布帮救火会和福州救火联合会的领导人，同时也是中国红十字会福州分会会长。[2]再如陈勋，也同时是保婴慈善会和双杭救火会的负责人。[3]等等。通过“整体性应对”机制，官方在重大的救济场合也能主动加入，与社会公益组织共同承担救济事务。

1934年3月17日南台三县洲大火灾的社会救济，充分体现了在重大救济场合中，民间所发挥的主导作用及官民之间的合作关系。《新福建日报》记载了火灾的发生的情形：

台江龙潭角西面之三县洲，于十七夜九时二十八分失慎，全洲舍西北一隅，□延烧净尽。本报不惮求详，特派记者再往灾区逐项调查，兹将所得详情披志于后……该地三面环江，一面背岭，居者多属船户，以翁、杨两姓居多数，商店只生活日用之柴米及酒盐琐屑十余家，此外仅有鞋店二间，剪发店三间。余者多为临时售卖鱼鲜之摊柜，不能以商店目之也。船户陆居者占十之四，水居者十之六。最值价者厥惟上游运省之木排，无论出口或本港订购，均暂寄碇于此（此横木料极易燃烧）。记者到灾区后，极目一片瓦砾，无寸椽保留，灾民携儿褓女，号哭江边，

[1]《福州市第三区社团一览表》（1928年4月调查），《福州市公安局警政月刊》第15期（1928年9月）；《福州来电》，《申报》1926年12月12日。

[2]《福州市第三区社团一览表》（1928年4月调查），《福州市公安局警政月刊》第15期（1928年9月）；《中国红十字会福州分会将出发救护前，与总会往来电文》，《闽报》1934年1月16日。

[3]《福州市第三区社团一览表》（1928年4月调查），《福州市公安局警政月刊》第15期（1928年9月）。

为状至惨。经询之于一年纪较长之老渔翁，据称当夜起火情形在九时半左右，余业捕鱼，畜有数鸥，早出晚归习以为常，归则泊于洲之南岸。是夜余方在煮饭，讵黄粱未熟，火已蓬勃不可向迩，西北风又复异常紧张，不旋踵已成燎原之势，余亟携相依为命之数鸥上岸奔逃，弃筏不顾。而火势无定，金蛇乱张，四面但闻呼号求救之声，而潮汛适退，既无水泼救，又不能载重（指救火车）过援。龙潭救火会首先驰到，唯在隔岸观火，徒呼咄咄而已。言下太息不置。

灾后，救火会、商会、善社等各救济团体次第介入难民的救济中：

大火成灾之后，虽有救火界及慈善团施粥赈济，奈灾情甚重，灾民多露宿风餐，极为惨切。昨推代表马光华、张用才、翁祥□及正副乡长陈起彰、翁利春，前赴火联会会长王纲住宅，请王设法救济。王氏允于今日召集各救火会及邀县商会，并各善团会议，妥筹急赈办法，拟先搭盖蓬屋，并分任送粥。各代表认为满意，又折赴县商会陈请，该会允襄助王会长办理。唯善社及城内钟峰卓社亦已发起召集各乡自动捐助急赈。[1]

灾民还公推代表请求省政府、民政厅、县政府等各机关，准予安插难民住宿，也说明在重大的救济场合，政府也发挥了重要作用。

随后，又由萨镇冰、宋景熠、郭则寿、王纲等几位著名慈善家发起赈灾活动，领导救火会和慈善组织开展施粥赈济。[2]这几位“慈善家”，分别是各著名善社或社会公益组织的领导人，其中萨镇冰曾是惟善社的领导人，宋景熠是述善社的领导人，郭则寿时任红万字会福州分会会长，王纲时任红十

[1]《三县洲火后视察记》，《新福建日报》1934年3月20日。
[2]《各慈善团体昨在县商会讨论救济三县洲办法》，《闽报》1934年3月23日。

字会福州分会会长和福州救火联合会会长。[1]

3 月 22 日，由福州救火联合会召集救火会、商会、善团联合会议，筹办急赈事务，达成以下急赈办法：

> 各善士于昨（二十二）日下午二时假县商会开会，讨论赈济办法。闻已决定除省赈务会捐五百元、红十字会捐五百元、商会捐五百元外，各善团与第一区公所各担任□募五百元，钱业公会、汽船公会暨杉木业各公会共同捐募，预计须募足七千元。施赈办法，除购器具被盖等物发以灾民外，并调查最惨者，先发若干元，给资度日，架设木屋为灾民居住云。[2]

在整个赈灾过程中，慈善组织和公益团体密切协作，先后参与了各项具体的赈灾事务，承担了大部分的赈款，发挥了主导性作用。而省赈济会和闽侯县第一区公所也参与其中，认募了部分摊派赈款。由民间主导，官民各种力量普遍参与的“整体性应对”机制，推动了福州社会救济事业的有效开展。

---

[1]《福州市第三区社团一览表》(1928 年 4 月调查)，《福州市公安局警政月刊》第 15 期（1928 年 9 月）;《各慈善团体昨在县商会讨论救济三县洲办法》,《闽报》1934 年 3 月 23 日。

[2]《各慈善团体昨在县商会讨论救济三县洲办法》,《闽报》1934 年 3 月 23 日。

第八章　结论

本书考察了国民政府初期福州的市政管理与公用事业，分析了市政进步中国家与社会的互动方式，探讨了城市转型中传统与社会资源的转化途径。本章从近代中国市政进步的多元途径、城市转型的动力机制、现代化进程中国家与社会关系之走向等三个方面，略做学术反思。

第一节　市政进步的多元途径

国民政府初期福州的市政管理，主要由公安局和工务局两个部门承担。公安局、工务局除了负责警政、工务事务外，还管理其他众多的事务。例如公安局，不仅维持公共安全事务，还承担公共卫生、社会救济、工商管理等职责，事权极为繁杂。但这一时期福建地方财政匮乏，却制约了公安局和工务局对业务的开展，即使通过加征“直接收入”，也无法充分满足业务发展的需求。在这种情势下，省市当局集中财力开展旧城改造，推进市路拓筑计划，极大地改良了福州的城市基础设施，为福州市政的近代发展准备了基础。

政府主导市路拓筑代表了公共工程“官办化”模式，私人投资电气事业和社会公益组织主导消防事业，则分别代表着公用事业“商办化”模式和公益事业“公办化”模式，救济事业则由官民各种力量共同参与，形成“官民合办”模式。由此形成了近代福州公共事业举办的多元模式，即：公共工程“官办化”、公用事业“商办化”、公益事业“公办化”和“官民合办”。

各种模式共同作用，共同推动福州近代市政的进步。

福州个案表明，推进近代中国市政进步的动力是相当多元的，它既可以是官方，也可以是民间；既可以源于政府，也可以来自市场；更可能是多种力量的结合。在城市管理体制尚未健全、政府力量严重不足的情况下，更需要社会各种力量的参与，才能有效地推进市政的近代化发展。在福州近代的市政发展历程中，市路建设由政府主导，而电灯业、消防业则分别由私人投资和社团举办，社会救济更是官民各种力量共同参与，建立起“整体性应对”机制。这也意味着，推动着近代中国市政进步的动力不仅来自政府，也源于市场和公益组织，市政进步是通过多元途径取得的。

在近代中国的城市发展中，即使是如上海、广州这样市政管理完备的大城市，尽管市政府广泛介入城市社会的运行，但大量的公共产品仍然须由市场或社会组织供应，形成多元化的公共产品供应途径。近代福州的公共事业运作，典型地代表了由政府、市场和社会组织共同参与的类型，呈现了一条近代中国市政进步多元化的途径，很大程度上反映了近代中国城市发展的一般模式。

第二节　城市转型的动力机制

关于近代中国的城市转型问题，不少研究都是在现代化理论的框架中进行的，其研究目的主要在于梳理出中国城市从传统向近代线性转变的一般趋势。但这些研究往往对转型进程中的其他复杂面向注意不够，倾向于将“传统”与“现代”视为一组对立的范畴。有必要从更加多元的和更为宽广的历史视野出发，来把握近代中国城市转型的动力机制问题。

福州的个案表明，推动近代中国城市转型的动力，固然有很大一部分源于外力，或通过“自上而下”的方式加以作用，但城市社会中既有的传统资源与社会力量在这一过程中也扮演着极为重要的角色。近代中国多数城市与福州一样，政府在举办市政事务时都面临着财政压力，这就意味着政府无法提供所有的公共服务，因此，推动城市转型的动力并不仅限于政府一端，它还需要社会力量的积极参与和传统资源的最大利用。在福州个案中，政府虽然在推进市政工程建设方面发挥了主导作用，但在公用事业和公益事务等方面，均极度依赖市场力量的强势参与和社会组织的积极介入。

商人投资经营公用事业，实现了在政府财力不济的情况下公用事业的正常供应。根植于行业联系与社区关系的救火会组织，则积极承担起全城性的消防服务。政府因此得以从这些具体的公用事业中脱身出来，而从事其更加适合的保障从业环境和监督指导的责任。在福州社会救济事业的发展进程中，国家也积极促成各种救济力量的分工联合，并作为一个组成部分，与善社、商会、救火会、商事研究所等一道参与到救济活动中。

可见，中国近代的城市转型过程，不能仅仅将其视为国家外在推动的结果，还应注意到伴随这一过程的还有社会主动的参与。而最大限度地利用既有的资源和力量，以推进城市社会的近代转型，当不失为一条高效率且低成本的途径。当然，政府在这一过程中无法推卸保障法制环境与指导监督之责任。这说明，中国城市的近代转型不仅是外在规划的结果，也有其内在逻辑可循。

第三节　国家与社会关系走向

近代中国的国家与社会关系问题，一直是学界研究的焦点。杜赞奇（Prasenjit Duara）注意到20世纪前半期的中国乡村，经历着两个“巨大的历史进程”：“第一，由于受西方入侵的影响，经济方面发生了一系列的变化；第二，国家竭尽全力，企图加深并加强其对乡村社会的控制”。他在华北农村的研究中发现，现代国家政权的建设，是以破坏原有的文化网络为代价的，最终的结果是国家政权走向“内卷化”。[1]杜氏的结论可能与其使用的主要资料满铁调查有关，在日本侵略占领期间所做的调查中，难免随处可见“国家”与社会间经常性的冲突，这可能并非近代国家与社会关系的常态，可能还掺杂了侵略当局与沦陷地区间的紧张关系。因此，有必要通过更多的个案的研究，推进对这一问题的理解。

20世纪以来福州市政的进步，是中国城市现代化进程的一部分。清末新政开始，福州的城市管理不断向专业化发展，先是警察制度逐步建立，城市生活被纳入积极的管理中。接着成立了专门的市政建设机关，开始兴建现代市政工程。1926年底，北伐军进入福州，开始了国民政府的统治，国家权力向社会的渗透明显加强。这一时期福建当局一度筹备福州设市，体现了国家积极推进城市现代发展的趋向。这一时期所开展的拆除城墙、拓筑遍布全城的马路网等大规模的市政工程建设，说明国家权力空前强大地介入到城市转型与空间管理中。

即便如此，政府对市政建设的推进也主要限于市政工程，而在其他重要的公共事业领域，仍有赖于私营企业、传统资源、社会力量的积极参与。政府在这一进程中发挥的作用，是积极引导，保护从业环境，并适度地监督业务改良。这也意味着，这一时期福州的市政近代化发展，是在充分利用既有的社会力量与传统资源的基础上取得的。国家权力的空前强化，并未同步引起国家与社会关系走向空前的对抗。

毋庸讳言，这一时期福州在市政管理强化和市政建设进步的过程中，确实常常可见城市精英和一般市民以种种方式开展抵制运动。政府在交通管理、工商管理、公共空间管理等方面，均遭到过程度不同的抵制；而政府试图扩大捐费征收，更引起了广大市民的强烈反弹；在官方开展的拓筑市路和

---

[1] 杜赞奇:《文化、权力与国家：1900—1942年的华北农村》，王福明译，江苏人民出版社，1994年。

旧城改造中，涉及拆迁的市民还组织过各种规模的“罢市”活动。但这只是问题的一个方面，国家与社会关系并非总是对抗，在许多方面双方都有强化合作的需要。近代福州公用事业的举办，采用官办化、商办化、公办化与官民合办等多种模式，就证明了国家与社会间存在着分工合作的巨大可能。

各种公共事业的举办模式间也不是截然分立，官民关系往往互相渗透和相互补充。福州的公用电气事业采取“商办”，由私人投资经营，而政府也发挥了保护市场环境、监督服务质量、保证公用事业公共性的责任。消防事业采取“公办”，救火会成了消防事业的主体，但政府的“在场”仍十分重要，它在保护救火环境、授权保障费用征收及指导消防业务能力提高等方面，都发挥了重要作用。在社会救济事业领域，救火会、商事研究所、商会、善社和国家救济机关之间的合作协调，保障了全方位地发动力量，多层次地参与到社会危机的应对中去，说明官民力量的分工合作对救济事业的发展至关重要。

市政进步和城市转型的过程，既伴随着国家权力的不断扩张，也为社会力量的持续增长提供了条件，在这一过程中，国家与社会关系总体上可以是互补与合作的。在近代中国的特殊语境中，可以发现现代化事业的推进实际难以凭空成就，而往往需要立足于既有社会文化传统之上；同时，社会领域的拓展也无法绕开国家的存在，在很多场合也有赖于国家的授权。

参考文献

一、档案史料

1.［清］邵之棠编《皇朝经世文统编》，“近代中国史料丛刊续辑”第72辑，文海出版社有限公司，1980年。

2. 福建清理财政局编《福建财政沿革利弊说明书》，宣统二年（1910）铅印本。

3. 赵尔巽等:《清史稿》，中华书局，1977年。

4.［清］德福等:《闽政领要》，福建师范大学图书馆藏抄本。

5. 闽侯城议事会编《闽侯城议事会第一次会议速记录》，宣统二年（1910）排印本。

6.《闽藩要览》，福建师范大学图书馆藏抄本。

7. 福州海关编《近代福州及闽东地区社会经济概况》，华艺出版社，1992年。

8. 福建省会公安局编《福建省会公安局业务纪要》（中华民国二十三年2月15日至二十六年2月14日），1937年。

9. 中国第二历史档案馆编《中华民国史档案资料汇编》第1辑，江苏人民出版社，1979年。

10. 福建省汽车运输公司编《福建省公路运输史第一册资料汇编》第2集，1984年。

11. 福州市公安局编《（福州市公安局）中华民国十六年7月征信录》，福州市公安局，1927年。

12. 中国第二历史档案馆编《中华民国史档案资料汇编》第3辑，江苏古籍出版社，1991年。

13. 徐秀丽编:《中国近代乡村自治法规选编》，中华书局，2004年。

14. 福建省银行经济研究室编《福建十年》，1945年。

15. 福建省县政人员训练所编《闽政三年》，福建省政府秘书处，1937年。

16.《福建省财政会议议决案》（第五类），1928年。

17. 福建省政府秘书处统计室编《福建省现势概述》，福建省政府秘书处公报室，1937年。

18. 福建私立光复中学编辑委员会编《福建辛亥光复史料》，建国出版社，1940年。

19.《福建省府关于福州市水部门、南门兜等没线二百余家居民代表呈请拆城筑路勿碍民居的训令》，1927—1928年，福建省档案馆藏民国福建省建设厅档案，36—1—38（1）。

20.《福建省建设厅关于达明里、文儒坊及南街邮局等处筑路、退地拨地的指令》，1928—1929年，福建省档案馆藏民国福建省建设厅档案，36—1—81（8）。

21.《福建省建设厅关于古太救火会请拨赵真君庙宇及通贤境为会所的训令》，1929年，福建省档案馆藏民国福建省建设厅档案，36—1—82。

22.《福建省建设厅转省府关于市公安局请于交通繁盛区择要设立菜亭及停车场等情给福州市工务局长的训令》，1932年，福建省档案馆藏民国福建省建设厅档案，36—3—219。

23.《福建省府关于闽侯王金滂等呈称省公路局推翻市工务局原测线路，违反审定宽度，任意筑路，请制止一案的指令、训令》，1932年，福建省档案馆藏民国福建省建设厅档案，36—3—229。

24.《福建省建设厅关于省会工务处送市路收用地价登记表的指令》，1935年，福建省档案馆藏民国福建省建设厅档案，36—6—526。

25.《福建省政府关于取缔军警各界擅自接电给保安处、省会公安局等的训令》，1937年，福建省档案馆藏民国福建省政府建设厅档案，36—8—911。

26.《1933年福州电气股份有限公司电气事业年报》，福建省档案馆藏民国福建省建设厅档案，36—17—113。

27.《福建省建设厅对育婴堂刘菁城、卢诗如等呈请在城中保护古井、古墓等的批、指令和拓筑杨桥巷马路工程投标情形的呈文、指令》，1935—1936年，福建省档案馆藏民国福建省建设厅档案，36—17—186。

二、旧报刊

1.《福建公报》洪宪元年（1916）1月1日第1号。
2.《福建公报》洪宪元年（1916）1月9日第5号。
3.《福建公报》民国四年11月27日第1175号。
4.《福建公报》民国四年11月30日第1177号。
5.《福建公报》民国四年12月11日第1187号。
6.《福建公报》民国四年12月17日第1192号。
7.《福建公报》民国四年12月28日第1200号。
8.《福建公报》民国四年12月31日第1203号。
9.《福建公报》民国五年11月21日第268号。
10.《福建公报》民国五年11月23日第270号。
11.《福建公报》民国五年11月24日第271号。
12.《福建公报》民国五年12月13日第287号。
13.《福建公报》民国五年12月27日第298号。
14.《福建公报》民国五年12月3日第279号。
15.《福建公报》民国五年12月7日第282号。
16.《福建公报》民国五年12月9日第284号。
17.《福建公报》民国十四年8月20日第788号。
18.《福建建设厅月刊》第2卷第2号（1928年2月）。
19.《福建建设厅月刊》第2卷第8号（1928年8月）。
20.《福建建设厅月刊》第2卷第10号（1928年10月）。
21.《福建建设厅月刊》第5卷第7号（1931年8月）。
22.《福建警友》第1期（1933年2月28日）。
23.《福建警友》第6、7期合刊。
24.《福建省政府公报》1927年11月21日第16期。
25.《福建省政府公报》1930年11月3日第170期。
26.《福建省政府公报》1931年12月21日第229期。
27.《福建省政府公报》1931年8月17日第211期。
28.《福建省政府公报》1931年9月7日第214期。

29.《福建省政府公报》1932 年 9 月 19 日第 268 期。
30.《福建省政府公报》1933 年 10 月 12 日第 359 期。
31.《福建省政府公报》1933 年 11 月 9 日第 367 期。
32.《福建省政府公报》1933 年 1 月 2 日第 283 期。
33.《福建省政府公报》1933 年 2 月 13 日第 290 期。
34.《福建省政府公报》1933 年 2 月 6 日第 288 期。
35.《福建省政府公报》1933 年 4 月 17 日第 308 期。
36.《福建省政府公报》1933 年 5 月 11 日第 315 期。
37.《福建省政府公报》1933 年 6 月 22 日第 327 期。
38.《福建省政府公报》1933 年 7 月 17 日第 334 期。
39.《福建省政府公报》1934 年 11 月 17 日第 442 期。
40.《福建省政府公报》1934 年 2 月 21 日第 369 期。
41.《福建省政府公报》1935 年 10 月 5 日第 534 期。
42.《福建省政府公报》1937 年 6 月 2 日第 707 期。
43.《福建省政府建设厅月刊》第 5 卷第 3 期（1931 年 4 月）。
44.《福建省建设月刊》第 5 卷第 7 号（1931 年 8 月）。
45.《警政月刊》第 1 期（1927 年 7 月）。
46.《警政月刊》第 2 期（1927 年 8 月）。
47.《警政月刊》第 3 期（1927 年 9 月）。
48.《警政月刊》第 4 期（1927 年 10 月）。
49.《警政月刊》第 5 期（1927 年 11 月）。
50.《警政月刊》第 6 期（1927 年 12 月）。
51.《警政月刊》第 7 期（1928 年 1 月）。
52.《警政月刊》第 8 期（1928 年 2 月）。
53.《警政月刊》第 10 期（1928 年 4 月）。
54.《警政月刊》第 11 期（1928 年 5 月）。
55.《警政月刊》第 12 期（1928 年 6 月）。
56.《福州市公安局警政月刊》第 14 期（1928 年 8 月）。
57.《福州市公安局警政月刊》第 15 期（1928 年 9 月）。

58.《福州市公安局警政月刊》第 16 期（1928 年 10 月）。
59.《福州市公安局警政月刊》第 17 期（1928 年 11 月）。
60.《福州市公安局警政月刊》第 18 期（1928 年 12）。
61.《福州市公安局警政月刊》第 19 期，1929 年 1 月。
62.《福州市公安局警政月刊》第 20 期（1929 年 2 月）
63.《福州市公安局警政月刊》第 21 期（1929 年 3 月）。
64.《福州市公安局警政月刊》第 22 期（1929 年 4 月）。
65.《福州市公安局警政月刊》第 23 期（1929 年 5 月）。
66.《福州市公安局警政月刊》第 24 期（1929 年 6 月）。
67.《福州市公安局警政月刊》第 25 期（1929 年 7 月）。
68.《福州市公安局警政月刊》第 26 期（1929 年 8 月）。
69.《福州市公安局警政月刊》第 27 期（1929 年 9 月）。
70.《福州市公安局警政月刊》第 28 期（1929 年 10 月）。
71.《福州市公安局警政月刊》第 29 期（1929 年 11 月）。
72.《福州市公安局警政月刊》第 31 期（1930 年 1 月）。
73.《福州市公安局警政月刊》第 33 期（1930 年 3 月）。
74.《福州市公安局警政月刊》第 34 期（1930 年 4 月）。
75.《福州市公安局警政月刊》第 35 期（1930 年 5 月）。
76.《福州市公安局警政月刊》第 36 期（1930 年 6 月）。
77.《福州市公安局警政月刊》第 37 期，1930 年 7 月。
78.《福州市公安局警政月刊》第 39 期（1930 年 9 月）。
79.《福州市公安局警政月刊》第 40 期（1930 年 10 月）。
80.《福州市公安局警政月刊》第 45 期（1931 年 3 月）。
81.《福州市公安局警政月刊》第 46 期（1931 年 4 月）。
82.《福州市公安局警政月刊》第 51 期（1931 年 9 月）。
83.《福州市公安局警政月刊》第 53 期（1931 年 11 月）。
84.《福建民报》1935 年 7 月 16 日。
85.《福建民报》1935 年 8 月 18 日。
86.《福建民报》1935 年 9 月 29 日。

87.《福建民国日报》1930 年 12 月 4 日。
88.《福建民国日报》1932 年 8 月 31 日
89.《闽报》1930 年 10 月 25 日。
90.《闽报》1934 年 11 月 3 日。
91.《闽报》1934 年 11 月 4 日。
92.《闽报》1934 年 1 月 13 日。
93.《闽报》1934 年 1 月 14 日。
94.《闽报》1934 年 1 月 16 日。
95.《闽报》1934 年 1 月 17 日。
96.《闽报》1934 年 1 月 18 日。
97.《闽报》1934 年 1 月 20 日。
98.《闽报》1934 年 1 月 30 日。
99.《闽报》1934 年 2 月 1 日。
100.《闽报》1934 年 3 月 23 日。
101.《闽报》1934 年 6 月 6 日。
102.《闽报》1935 年 5 月 10 日。
103.《申报》1926 年 12 月 12 日。
104.《申报》1926 年 12 月 26 日。
105.《申报》1927 年 1 月 5 日。
106.《新福建日报》1934 年 11 月 18 日。
107.《新福建日报》1934 年 3 月 20 日。
108.《新福建日报》1934 年 4 月 10 日。

三、民间文献

1. [清] 郭柏苍编《重浚三元沟始末》，光绪十一年（1885）刻本。

2. [清] 郑佐廷:《重修育婴堂碑记》，福建省文物管理委员会编《福建省石刻资料汇编》，油印本，1959 年。

3. 福州惟善社编《福州惟善社征信录》，福州启明印刷有限公司宣统二、三年（1910—1911）年排印本。

4. [清] 郭柏苍编《闽会水利故》，光绪十年（1884）刻本。

5. 闽南救火会编《福州英领事混争天安寺纪实》，清末铅印本。

6. 林纾：《闽中新乐府》，光绪二十三年（1897）福州魏瀚活字印本。

7. 福州鼓泰十社商事研究所编《福州鼓泰十社商事研究所征信丛录》，1924年。

8. 鼓泰救火会编《鼓泰救火会第十四届（1924）征信录》，铅印本。

9. 榕南救火会编《福州榕南救火会民国丙寅年（1926）第一届印发信征录》，福州城内下南街德记印刷所，1927年。

10. 福州救火联合会重编《福州救火联合会创始历略报告书》，1945年。

11.《光绪戊申年（1908）闽南救火会报告书》，城内利福公司活版。

12.《宣统己酉年（1909）闽南救火会报告书》，福州启明印刷公司活版。

13. 福州市贫儿教养院编《福州市贫儿教养院第一届征信录》，福州1927年铅印本。

14. [清] 郭柏苍：《葭柎草堂集》，"郭氏丛刻"，光绪间刻本。

四、地方史志

1. [清] 傅以礼等编《福建全省舆图》，光绪三十一年（1905）刻本。

2. [清] 林枫：《榕城考古略》，官桂铨、官大梁标点，福州市文物管理委员会，1980年。

3. 福州市政府志编纂委员会编《福州市政府志》，海潮摄影艺术出版社，2003年。

4. 乾隆《福州府志》，[清] 徐景熹主修，[清] 鲁曾煜等纂，福州市地方志编纂委员会整理，海风出版社，2001年。

5. 民国《闽侯县志》，欧阳英修，陈衍纂，1933年刻本。

6. 福建省地方志编纂委员会编《福建省志·审判志》，中国社会科学出版社，1999年。

7. 野上英一：《福州考》，徐吾行译，1962年手抄本。

8. 福建省福州市鼓楼区地方志编纂委员会编《鼓楼区志》，方志出版社，2001年。

9. 福州市城乡建设志编纂委员会编《福州市城乡建设志》卷上，中国建筑工业出版社，1994年。

10. 蔡人奇:《藤山志》，海潮摄影艺术出版社，2002年。

11. 福州市建筑志编纂委员会编《福州市建筑志》，中国建筑工业出版社，1993年。

12. 福州市地方志编纂委员会编《福州市志》第7册，方志出版社，2000年。

13. 陈文涛:《福州市上下古今谈》(一)，福建省图书馆藏抄本。

14. 福建省福州市地方志编纂委员会编《福州市志》第6册，方志出版社，1999年。

15. 林传甲:《大中华福建省地理志》，中国地学会，1919年。

16. 福建省地方志编纂委员会编《福建省志·金融志》，新华出版社，1996年。

17. 郑拔驾编《福州旅行指南》，商务印书馆，1934年。

18. 郁达夫:《闽游滴沥之一》，《郁达夫文集》第4卷，花城出版社，1982年。

19. 郑宗楷编《福州便览》，环球印书馆，1933年。

20. 王能超编《福州刘家企业兴衰史》，《福州文史资料选辑》第13辑，1994年。

21. 福建省地方志编纂委员会编《福建省志·电力工业志》，方志出版社，1998年。

22. 台湾总督府外事部编《福州事情》，台北印刷株式会社，1941年。

23. 陈鸿铿:《福州救火团体的组织和活动》，《福建文史资料》第16辑，1987年。

24. 徐建禧:《福州的救火会》，《福建文史资料》第16辑，1987年。

25. Rev. Justus Doolittle, *Social Life of the Chinese*, vol. I, New York: Harper & Brothers, 1895. (Reprinted in 1986 by Graham Brash Ltd. in Singapore)

五、著作

1. 安克强:《1927—1937年的上海——市政权、地方性和现代化》，张培德等译，上海古籍出版社，2004年。

2. 丁芮:《管理北洋政府时期京师警察厅研究》，山西人民出版社，2013年。

3. 董玥:《民国北京城：历史与怀旧》，生活·读书·新知三联书店，2014年。

4. 杜丽红:《制度与日常生活:近代北京的公共卫生》,中国社会科学出版社,2015年。

5. 杜赞奇:《文化、权力与国家:1900—1942年的华北农村》,王福明译,江苏人民出版社,1994年。

6. 夫马进:《中国善会善堂史研究》,伍跃等译,商务印书馆,2005年。

7. 何一民:《近代中国城市发展与社会变迁(1840—1949)》,科学出版社,2004年。

8. 黄宗智主编《中国研究的范式问题讨论》,社会科学文献出版社,2003年。

9. 柯必德:《天堂与现代性之间:建设苏州(1895—1937)》,何方昱译,上海辞书出版社,2014年。

10. 柯文:《在中国发现历史——中国中心观在美国的兴起》,林同奇译,中华书局,1989年。

11. 隗瀛涛主编《近代重庆城市史》,成都:四川大学出版社,1991年。

12. 梁其姿:《施善与教化——明清的慈善组织》,河北教育出版社,2001年。

13. 刘子扬:《清代地方官制考》,紫禁城出版社,1994年。

14. 罗芙芸:《卫生的现代性:中国通商口岸卫生与疾病的含义》,向磊译,江苏人民出版社,2007年。

15. 罗澍伟主编《近代天津城市史》,中国社会科学出版社,1993年。

16. 罗威廉:《汉口:一个中国城市的冲突和社区,1796—1895》,鲁西奇、罗杜芳译,中国人民大学出版社,2008年。

17. 罗威廉:《汉口:一个中国城市的商业和社会(1796—1895)》,江溶、鲁西奇译,中国人民大学出版社,2005年。

18. 马敏:《官商之间:社会剧变中的近代绅商》,天津人民出版社,1995年。

19. 皮明庥主编《近代武汉城市史》,中国社会科学出版社,1993年。

20. 瞿同祖:《清代地方政府》,范忠信、晏锋译,法律出版社,2003年。

21. 施坚雅主编《中华帝国晚期的城市》,叶光庭等译,中华书局,2000年。

22. 史明正:《走向近代化的北京城——城市建设与社会变革》,王业龙、周卫红译,北京大学出版社,1995年。

23. 唐希:《福州文化行旅》,海风出版社,2002年。

24. 唐振常主编《上海史》，上海人民出版社，1989年，第3页。

25. 涂文学:《城市早期现代化的黄金时代——1930年代汉口市政改革》，中国社会科学出版社，2009年。

26. 王笛:《街头文化：成都公共空间、下层民众与地方政治，1870—1930》，李德英等译，中国人民大学出版社，2006年。

27. 王铭铭:《逝去的繁荣——一座老城的历史人类学考察》，浙江人民出版社，1999年。

28. 王亚男:《1900-1949年北京的城市规划与建设研究》，东南大学出版社，2008年。

29. 魏斐德:《上海警察，1927—1937》，章红等译，上海古籍出版社，2004年。

30. 吴晗、费孝通等:《皇权与绅权》，天津人民出版社，1988年。

31. 吴沙:《近代广州警察》，社会科学文献出版社，2014年。

32. 小浜正子:《近代上海的公共性与国家》，葛涛译，上海古籍出版社，2003年。

33. 越泽明:《伪满洲国首都规划》，欧硕译，社会科学文献出版社，2011年。

34. 张仲礼:《中国绅士：关于其在19世纪中国社会中作用的研究》，费成康，王寅通译，上海社会科学院出版社，1991年。

35. 张仲礼等主编《长江沿江城市与中国近代化》，上海人民出版社，2002年。

36. 张仲礼主编《东南沿海城市与中国近代化》，上海人民出版社，1996年。

37. 张仲礼主编《近代上海城市研究》，上海人民出版社，1990年。

38. 赵可:《市政改革与城市发展》，中国大百科全书出版社，2004年。

39. 周振鹤:《中国历代行政区划的变迁》，商务印书馆，1998年

40. 周子峰:《近代厦门城市发展史研究：1900—1937》，厦门大学出版社，2005年。

41. 朱英:《辛亥革命时期新式商人社团研究》，华中师范大学出版社，2011年。

42. 朱英:《转型时期的社会与国家——以近代商会为主体的历史透视》，华中师范大学出版社，1997年。

43. 夫馬進:《中国善会善堂史研究》，同朋舍，1997年。

44. 越沢明:《哈爾浜（はるぴん）の都市計画:1898—1945》，総和社，1989年。

45. 越沢明:《満州国の首都計画：東京の現在と未来を問う》，日本経済評論

社，1988 年。

46. Christian Henriot, *Shanghai, 1927—1937: Municipal Power, Locality, and Modernization*, Noel Castelino trans., California University Press, 1993.

47. G. William Skinner, *The City in Late Imperial China*, Stanford University Press, 1977.

48. John Fairbank, *Trade and Diplomacy on the China Coast: The Opening of the Treaty Ports, 1842—1854*, Harvard University Press, 1953.

49. Joseph W. Esherick, ed., *Remaking the Chinese City: Modernity and National Identity, 1900—1950*, Hawai'i University Press, 2000.

50. Jr. Frederic Wakeman, *Policing Shanghai, 1927—1937*, California University Press, 1995.

51. Kristin Stapleton, *Civilizing Chengdu: Chinese Urban Reform, 1895—1937*, Harvard University Asia Center, 2000.

52. Madeleine Yue Dong, *Republican Beijing: The City and Its Histories*, California University Press, 2003.

53. Mark Elvin and G. William Skinner, eds., *The Chinese City Between Two Worlds*, Stanford University Press, 1974.

54. Max Weber, *The City*, Don Martindale and Gertrud Neuwirth trans. and ed., Free Press, 1958.

55. Peter J. Carroll, *Between Heaven and Modernity: Reconstructing Suzhou: 1895—1937*, Stanford University Press, 2006.

56. Rhoads Murphey: *Shanghai, Key to Modern China*, Harvard University Press, 1953.

57. Ruth Rogaski, *Hygienic Modernity: Meanings of Health and Disease in Treaty—port China*, California University Press, 2004.

58. Wang Di, *Street Culture in Chengdu: Public Space, Urban Commoners, and Local Politics, 1870—1930*, Stanford University Press, 2003.

59. William T. Rowe, *Hankow: Commerce and Society in a Chinese City, 1796—1889*, Stanford University Press, 1984.

60. William T. Rowe, *Hankow: Conflict and Community in A Chinese City, 1796—1895*, Stanford University Press, 1989.

61. Zwia Lipkin, *Useless to the State: "Social Problems" and and Social Engineering in Nationalist Nanjing, 1927—1937*, Harvard University Press, 2006.

六、论文

1. 查尔斯·马斯格罗夫:《构筑梦想——1927—1937年南京建都经过》,曲丹、朱彦译,刘海岩主编《城市史研究》第23辑,天津社会科学院出版社,2005年。

2. 陈克:《十九世纪末天津民间组织与城市控制管理系统》,《中国社会科学》1989年第6期。

3. 池子华:《"军阀时期"中国红十字会的兵灾救护》,《上海师范大学学报》(哲学社会科学版)2004年第5期。

4. 戴维·斯特兰德:《沿海与首都之外:中国近代城市发展中的压力和预想》,夏俊霞译,天津社会科学院历史研究所、天津市城市科学研究会编《城市史研究》第13—14辑,天津古籍出版社,1997年。

5. 杜丽红:《1930年代的北平城市污物管理改革》,《近代史研究》2005年第5期。

6. 方秋梅:《论电业对清末民初汉口城市现代化的影响》,《学习月刊》2008年第6期。

7. 方秋梅:《张之洞督鄂与湖北省府主导汉口市政改革》,《武汉大学学报》(人文科学版)2010年第1期。

8. 方秋梅:《自来水与清末民初汉口的城市生活》,《武汉大学学报》(人文科学版)2009年第2期。

9. 贵志俊彦:《北洋新政体制下地方自治制度的形成——天津县各级议事会的成立及其权限》,周俊旗译,天津社会科学院历史研究所、天津市城市科学研究会编《城市史研究》第11—12辑,天津古籍出版社,1996年。

10. 贵志俊彦:《日本中国城市史研究与评析》,汪寿松译,天津社会科学院历史研究所、天津市城市科学研究会编《城市史研究》第15—16辑,天津社会科学院出版社,1998年。

11. 郭莹:《晚清汉口城市控制系统的演迁》,《江汉论坛》1994年第1期。

12. 韩文宁:《孙科与二十年代广州的市政革新》,《档案与史学》2003年第2期。

13. 何其颖:《鼓浪屿租界与近代厦门经济与市政建设的发展》,《中国社会经济史研究》2005年第4期。

14. 何一民:《20世纪后期中国近代城市史研究的理论探索》,《西南交通大学学报》(社会科学版)2000年第1期。

15. 何一民:《中国近代城市史研究述评》,《中华文化论坛》2000年第1期。

16. 贺跃夫:《晚清广州的社团及其近代变迁》,《近代史研究》,1998年第2期。

17. 黄素娟:《城市产权与都市发展:近代广州市区规划研究》,中山大学2013年博士学位论文。

18. 吉泽诚一郎:《光绪末年天津巡警的创设和城市行政的变化》,张利民译,天津社会科学院历史研究所、天津市城市科学研究会编《城市史研究》第10辑,天津古籍出版社,1995年。

19. 李·麦萨克等:《上海之外:从圣迭戈看中国城市》,刘海岩译,天津社会科学院历史研究所、天津市城市科学研究会编《城市史研究》第13—14辑,天津古籍出版社,1997年。

20. 梁元生:《慈惠与市政:清末上海的“堂”》,《史林》2000年第2期。

21. 刘岸冰:《近代上海城市环境卫生管理初探》,《史林》,2006年第2期。

22. 陆文雪:《上海工部局食品卫生管理研究(1898—1943)》,《史林》,1999年第10期。

23. 罗芙芸:《卫生与城市现代化:1900—1928年的天津》,作舟译,天津社会科学院历史研究所、天津市城市科学研究会编《城市史研究》第15—16辑,天津社会科学院出版社,1998年。

24. 马敏:《辛亥革命时期的苏州绅商》,《辛亥革命史丛刊》第8辑,中华书局,1991年。

25. 聂家华、杨树标:《略论近代济南市政建设的现代转型(1904—1937)》,《历史教学问题》2006年第3期。

26. 钱曾瑗:《重绘广州》,任云兰译,刘海岩主编《城市史研究》第22辑,天津社会科学院出版社,2004年。

27. 任云兰:《都统衙门时期天津公共环境卫生管理初探》,《天津社会科学》2009年第6期。

28. 任云兰:《近代城市贫民阶层及其救济探析——以天津为例》,《史林》2006年第2期。

29. 任云兰:《民国灾荒与战乱期间天津城市的社会救助》,《中国社会经济史研究》2005年第2期。

30. 任云兰:《天津市政设施的近代化》,《天津经济》2003年第10期。

31. 施坚雅:《导言:清代中国的城市社会结构》,施坚雅主编《中华帝国晚期的城市》,叶光庭等译,中华书局,2000年。

32. 水羽信男:《日本的中国近代城市史研究》,《历史研究》2004年第6期。

33. 孙施文:《近代上海城市规划史论》,《城市规划汇刊》1995年第2期。

34. 涂文学:《近代"市政改革":影响20世纪中国城市发展的历史性变革》,《学习与实践》2009年第9期。

35. 涂文学:《近代汉口市政改革对租界的效法与超越》,《江汉大学学报》(社会科学版)2009年第4期。

36. 王瑞庆:《1927—1937年南京市房屋拆迁问题述论》,《社会科学战线》2008年第8期。

37. 王煦:《在传统与现代之间:1933—1935年的北平市政建设》,《历史教学问题》2005年第2期。

38. 王亚男、赵永:在《把古都改造为近代化城市的先驱者——民国朱启钤与北京城》,《现代城市研究》2007年第2期。

39. 隗瀛涛:《近代重庆城市史研究》,《近代史研究》1991年第4期。

40. 吴良镛:《张謇与南通"中国近代第一城"》,《城市规划》2003年第7期

41. 西比勒·范·德·斯普伦克尔:《城市的社会管理》,施坚雅主编《中华帝国晚期的城市》。

42. 熊月之、罗苏文、周武:《略论上海市志》,《学术月刊》,1999年第6期。

43. 许瑞生:《民国时期广州市市政法规对城市规划建设的影响和启示》《规划师》2009年第6期。

44. 杨宇振:《朱启钤(桂辛)先生初步研究及其他——一份近代城市史视野

中的历史人物研究简报》,《建筑师》2007 年第 6 期。

45. 伊懋可:《1905—1914 年上海的市政管理》, 黄乃慧译, 刘海岩主编《城市史研究》第 23 辑, 天津社会科学院出版社, 2005 年。

46. 鱼跃:《民国初年北京香厂新市区规划的背景原因研究》,《首都师范大学学报》(社会科学版)2009 年第 1 期。

47. 张华腾、秦秀玲:《论袁世凯对天津的治理》, 天津社会科学院历史研究所、天津市城市科学研究会编《城市史研究》第 13—14 辑, 天津古籍出版社, 1997 年。

48. 赵可:《体制创新与 20 世纪 20 年代广州市政的崛起》,《广西社会科学》2006 年第 3 期。

49. 钟文盛:《上海市政建设的近代化进程及其启迪》,《社会科学》1995 年第 1 期。

50. 周积明:《租界与中国早期现代化》,《江汉论坛》1997 年第 6 期。

51. 周秋光:《民国北京政府时期中国红十字会的慈善救护与赈济活动》,《近代史研究》, 2000 年第 6 期。

52. 周绍荣:《租界对中国城市近代化的影响》《江汉论坛》1995 年第 11 期。

53. 周武:《晚清上海市政演进与新旧冲突——城市照明系统和供水网络个案分析》,《近代中国》第 9 辑, 上海社会科学院出版社, 1999 年。

54. 周子峰:《近代厦门市政建设运动及其影响(1920—1937)》,《中国社会经济史研究》, 2004 年第 2 期。

55. 飯島涉:《近代東アジアにおけるペストの流行について——1894 年広東及で香港、1902—13 年横浜、1910—11 年「満洲」》,《史潮》新 29 号, 1991 年。

56. 飯島涉:《近代中国における「衛生」の展開——20 世紀初期「満洲」を中心に》,《歴史学研究》第 703 号, 1997 年。

57. 飯島涉:《近代中国の衛生行政:19 世紀末—20 世紀初期、営口の事例》,《東洋学報》第 80 卷第 2 号, 1998 年。

58. 高橋孝助:《近代初期の上海に置ける善堂:その「都市」的状況への対応の側面について》,《宮城教育大学紀要》第 1 分冊(人文科学・社会科学)18, 1983 年。

59. 越沢明:《撫順都市計画(1905—1945 年)——ある植民都市の計画と建

設)》上,《地域開発》第 266 号, 1986 年。

60. 越沢明:《撫順都市計画(1905—1945 年)——ある植民都市の計画と建設)》下,《地域開発》第 267 号, 1986 年。

61. 越沢明:《台北の都市計画, 1895—1945 年——日本統治期台湾の都市計画》,《第 7 回日本土木史研究発表会論文集》, 公益社団法人土木学会, 1987 年。

62. Charles D. Musgrove, "Building a Dream: Constructing a National Capital in Nanjing, 1927—1937" , in Joseph W. Esherick, ed., *Remaking the Chinese City: Modernity and National Identity, 1900—1950.*

63. Madeleine Yue Dong, "Defining Beiping: Urban Reconstruction and National Identity, 1928—1936" , in Joseph W. Esherick, ed., *Remaking the Chinese City: Modernity and National Identity, 1900—1950.*

64. Michael Tsin, "Canton Remapped" , in Joseph W. Esherick, ed., Remaking the Chinese City: Modernity and National Identity, 1900—1950.

65. Mingzheng Shi, "Beijing Transforms: Urban Infrastructure, Public Works, and Social Change in the Chinese Capital, 1900 - 1928" , Ph.D. dissertation, Columbia University, 1993.

66. Ruth Rogaski, "Hygienic Modernity in Tianjin" , in Joseph W. Esherick, ed., *Remaking the Chinese City: Modernity and National Identity, 1900—1950.*

后　记

这本小书改编自我的博士学位论文，是在郑振满老师的指导下完成的。毕业已经十年，但老师深刻的见解、宏阔的视野和睿智的思想，仍时时浮现在我的脑际，老师的教导之恩和提携之情，更是令人难以忘怀。毕业以后，老师还始终关心着我，给予我鼓励和鞭策。在我每年寻机回到厦大的时候，仍能得到老师的耳提面命，这实在是人生一大幸事！这本小书就是在读博阶段酝酿和成形的，处处浸润着老师的心血。在本书付梓之际，首先要感谢老师的无私付出。博士论文还得到陈春声老师、黄顺力老师和李长莉老师的评阅，给出了中肯的意见；由杨国桢老师、陈春声老师、刘志伟老师、黄顺力老师和林国平老师组成的答辩委员会，对论文也提出了不少宝贵建议。但由于我的愚钝和懒散，许多重要意见和建议未能完全采纳和消化，这个责任理应由我承担。

我在厦大求学期间，还分别在侯真平老师和颜章炮老师的指导下，撰写学士学位论文和硕士学位论文。侯老师是我的本科学术导师，他指导我撰写了本科学年论文和学士学位论文，让我在敬畏学术的同时，也领略到史学独有的魅力。颜老师指导我撰写硕士学位论文，引导我自觉地运用社会经济史的研究方法来讨论中国史的问题。两位老师人品正直，学风严谨，是我学术道路上最早的领路人。他们多年来关心着我的学习、工作和生活，让我感到家人般的温暖。

厦大历史系的黄顺力老师、王日根老师、钞晓鸿老师、戴一峰老师、施伟青老师、杨友庭老师、王荣国老师、陈明光老师、郑剑顺老师、林天乙老师、何淑珍老师、龙颖灵老师、林金妹老师、黄瑛老师等，春风化雨，对我助益良多。还有刘永华老师、张侃老师、饶伟新老师和黄向春老师，他们在我求学期间和毕业以后，一直以自己的学术造诣和人格魅力引导着我，正是这些年来和他们的亲近，我的思路才得到一点点开拓，并开始尝试适合自己的研究方式和方向。

读博阶段，有幸与同门李平亮、纪能文、李晓红、张芳霖、李小文、林翠茹、张彩霞、许金顶、武士兴、王爱平、廖华生、魏德毓、覃华瑞、蒋楠、李永菊、郑莉、潘高升、汪润等建立起手足情谊，互相砥砺，共同提高。这份情谊将是我永远珍藏的财富。在福州搜集资料期间，好友水海刚、翁频、张金红、林星、钟才顺、付华顺提供了很大的便利和帮助，谨致谢忱。

我在毕业后进入南昌大学工作，在工作和生活中一直得到张芳霖老师、徐求真老师、袁礼华老师、宋三平老师、黄志繁老师等的包容、关心和帮助。还要感谢我的同事廖艳彬、吴小卫、邹锦良、余永和、杨馗、李迎华、刘杰、曾龙生等老师，身处异乡的我们朝夕相处，枯燥的生活因此得到些许慰藉。

读博期间，结识了在同系求学的师妹王敏，后来我们顺理成章地走到了一起，她一直支持着我的事业，本书的文稿即由她校对，她还承担了许多家庭责任。如今小女已上小学，正如花骨朵般茁壮成长，连她也懂得爸爸忙于研究时不能打扰。相信有最亲爱的你们的支持，我将以更好的状态投入工作和生活中。

罗桂林

2017年秋月于洪城章江之畔

图书在版编目（CIP）数据

现代城市的建构：1927—1937 年福州的市政管理与公共事业 / 罗桂林著．— 南昌：江西人民出版社，2017.12

ISBN 978-7-210-10016-4

Ⅰ．①现… Ⅱ．①罗… Ⅲ．①市政管理 - 研究 - 福州 - 1927-1937 ②公共管理 - 研究 - 福州 - 1927-1937 Ⅳ．① D693.62

中国版本图书馆 CIP 数据核字（2017）第 325663 号

现代城市的建构：1927—1937 年福州的市政管理与公共事业

罗桂林　著

责任编辑：李月华
封面设计：章　雷
出　版：江西人民出版社
发　行：各地新华书店
地　址：江西省南昌市三经路 47 号附 1 号
编辑部电话：0791-86898143
发行部电话：0791-86898815
邮　编：330006
网　址：www.jxpph.com
E-mail ：270446326@qq.com
2017 年 12 月第 1 版　2017 年 12 月第 1 次印刷
开　本：1/16，720mm × 1000mm
印　张：14.25
字　数：202 千字
ISBN 978-7-210-10016-4
定　价：68.00 元
承印厂：北京虎彩文化传播有限公司
赣版权登字—01—2018—458